计算机系列教材

邹永林 周蓓 唐晓阳 编著

数据结构与算法
习题解析与实验指导

清華大學出版社
北京

内 容 简 介

本书是《数据结构与算法教程》的配套教材，全书共分为两个部分，第一部分主要讨论数据结构与算法的基本概念、基本原理、基本操作和典型应用，分别以选择题、填空题、判断题、算法分析题和综合题等各种题型进行汇编，并提供分析过程与结果说明。同时，为了帮助学生进行系统复习，提供了 4 套模拟试卷并提供参考答案和评分标准，另外提供 6 套期末冲刺试卷供学生进行强化训练。第二部分为实验大纲和实验指导，针对各章的知识点，分别设计了对应的实验内容，希望学生通过课程实验对理论知识有更深的理解，同时提高算法的分析和设计能力。

本书可作为高等学校计算机及相关专业的辅助教材，也可作为信息系统开发、管理人员及计算机软件开发人员的参考书。

与本书配套的课件及相关电子资料，需要的读者可与作者联系，E-mail 为 zyl@cslg.cn。

图书在版编目（CIP）数据

数据结构与算法习题解析与实验指导/邹永林，周蓓，唐晓阳编著. —北京：清华大学出版社，2015
（2022.7重印）

计算机系列教材

ISBN 978-7-302-39441-9

Ⅰ. ①数…　Ⅱ. ①邹…　②周…　③唐…　Ⅲ. ①数据结构－高等学校－教学参考资料
②算法分析－高等学校－教学参考资料　Ⅳ. ①TP311.12

中国版本图书馆 CIP 数据核字(2015)第 036595 号

责任编辑：张　玥　赵晓宁
封面设计：常雪影
责任校对：梁　毅
责任印制：杨　艳

出版发行：清华大学出版社
　　网　　址：http://www.tup.com.cn，http://www.wqbook.com
　　地　　址：北京清华大学学研大厦 A 座　　邮　　编：100084
　　社 总 机：010-83470000　　邮　　购：010-62786544
　　投稿与读者服务：010-62776969，c-service@tup.tsinghua.edu.cn
　　质 量 反 馈：010-62772015，zhiliang@tup.tsinghua.edu.cn
　　课件下载：http://www.tup.com.cn，010-83470236

印 装 者：北京鑫海金澳胶印有限公司
经　　销：全国新华书店
开　　本：185mm×260mm　　**印　张**：13.25　　**字　　数**：331 千字
版　　次：2015 年 6 月第 1 版　　**印　　次**：2022 年 7 月第 7 次印刷
定　　价：45.00 元

产品编号：061550-02

前言

数据结构与算法是一门实践性很强，同时又十分抽象的计算机学科基础课程，本课程所讨论的各种基本数据结构、基本操作和各种数据结构的典型应用算法均需要通过相关的习题和实验环节的训练才能系统理解、掌握和提高。为此，专门针对课程理论教材编写了配套的习题解析和实验指导。

为了贯彻 CDIO 模式的全新教学理念，本书共分为两个部分：第一部分为习题解析，通过对课程中的各种基本概念、基本原理、基本操作和基本算法设计技术问题进行系统归纳、汇总、分析和综合，参考了大量的习题资料，整理成册，按照对应章节的顺序进行编排，采用选择题、填空题、判断题、算法分析题和综合题等题型，将本课程的各个知识点、重点、难点问题包含其中，并提供全部问题的参考答案和部分问题的分析与设计的相关说明，以期通过习题训练，帮助学生全面系统地掌握本课程的全部知识。同时，提供了 4 套模拟试卷及参考答案和评分标准，以便学生进行自我检查。并另外提供 6 套冲刺试卷，供学生进行期末强化训练，巩固课程学习效果。第二部分为实验指导，通过对多年本课程实验教学的经验和成果进行归纳、整理和完善，将本课程所涵盖的各种数据结构、存储表示方法、基本操作函数，以及典型应用算法问题等作为各章的实验内容，以阅读算法、完善算法和算法设计等形式进行上机操作训练，以期通过实验帮助学生理论联系实际，将课程中的抽象概念和实际存储状态相关联，真正理解和掌握本课程的知识和技术。

本书所有关于基本数据结构的定义和算法描述均采用标准的 C 语言格式给出，所有实验的算法代码均在 TurboC、VisualC++ 6.0、Codeblocks 等开发环境中调试通过并运行正确，读者可根据各自的要求和习惯等选择使用对应的工具。

本书可作为高等学校计算机类各专业学生的辅助实验教材或参考书，特别适合应用技术型本科层次的计算机类各专业使用，也可供从事计算机应用相关工作的人参考。

参加编写的有邹永林(1.2～1.5 节，2.1 节，2.2 节中实验 8 和实验 9)、周蓓(1.1 节，2.2 节中实验 6 和实验 7)、唐晓阳(2.2 节中实验 1～实验 5)，周思林、朱爽、沈健、洪蕾等参与讨论和算法的设计与调试。邹永林完成本书的统稿工作。

由于作者水平有限，缺点和欠妥之处在所难免，恳请读者指正。

编　者

2014 年 10 月

目 录

第一部分　习题汇编、解题分析与模拟训练

1.1　习题汇编

1.1.1　绪论

【选择题】

1. 研究数据结构就是研究(　　)。

A. 数据的逻辑结构

B. 数据的存储结构

C. 数据的逻辑结构和存储结构

D. 数据的逻辑结构、存储结构及其数据在运算上的实现

2. 数据结构 DS(Data Struct)可以被形式地定义为 DS=(D,R),其中 D 是①(　　)的有限集合,R 是 D 上②(　　)的有限集合。

① A. 算法　　B. 数据元素　　C. 数据操作　　D. 数据对象

② A. 操作　　B. 映象　　C. 存储　　D. 关系

3. 根据数据元素之间关系的不同特性,以下 4 类基本逻辑结构反映了 4 类基本数据组织形式。下列解释错误的是(　　)。

A. 集合中任何两个结点之间都有逻辑关系,但组织形式松散

B. 线性结构中结点按逻辑关系依次排列成一条“锁链”

C. 树形结构具有分支、层次特性,其形态有点像自然界中的树

D. 图状结构中各个结点按逻辑关系相互缠绕,任何两个结点都可以邻接

4. 算法分析的目的是①(　　),算法分析的两个主要方面是②(　　)。

① A. 找出数据结构的合理性　　B. 研究算法中输入和输出的关系

C. 分析算法的效率以求改进　　D. 分析算法的易懂性和文档性

② A. 空间复杂性和时间复杂性　　B. 正确性和简明性

C. 可读性和文档性　　D. 数据复杂性和程序复杂性

5. 计算机算法指的是①(　　),它具备输入、输出和②(　　)5 个特性。

① A. 计算方法　　B. 排序方法

C. 解决问题的有限运算序列　　D. 调度方法

② A. 可行性、可移植性和可扩充性　　B. 可行性、确定性和有穷性

C. 确定性、有穷性和稳定性　　D. 易读性、稳定性和安全性

6. 通常从正确性、易读性、健壮性和高效性 4 个方面评价算法的质量。下列解释错

误的是(　　)。

A. 正确性指算法应能正确地实现预定的功能

B. 易读性指算法应容易阅读和理解,以便于调试、修改和扩充

C. 健壮性指当环境发生变化时,算法能适当地做出反应或进行处理,不会产生不需要的运行结果

D. 高效性指算法要达到所需要的时间性能

7. 某算法的语句执行频度为($3n+n\log_2 n+n^2+8$),其时间复杂度表示为(　　)。

A. $O(n)$　　B. $O(n\log_2 n)$　　C. $O(n^2)$　　D. $O(\log_2 n)$

8. 一个算法的时间耗费的数量级称为该算法的(　　)。

A. 效率　　B. 难度　　C. 可实现性　　D. 时间复杂度

9. 每个结点有且仅有一个直接前趋和多个(或无)直接后继(第一个结点除外)的数据结构称为(　　)。

A. 树状结构　　B. 网状结构　　C. 线性结构　　D. 层次结构

10. 数据的(　　)包括查找、插入、删除、更新、排序等操作类型。

A. 存储结构　　B. 逻辑结构　　C. 基本操作　　D. 算法描述

11. 在发生非法操作时,算法能够作出适当处理的特性称为(　　)。

A. 正确性　　B. 健壮性　　C. 可读性　　D. 可移植性

12. 下列程序段的时间复杂度是(　　)。

```
for(i=0;i<n;i++)
    for(j=0;j<m;j++)
        for(k=0;k<t;k++)
            c[i][j]=c[i][j]+a[i][k]*b[k][j];
```

A. $O(m*n*t)$　　B. $O(m+n+t)$　　C. $O(m+n*t)$　　D. $O(m*t+n)$

【填空题】

1. 线性结构中元素之间存在________关系;树形结构中元素之间存在________关系;图状结构中元素之间存在________关系;而集合关系元素之间不存在________关系。

2. 分析下面算法(程序段),给出最大语句频度________,该算法的时间复杂度是________。

```
for (i=0;i<n;i++)
    for (j=0;j<n; j++)
        A[i][j]=0;
```

3. 分析下面算法(程序段),给出最大语句频度________,该算法的时间复杂度是________。

```
i=1;
while (i<=n)
    i=i*2;
```

4. 将数量级 O(1)、O(n)、$O(n^2)$、$O(n^3)$、$O(n\log_2 n)$、$O(\log_2 n)$、$O(2^n)$按增长率由小到大进行排序______________________________。

【问答题】

1. 什么是抽象数据类型?

2. 有实现同一功能的两个算法 D1 和 D2,其中 D1 的时间复杂度为 $O(n^2)$,D2 的时间复杂度为 $O(n\log_2 n)$,仅就时间复杂度而言,请分析这两个算法哪一个好?

1.1.2 基本线性结构——线性表

【选择题】

1. 一个顺序表的第一个元素的存储地址是 90,每个元素的长度为 2,则第 6 个元素的存储地址是(　　)。

A. 98　　B. 100　　C. 102　　D. 106

2. 线性表的顺序存储结构是一种(　　)的存储结构,而链式存储结构是一种(　　)的存储结构。

A. 随机存取　　B. 索引存取　　C. 顺序存取　　D. 散列存取

3. 若长度为 n 的线性表采用顺序存储结构,在其第 i 个位置插入一个新元素算法的时间复杂度为(　　)。

A. $O(\log_2 n)$　　B. O(1)　　C. O(n)　　D. $O(n^2)$

4. 线性表采用链式存储结构时,要求内存中可用存储单元的地址(　　)。

A. 必须是连续的　　B. 部分地址必须是连续的

C. 一定是不连续的　　D. 连续或不连续都可以

5. 从表中任一结点出发都能扫描整个表的是(　　)。

A. 单链表　　B. 顺序表　　C. 循环链表　　D. 静态链表

6. 线性表是 n 个(　　)的有限序列。

A. 表元素　　B. 字符　　C. 数据元素　　D. 数据项

7. 在线性表的下列存储结构中,读取元素花费的时间最少的是(　　)。

A. 单链表　　B. 双链表　　C. 循环链表　　D. 顺序表

8. 将两个各有 n 个元素的有序表归并成一个有序表,其最少的比较次数是(　　)。

A. n　　B. 2n－1　　C. 2n　　D. n－1

9. 非空的循环单链表 head 的尾结点(由 p 所指向)满足(　　)。

A. p－>next==NULL　　B. p==NULL

C. p－>next==head　　D. p==head

10. 在双向循环链表中,在 p 指针所指的结点后插入一个指针 q 所指向的新结点,修改指针的操作是(　　)。

A. p－>next=q;q－>prior=p;p－>next－>prior=q;q－>next=q;

B. p－＞next＝q；p－＞next－＞prior＝q；q－＞prior＝p；q－＞next＝p－＞next；

C. q－＞prior＝p；q－＞next＝p－＞next；p－＞next－＞prior＝q；p－＞next＝q；

D. q－＞next＝p－＞next；q－＞prior＝p；p－＞next＝q；p－＞next＝q；

11. 在一个单链表中，若删除 p 所指结点的后续结点，则执行(　　)。

A. p－＞next＝p－＞next－＞next；

B. p＝p－＞next； p－＞next＝p－＞next－＞next；

C. p＝p－＞next；

D. p＝p－＞next－＞next；

12. 将长度为 n 的单链表连接在长度为 m 的单链表之后，算法的时间复杂度为(　　)。

A. O(1)　　B. O(n)　　C. O(m)　　D. O(m＋n)

13. 在一个具有 n 个结点的有序单链表中插入一个新结点，并继续保持有序的时间复杂度是(　　)。

A. O(1)　　B. O(n)　　C. $O(n^2)$　　D. $O(n\log_2 n)$

14. 静态链表中，某个元素中的指针(游标)指示的是(　　)。

A. 内存地址　　B. 数组下标

C. 下一个元素存放的位置　　D. 左右孩子的地址

15. 某线性表中最常用的操作是在最后一个元素之后插入一个元素和删除第一个元素，则采用(　　)方式最节省运算时间。

A. 单链表　　B. 仅有头指针的循环单链表

C. 双链表　　D. 仅有尾指针的循环单链表

16. 对于线性表，以下(　　)情况应采用链表表示。

A. 需要经常随机存取元素

B. 表中的元素个数不变

C. 需要经常插入和删除元素

D. 表中元素需要占用连续的存储空间

【填空题】

1. 在线性表的顺序存储中，元素之间的逻辑关系是通过________决定的；而链式存储中，元素之间的逻辑关系是通过________决定的。

2. 表长为 n 的顺序存储的线性表，当在任何位置上删除元素的概率相等时，删除一个元素所需移动的元素平均数为________。

3. 若一线性表中最常用的操作是取第 i 个元素和找第 i 个元素的前趋元素，则采用________存储方式最节省时间。

4. 表长为 0 的线性表称为________。

【判断题】

1. 线性表采用链表存储时，结点和结点内部的存储空间可以是不连续的。　(　　)

2. 顺序存储方式的优点是存储密度大，且插入、删除运算效率高。 ( )

3. 线性表的逻辑顺序与存储顺序总是一致的。 ( )

4. 双向链表的特点是找结点的前趋和后继都方便。 ( )

5. 对单链表来说，只有从头结点开始才能访问到表中所有结点。 ( )

【算法设计】

1. 编写算法实现带头结点单链表的逆置算法。

2. 设一个带头结点的单向链表的头指针为 head，设计算法将链表的记录按照 data 域的值递增排序。

3. 有两个循环链表，链头指针分别为 L1 和 L2，要求写出算法将 L2 链表链到 L1 链表之后，且连接后仍保持循环链表形式。

4. 已知线性表中的元素以值递增有序排列，并以单链表作存储结构。试写一算法删除表中所有大于 x 且小于 y 的元素(若表中存在这样的元素)，同时释放被删除结点空间。

5. 假设一个单循环链表，其结点有三个域：prior、data 和 next。其中 data 为数据域；prior 为指针域，当前值为 NULL；next 为指针域，当前指向后继结点。请设计算法将此链表改为双向循环链表。

6. 已知顺序表 L，试编写算法返回 L 的最小元素序号。

7. 已知单链表 L(无头结点)，编写算法删除表中所有值重复的元素。

8. 一个非空顺序表，元素按值非递减有序排列，试编写算法在该顺序表中插入元素 x 并继续保持非递减有序。

9. 编写算法实现将非空的带头结点单链表中值为 x 的结点与其后继结点交换次序。

10. 编写算法对一个非空顺序表实现逆置。

1.1.3 限定性线性结构——栈和队列

【选择题】

1. 栈和队列的共同点是( )。

   A. 都是先进先出　　B. 都是先进后出

   C. 只允许在端点处插入和删除元素　　D. 没有共同点

2. 一个栈的入栈序列为 a,b,c,d,e，则栈的不可能的输出序列是( )。

   A. e,d,c,b,a　　B. d,e,c,b,a　　C. d,c,e,a,b　　D. a,b,c,d,e

3. 栈结构通常采用的两种存储结构是( )。

   A. 顺序存储结构和链式存储结构　　B. 散列方式和索引方式

   C. 链表存储结构和数组　　D. 线性存储结构和非线性存储结构

4. 某队列初始为空，若它的输入序列为 a,b,c,d，则它的输出序列应为( )。

   A. a,b,c,d　　B. d,c,b,a　　C. a,c,b,d　　D. d,a,c,b

5. 设循环队列SQ采用顺序存储,存储空间长度为M,front为队头指针,rear为队尾指针,则执行出队操作后其头指针front的值为(　　)。

A. front++　　　　B. front--

C. front=(front+1)%M　　　　D. front=(front-1)%M

6. 某循环队列的容量为M,队头指针指向队头元素,队尾指针指向队尾元素之后,则队列中的元素个数为(　　)。

A. rear-front　　　　B. front-rear

C. (rear-front+M)MOD M　　　　D. (front-rear+M)MOD M

7. 设栈S和队列Q的初始状态为空,元素按照a,b,c,d,e的次序进入栈S,当一个元素从栈中出来后立即进入队列Q,若队列的输出元素序列是c,d,b,a,e,则元素的出栈顺序是(　　)。

A. a,b,c,d,e　　　　B. e,d,c,b,a

C. c,d,b,a,e　　　　D. e,a,b,d,c

8. 在以下情形中,(　　)适合于采用队列数据结构。

A. 监视一个火车票售票窗口等待服务的客户

B. 描述一个组织中的管理机构

C. 统计一个商场中的顾客数

D. 监视进入某住宅楼的访客

9. 若用一个大小为6的数组来实现循环队列,且当前rear和front的值分别为0和3,当从队列中删除一个元素,再加入两个元素后,rear和front的值分别为(　　)。

A. 1和5　　B. 2和4　　C. 4和2　　D. 5和1

10. 上溢现象通常出现在(　　)操作过程中。

A. 顺序栈的入栈　　　　B. 顺序栈的出栈

C. 链栈的入栈　　　　D. 链栈的出栈

11. 在一个链队列中,front和rear分别为头指针和尾指针,则插入一个结点s的操作为(　　)。

A. front=front->next;　　　　B. s->next=rear;rear=s;

C. rear->next=s;rear=s;　　　　D. s->next=front;front=s;

12. 单循环链表表示的队列长度为n,若只设头指针,则入队的时间复杂度为(　　)。

A. O(n)　　B. O(1)　　C. $O(n^2)$　　D. O(nlogn)

13. 设计一个判别表达式中括号是否配对的算法,采用(　　)数据结构最佳。

A. 顺序表　　B. 链表　　C. 队列　　D. 栈

14. 一个栈的输入序列为123…n,若输出的第一个元素是n,则输出的第i个元素是(　　)。

A. 不确定　　B. n-i+1　　C. i　　D. n-i

15. 链栈和顺序栈相比有一个明显的优点,即(　　)。

A. 插入操作更加方便　　　　B. 通常不会出现栈满的情况

C. 不会出现栈空的情况　　　　D. 删除操作更加方便

【填空题】

1. 设栈 S 和队列 Q 的初始状态为空，元素 e1，e2，e3，e4，e5，e6 依次通过栈 S，一个元素出栈后即进入队列 Q，若 6 个元素出队的序列是 e2，e4，e3，e6，e5，e1，则栈的容量至少应该是________。

2. 设输入元素的顺序为 1，2，3，4，5，要在栈 S 的输出端得到 43521，则应进行的栈的基本操作为 PUSH(S,1)，PUSH(S,2)，PUSH(S,3)，PUSH(S,4)，POP(S)，________，POP(S)，POP(S)，POP(S)。

3. 表达式 8－(3＋5)＊(5－6/2)对应的后缀表达式为________________________。

4. 在具有 n 个单元的循环队列中，队满时共有________个元素。

【判断题】

1. 栈和队列的存储方式既可以是顺序存储，也可以是链式存储。　　(　　)

2. 链栈和顺序栈相比，比较明显的优点是通常不会出现栈满的情况。　　(　　)

3. 链栈的插入在栈顶，删除在栈底。　　(　　)

【算法设计】

1. 假设以带头结点的循环链表表示队列，并且只设一个指针指向队尾结点，但不设头指针，请写出相应的入队和出队算法(如图 1-1 所示)。

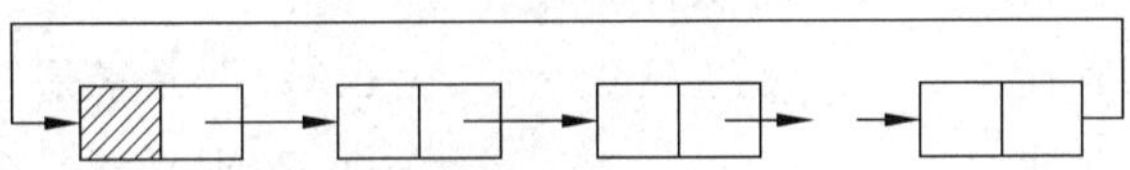

图 1-1　带头结点的循环链表表示的队列示意图

2. 设计一个算法判断一个算术表达式中的小括号是否匹配。

3. 已知 Q 是一个非空队列，S 是一个空栈。编写算法，仅用队列和栈的 ADT 函数和少量工作变量将队列 Q 的所有元素逆置。

栈的 ADT 函数有：

```
void makeEmpty(SqStack s);            置空栈
void push(SqStack s,ElemType e);      元素 e 入栈
ElemType pop(SqStack s);              出栈,返回栈顶元素
int isEmpty(SqStack s);               判断栈空
```

队列的 ADT 函数有：

```
void enQueue(Queue q,ElemType e);     元素 e 入队
ElemType deQueue(Queue q);            出队,返回队头元素
int isEmpty(Queue q);                 判断队空
```

1.1.4 特殊线性结构——串

【选择题】

1. 以下叙述中正确的是(　　)。

A. 串是一种特殊的线性表　　B. 串的长度必须大于 0

C. 串中元素只能是字母　　D. 空串就是空白串

2. 已知模式串 T="abcdabcd",则其 next 数组值是(　　)。

A. 00123412　　B. 01111234　　C. 01232412　　D. 11213412

3. 设有两个串 S1 和 S2,求串 S2 在 S1 中首次出现位置的运算称作(　　)。

A. 连接　　B. 求子串　　C. 模式匹配　　D. 判断子串

4. 已知串 S='aaab',则 next 值为(　　)。

A. 0123　　B. 1123　　C. 1231　　D. 1211

5. 设串 s1='ABCDEFG',s2='PQRST',函数 con (x,y)返回 x 和 y 串的连接串,subs (s,i,j)返回串 s 从序号 i 的字符开始的 j 个字符组成的子串,len(s)返回串 s 的长度,则 con(subs (s1,2,len (s2)),subs(s1,len (s2),2))的结果串是(　　)。

A. BCDEF　　B. BCDEFG　　C. BCPQRST　　D. BCDEFEF

6. 设串长为 n,模式串长为 m,则 KMP 算法的平均时间复杂度为(　　)。

A. O(m)　　B. O(n)　　C. O(m * n)　　D. O(m+n)

7. 串是一种特殊的线性表,其特殊性体现在(　　)。

A. 可以顺序存储　　B. 数据元素是一个字符

C. 可以随机存储　　D. 数据元素是多个字符

8. 若串 s1="bc_cad_cabcadf",串 s2="abc",则 s2 在 s1 中的位置是(　　)。

A. 7　　B. 8　　C. 6　　D. 9

9. 若一个串的长度为 8,则其子串的总个数为(　　)。

A. 8　　B. 37　　C. 36　　D. 9

【填空题】

1. 串的两种最基本的存储方式是____________________。

2. 一个字符串中____________________称为该串的子串。

3. 模式串 T='abcaabbcabca'的 next 值为____________________。

【判断题】

1. 空串是由一个或多个空格字符组成的串。(　　)

2. 当两个字符串的长度相等时,则可判定这两个串相等。(　　)

3. 串是由有限个字符构成的连续序列,子串是主串中字符构成的有限序列。(　　)

4. 子串定位函数的时间复杂度在最坏情况下为 O(M * N)，因此子串定位函数没有实际应用价值。（　　）

5. KMP 算法的最大特点是指示主串的指针无须回溯。（　　）

1.1.5 扩展线性结构——数组和广义表

【选择题】

1. 常对数组进行的两种基本操作是（　　）。

A. 建立与删除　　B. 索引和修改

C. 对数据元素的存取和修改　　D. 查找与索引

2. 有二维数组 a[1..4,3..6]，设每个元素占两个存储单元。若以行序为主序存储，则元素 a[3,4]相对于数组空间起始地址的偏移量为（　　）。

A. 12　　B. 14　　C. 16　　D. 18

3. 二维数组 A 中，每个元素的长度为 3 个字节，行下标 i 从 0 到 7，列下标 j 从 0 到 9，从首地址 SA 开始连续存放在存储器内，存放该数组至少需要的字节数是（　　）。

A. 80　　B. 100　　C. 240　　D. 270

4. 广义表 L=((a),a)的表尾是（　　）。

A. (a)　　B. ((a))　　C. a　　D. ()

5. 二维数组 A 中，每个元素的长度为 3 个字节，行下标 i 从 0 到 7，列下标 j 从 0 到 9，从首地址 SA 开始连续存放在存储器内，该数组按列存放时，元素 A[4][7]的起始地址为（　　）。

A. SA+141　　B. SA+180　　C. SA+222　　D. SA+225

6. 广义表中的元素可分为（　　）。

A. 原子元素　　B. 表元素

C. 原子元素或表元素　　D. 任意元素

7. 若广义表 L=(1,2,3)，则 L 的长度和深度分别为（　　）。

A. 1 和 1　　B. 1 和 2　　C. 3 和 1　　D. 2 和 2

8. 稀疏矩阵的常见压缩存储方法有（　　）两种。

A. 二维数组和三维数组　　B. 三元组和散列表

C. 三元组和十字链表　　D. 散列表和十字链表

9. 一个非空广义表的表头（　　）。

A. 不可能是子表　　B. 只能是子表

C. 只能是原子　　D. 可以是子表或原子

10. 对稀疏矩阵进行压缩存储的目的是（　　）。

A. 便于进行矩阵运算　　B. 便于输入和输出

C. 节省存储空间　　D. 降低运算的时间复杂度

11. 将一个十阶对称矩阵压缩存储到一维数组 A 中，则数组 A 的长度至少为(　　)。

A. 100　　B. 55　　C. 40　　D. 80

12. 下列说法不正确的是(　　)。

A. 广义表的表头总是一个广义表

B. 广义表的表尾总是一个广义表

C. 广义表难以用顺序存储结构表示

D. 广义表可以是一个多层次的结构

【填空题】

1. 对称矩阵的压缩存储在 sa[n(n+1)/2]的一维数组中，则一维数组下标 k 与矩阵元素的对应关系为________($i \geqslant j$)和________($i < j$)。

2. 用广义表的取表头 head 和取表尾 tail 的运算，从广义表 LS=(b,c,(f),((d)))中分解出原子 c 的操作为________。

3. 求下列广义表操作的结果：

(1) GetTail[GetHead[((a,b),(c,d))]]；________________。

(2) GetTail[GetHead[GetTail[((a,b),(c,d))]]]；________________。

4. 对称矩阵 A[n][n]的特点是________。

5. 一个 n 阶下三角矩阵，上三角为常量 C，压缩存储时需要________个单元。

【判断题】

1. 数组可看成线性结构的推广，因此与线性表一样可以对它进行插入、删除等操作。(　　)

2. 广义表的表头必定是一个原子。(　　)

3. 若一个广义表的表头是空表，则此广义表也为空表。(　　)

4. 稀疏矩阵压缩存储后，必将失去随机存取的功能。(　　)

5. 任意一个广义表，其表头可为原子或子表，其表尾必定是子表。(　　)

【综合题】

1. 一个稀疏矩阵如图 1-2 所示，请画出按照行主序压缩存储的三元组表和十字链表存储结构。

$$A=\begin{bmatrix}0 & 3 & 1 & 0\\1 & 0 & 0 & 0\\0 & 2 & 0 & 1\end{bmatrix}$$

图 1-2　稀疏矩阵示意图

2. 利用 GetHead()和 GetTail()从广义表 L=(solder,(teacher,student),worker,farmer)中分离出原子 student。

1.1.6 树形结构——树和二叉树

【选择题】

1. 二叉树的深度为 k，则二叉树最多有(　　)个结点。

A. 2^k　　B. 2^{k-1}　　C. 2^k-1　　D. $2k-1$

2. 用顺序存储的方法将完全二叉树中所有结点按层逐个从左到右的顺序存放在一维数组 R[1..N]中，若结点 R[i]有右孩子，则其右孩子是(　　)。

A. R[2i－1]　　B. R[2i＋1]　　C. R[2i]　　D. R[2/i]

3. 设 a，b 为一棵二叉树上的两个结点，在中序遍历时，a 在 b 前面的条件是(　　)。

A. a 在 b 的右方　　B. a 在 b 的左方　　C. a 是 b 的祖先　　D. a 是 b 的子孙

4. 在一棵具有 5 层的满二叉树中结点总数为(　　)。

A. 31　　B. 32　　C. 33　　D. 16

5. 某二叉树的中序序列为 ABCDEFG，后序序列为 BDCAFGE，则其左子树中结点数目为(　　)。

A. 3　　B. 2　　C. 4　　D. 5

6. 树最适合用来表示(　　)。

A. 有序数据元素　　B. 无序数据元素

C. 元素之间具有分支层次关系的数据　　D. 元素之间无联系的数据

7. 假定在一棵二叉树中，度为 2 的结点数为 15，度为 1 的结点数为 30，则叶子结点数为(　　)个。

A. 15　　B. 16　　C. 17　　D. 47

8. 在线索二叉树中，t 所指结点没有左子树的充要条件是(　　)。

A. t->left==NULL

B. t->ltag==1

C. t->ltag==1&&t->left==NULL

D. 以上都不对

9. 树的先根序列等同于与该树对应的二叉树的(　　)。

A. 先序序列　　B. 中序序列　　C. 后序序列　　D. 层序序列

10. 利用二叉链表存储树，则根结点的右指针为(　　)。

A. 指向最左孩子　　B. 指向最右孩子　　C. 指向空　　D. 指向非空

11. 按照二叉树的定义，具有三个结点的二叉树有(　　)种。

A. 3　　B. 4　　C. 5　　D. 6

12. 一棵非空二叉树的先序序列与中序序列正好相反，则该二叉树一定满足(　　)。

A. 所有结点均无左孩子　　B. 所有结点均无右孩子

C. 只有一个叶子结点　　D. 是一棵满二叉树

13. 在数据压缩编码的应用中，哈夫曼算法可以用来构造具有(　　)的二叉树。

A. 前缀码　　B. 最优前缀码　　C. 后缀码　　D. 最优后缀码

14. 如果根的层次为1，那么具有61个结点的完全二叉树的高度为(　　)。

A. 5　　B. 6　　C. 7　　D. 8

15. 先序遍历和中序遍历序列相同的二叉树为(　　)。

A. 根结点无左子树的二叉树

B. 根结点无右子树的二叉树

C. 只有根结点的二叉树或非叶子结点只有左子树的二叉树

D. 只有根结点的二叉树或非叶子结点只有右子树的二叉树

16. 树的路径长度是树根到每个结点的路径长度的(　　)。

A. 总和　　B. 最小值　　C. 最大值　　D. 平均值

17. 在n个叶子结点的哈夫曼树中，非叶子结点的总数是(　　)。

A. n－1　　B. n　　C. 2n－1　　D. 2n

18. 下面几个符号串编码集合中，不是前缀编码的是(　　)。

A. {0,10,110,111}　　B. {11,10,001,101,0001}

C. {00,010,0110,1000}　　D. {b,c,aa,ac,aba,abb,abc}

19. n个结点的线索二叉树上，含有的线索总数为(　　)。

A. 2n　　B. n－1　　C. n＋1　　D. n

20. 设森林F中有三棵树，第1、2和第3棵树的结点个数分别为N1、N2和N3，则与此森林F对应的二叉树根结点的右子树上的结点个数为(　　)。

A. N1　　B. N1＋N2　　C. N2　　D. N2＋N3

21. 已知完全二叉树的第7层有10个叶子结点，则整个二叉树的结点数最多为(　　)。

A. 255　　B. 128　　C. 235　　D. 63

【填空题】

1. 树内各结点度的________称为树的度。

2. 具有n个结点的完全二叉树的深度是________。

3. 哈夫曼树是其树的带权路径长度________的二叉树。

4. 在一棵二叉树中，度为0的结点的个数是n0，度为2的结点的个数是n2，则有n0＝________。

5. 设F、C是二叉树中的两个结点，若F是C的祖先结点，则在采用后根遍历方法遍历该二叉树时，F和C的位置关系为：F必定在C的________。

6. 判断线索二叉树中某结点指针P所指结点有左孩子的条件是________。

7. 如果根结点层次为1，具有61个结点的完全二叉树的高度是________。

8. 对于一棵具有n个结点的二叉树采用顺序存储表示，若某结点的编号为i(1≤i＜n)，则它的左孩子的编号为________，右孩子的编号为________。

9. 判断线索二叉树中某结点指针P所指结点无右孩子的条件是________。

10. 一棵完全二叉树，按层次遍历的序列是 ABCDEFG，则在先序遍历中结点 E 的直接前驱是________，在后序遍历中结点 B 的直接后继是________。

11. 深度为 k 的二叉树至少有________个结点，至多有________个结点。

12. 在二叉树中，指针 p 所指结点为叶子结点的条件为________。

13. 在完全二叉树中，编号为 i 和 j 的两个结点处于同一层上的条件为________。

14. 高度为 h 的二叉树中叶子结点的数目至多为________。

15. 将树转换成二叉树的目的有两个，分别是________和________。

【判断题】

1. 二叉树按某种顺序线索化后，任一结点均有指向其前驱和后继的线索。 (　　)

2. 在哈夫曼编码中，当两个字符出现的频率相同时，其编码也相同，此时应做特殊处理。 (　　)

3. 若某结点是某二叉树子树的中序序列中的末结点，则它必为该子树先序序列中的末结点。 (　　)

4. 已知二叉树的先序序列和后序序列并不能唯一确定一棵二叉树，因为无法确定该树的根结点。 (　　)

5. 当 $k \geqslant 1$ 时，高度为 k 的二叉树至多有 2^{k-1} 个结点。 (　　)

6. 完全二叉树的某结点若无左孩子，则它必是叶结点。 (　　)

【综合题】

1. 假设以有序对<p,c>表示从双亲结点到孩子结点的一条边，若已知树中边的集合为{<a,b>，<a,d>，<a,c>，<c,e>，<c,f>，<c,g>，<c,h>，<e,i>，<e,j>，<g,k>}，请回答下列问题：

(1) 哪个结点是根结点？

(2) 哪些结点是叶子结点？

(3) 哪些结点是 k 的祖先？

(4) 哪些结点是 j 的兄弟？

(5) 树的深度是多少？

2. 如图 1-3 所示的二叉树，请写出先序、中序、后序遍历的序列。

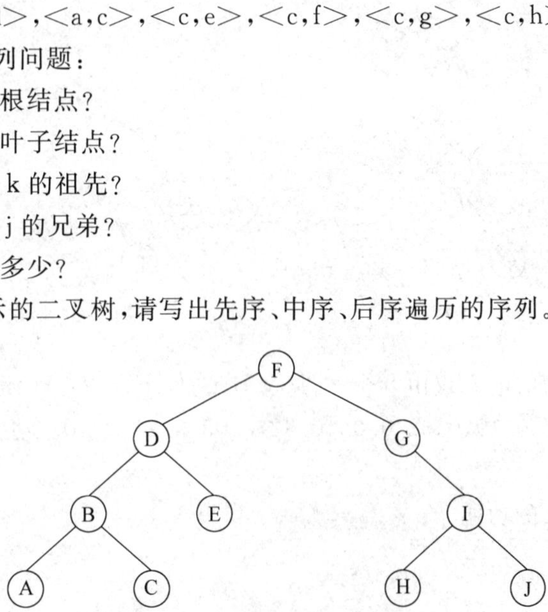

图 1-3　给定二叉树形态

3. 已知一棵二叉树的先序序列为 ABDGJEHCFIKL,中序序列为 DJGBEHACKILF,画出二叉树的形态。

4. 一份电文中有 6 种字符: A,B,C,D,E,F,它们的出现频率依次为 16,5,9,3,30,1,完成如下问题:

(1) 设计一棵哈夫曼树及哈夫曼编码(画出其树结构)。

(2) 计算其带权路径长度 WPL。

5. 画出与图 1-4 所示的森林相对应的二叉树,并指出森林中的叶子结点在二叉树中具有什么特点。

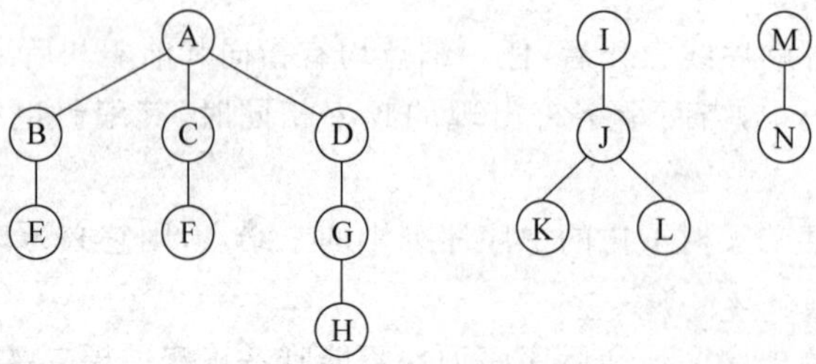

图 1-4 给定森林形态

6. 已知某森林的二叉树如图 1-5 所示,试画出它所表示的森林。

7. 已知一棵二叉树如图 1-6 所示,请画出该树对应的先序线索二叉树形态。

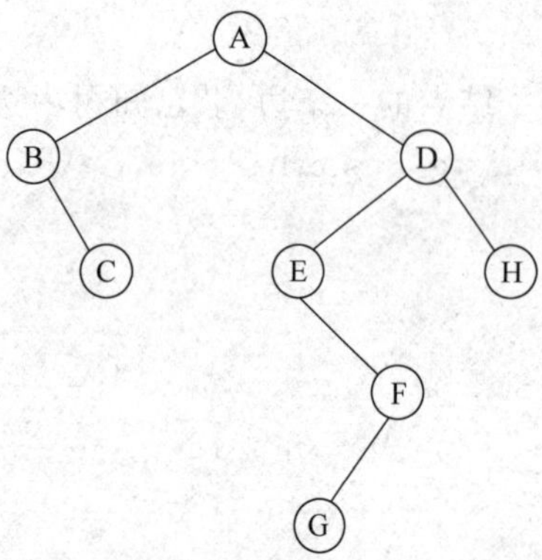

图 1-5 给定森林的二叉树形态

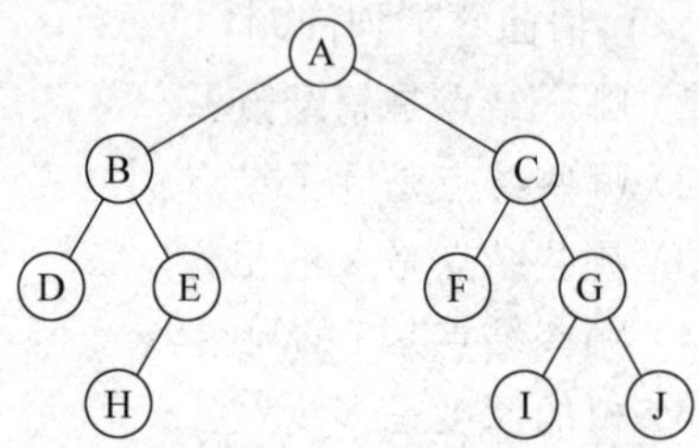

图 1-6 给定二叉树形态

8. 假设用于通信的电文仅由 8 个字母 A、B、C、D、E、F、G、H 组成,字母在电文中出现的频率分别为 0.07,0.19,0.02,0.06,0.32,0.03,0.21,0.10。请为这 8 个字母设计哈夫曼编码。

9. 写出下面算法的功能。

```
Bitree * function(Bitree * bt)
{
    Bitree * t, * t1, * t2;
    if (bt==NULL)
```

```
        t=NULL;
    else
    {
        t=(Bitree*)malloc(sizeof(Bitree));
        t->data=bt->data;
        t1=function(bt->left);
        t2=function(bt->right);
        t->left=t2;
        t->right=t1;
    }
    return(t);
}
```

10. 试编写二叉树先序遍历的非递归算法。
11. 试编写算法求二叉树高度。
12. 试编写算法求二叉树中所有叶子结点的数目。
13. 试编写在二叉树中查找值为 x 的结点的算法。

1.1.7 图形结构——图

【选择题】

1. 为描述 N 个人之间的同学关系,可用(　　)结构表示。

A. 线性表　　B. 树　　C. 图　　D. 队列

2. 对于具有 n 个顶点的图,若采用邻接矩阵表示,则该矩阵的大小为(　　)。

A. n　　B. n^2　　C. n−1　　D. $(n-1)^2$

3. 带权有向图 G 用邻接矩阵 A 存储,则顶点 i 的入度等于 A 中(　　)。

A. 第 i 行非无穷的元素之和
B. 第 i 列非无穷且非 0 的元素个数之和
C. 第 i 行非无穷且非 0 的元素个数
D. 第 i 行与第 i 列非无穷且非 0 的元素之和

4. 设 G1=(V1,E1)和 G2=(V2,E2)为两个图,如果 V1⊆V2,E1⊆E2,则称(　　)。

A. G1 是 G2 的子图　　B. G2 是 G1 的子图
C. G1 是 G2 的连通分量　　D. G2 是 G1 的连通分量

5. 已知一个有向图用邻接矩阵表示,要删除所有从第 i 个结点发出的弧,应将邻接矩阵的(　　)。

A. 第 i 行删除　　B. 第 i 行元素全部置为 0
C. 第 i 列删除　　D. 第 i 列元素全部置为 0

6. 无向图的邻接矩阵是一个(　　)。

A. 对称矩阵　　B. 零矩阵　　C. 上三角矩阵　　D. 对角矩阵

7. 设图的邻接矩阵为 $\begin{pmatrix}0 & 1 & 1\\0 & 0 & 1\\0 & 1 & 0\end{pmatrix}$，则该图为(　　)。

A. 有向图　　B. 无向图　　C. 强连通图　　D. 完全图

8. 邻接表是图的一种(　　)。

A. 顺序存储结构　　B. 链式存储结构

C. 索引存储结构　　D. 散列存储结构

9. 在无向图中定义顶点 vi 与 vj 之间的路径为从 vi 到 vj 的一个(　　)。

A. 顶点序列　　B. 边序列　　C. 权值总和　　D. 边的条数

10. 在有向图的逆邻接表中，每个顶点的邻接链表链接着该顶点所有(　　)邻接点。

A. 入边　　B. 出边

C. 入边和出边　　D. 不是出边也不是入边

11. 在一个有向图中，所有顶点的入度之和等于所有顶点的出度之和的(　　)倍。

A. 1/2　　B. 1　　C. 2　　D. 4

12. 一个具有 8 个顶点的有向图中，所有顶点的入度之和与所有顶点的出度之和的差等于(　　)。

A. 16　　B. 4　　C. 0　　D. 2

13. 无向图中一个顶点的度是指图中(　　)。

A. 通过该顶点的简单路径数　　B. 与该顶点相邻接的顶点数

C. 与该顶点连通的顶点数　　D. 通过该顶点的回路数

14. 具有 4 个顶点的无向完全图有(　　)条边。

A. 6　　B. 12　　C. 16　　D. 20

15. 图形结构中有关路径的定义是(　　)。

A. 由顶点和相邻顶点的序偶构成的边所形成的序列

B. 由不同顶点所形成的序列

C. 由不同边所形成的序列

D. 上述定义都不是

16. n 个结点的有向完全图含有边的数目为(　　)。

A. n＊n　　B. n(n＋1)　　C. n/2　　D. n＊(n－1)

17. 下列说法不正确的是(　　)。

A. 图的遍历是从给定的源点出发，每一个顶点仅被访问一次

B. 图的深度优先搜索遍历不适用于有向图

C. 遍历的基本算法有两种：深度优先搜索遍历和广度优先搜索遍历

D. 图的深度优先搜索遍历是一个递归过程

18. 关于无向图的邻接矩阵的说法中正确的是(　　)。

A. 矩阵中非全零元素的行数等于图中的顶点数

B. 第 i 行上与第 i 列上非零元素总和等于顶点 V_i 的度数

C. 矩阵中的非零元素个数等于图的边数

D. 第i行上非零元素个数和第i列上非零元素个数一定相等

19. 对于有向图,其邻接矩阵表示相比邻接表表示更易于进行的操作为(　　)。

A. 求一个顶点的邻接点　　B. 求一个顶点的度

C. 深度优先遍历　　D. 广度优先遍历

20. 带权有向图G用邻接矩阵A存储,则顶点i的入度为A中(　　)。

A. 第i行非∞的元素之和　　B. 第i列非∞的元素之和

C. 第i行非∞且非0的元素个数　　D. 第i列非∞且非0的元素个数

21. 一个具有n个顶点的有向图最多有(　　)条边。

A. $n\times(n-1)/2$　　B. $n\times(n-1)$

C. $n\times(n+1)/2$　　D. n^2

22. 以下说法正确的是(　　)。

A. 连通分量是无向图中的极小连通子图

B. 强连通分量是有向图中的极大强连通子图

C. 在一个有向图的拓扑序列中,若顶点a在顶点b之前,则图中必有一条弧<a,b>

D. 对有向图G,如果以任一顶点出发进行一次深度优先或广度优先搜索能访问到每个顶点,则该图一定是完全图

23. 具有6个顶点的无向图至少应该有(　　)条边才能保证是一个连通图。

A. 4　　B. 5　　C. 6　　D. 7

24. 假设有向图含n个顶点及e条弧,则表示该图的邻接表中包含的弧结点个数为(　　)。

A. n　　B. e　　C. 2e　　D. n*e

25. 一个有n个顶点的无向连通图,它所包含的连通分量的个数为(　　)。

A. 0　　B. 1　　C. n　　D. n+1

26. 在有向图的邻接表中,每个顶点的邻接链表链接着该顶点的所有(　　)邻接点。

A. 入弧　　B. 出弧

C. 入弧和出弧　　D. 不是入弧也不是出弧

27. 简单无向图的邻接矩阵是对称的,可以对其进行压缩存储。若无向图G有n个结点,其邻接矩阵为A[1..n,1..n],且压缩存储在B[1..k]中,则k的值至少为(　　)。

A. $n(n+1)/2$　　B. $n^2/2$

C. $(n-1)(n+1)/2$　　D. $n(n-1)/2$

28. 若采用邻接矩阵来存储简单有向图,则其某一个顶点i的入度等于该矩阵(　　)。

A. 第i行中值为1的元素个数

B. 所有值为1的元素总数

C. 第i行及第i列中值为1的元素总个数

D. 第i列中值为1的元素个数

29. 一个具有$n(n>0)$个顶点的连通无向图至少有(　　)条边。

A. n+1　　B. n　　C. n/2　　D. n−1

30. n条边的无向图的邻接表存储结构中,边结点的个数有(　　)。

A. n　　B. 2n　　C. n/2　　D. n*n

31. 对于一个无向图，以下正确的说法是(　　)。

A. 每个顶点的入度等于出度

B. 每个顶点的度等于其入度和出度之和

C. 每个顶点的入度为 0

D. 每个顶点的出度为 0

32. 一个有向图中，某顶点的出度是指(　　)。

A. 以该顶点为尾的弧数　　B. 以该顶点为头的弧数

C. 与该顶点邻接的弧数　　D. 都不是

33. 对于一个有向图，若一个顶点的入度为 k1，出度为 k2，则对应邻接表中该顶点单链表中的结点数为(　　)。

A. k1　　B. k2　　C. k1+k2　　D. k1−k2

34. 对于一个有向图，若一个顶点的入度为 k1，出度为 k2，则对应逆邻接表中该顶点单链表中的结点数为(　　)。

A. k1　　B. k2　　C. k1−k2　　D. k1+k2

35. 在一个具有 n 个顶点的有向图中，若所有顶点的出度之和为 s，则所有顶点的入度之和为(　　)。

A. s　　B. s−1　　C. s+1　　D. n

36. 下面关于图的存储的叙述中，正确的是(　　)。

A. 采用邻接矩阵，占用的存储空间大小只与图中顶点个数有关，而与边数无关

B. 采用邻接矩阵，占用的存储空间大小只与图中边数有关，而与顶点个数无关

C. 采用邻接表，占用的存储空间大小只与图中顶点个数有关，而与边数无关

D. 采用邻接表，占用的存储空间大小只与图中边数有关，而与顶点个数无关

37. 从图的邻接矩阵中容易确定(　　)。

A. 主对角线的元素全部为 1　　B. 主对角线的元素不全为 0

C. 每个顶点的度数　　D. 是否为一个连通图

38. 下列说法不正确的是(　　)。

A. 无向图的极大连通子图称为连通分量

B. 连通图的广度优先搜索中一般要采用队列暂存刚访问过的顶点

C. 图的深度优先搜索中一般要采用栈暂存刚访问过的顶点

D. 有向图的遍历不可采用广度优先搜索方法

39. 在一个无向图中，若两个顶点之间的路径长度为 k，则该路径上的顶点数为(　　)。

A. k　　B. k+1　　C. k+2　　D. 2k

40. 具有 n 个顶点的有向图最多拥有的弧数是(　　)。

A. n　　B. n(n+1)　　C. n(n−1)　　D. n×n

41. 如果从无向图的任一顶点出发进行一次深度优先搜索即可访问所有顶点，则该图一定是(　　)。

A. 完全图　　B. 连通图　　C. 有回路　　D. 一棵树

42. 一个图中包含 k 个连通分量，若采用 DFS 算法访问所有顶点，则需要调用 DFS 算法的次数是(　　)。

A. k　　B. 1　　C. k−1　　D. k+1

43. 图的广度优先搜索类似于树的(　　)遍历。

A. 先序　　B. 中序　　C. 后序　　D. 层次

44. 采用邻接表存储的图，其深度优先遍历类似于二叉树的(　　)。

A. 中序遍历　　B. 先序遍历　　C. 后序遍历　　D. 按层次遍历

45. 下列关于图遍历的说法不正确的是(　　)。

A. 连通图的深度优先搜索是一个递归过程

B. 图的广度优先搜索中邻接点的寻找具有“先进先出”的特征

C. 非连通图不能用深度优先搜索法

D. 图的遍历要求每一顶点仅被访问一次

46. 已知一个有向图的邻接表存储结构如图 1-7 所示，根据深度优先遍历算法，从顶点 v1 出发，所得到的顶点序列是(　　)。

A. v1,v2,v3,v5,v4

B. v1,v2,v3,v4,v5

C. v1,v3,v4,v5,v2

D. v1,v4,v3,v5,v2

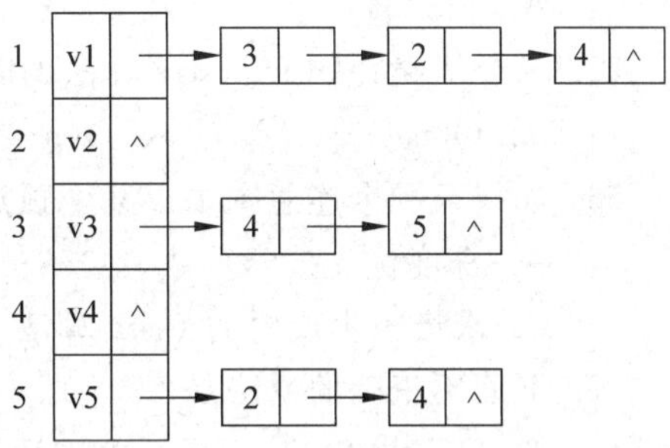

图 1-7　有向图的邻接表存储结构

47. 连通图 G 中有 n 个顶点，G 的生成树是(　　)的连通子图。

A. 包含 G 的所有顶点

B. 不必包含 G 的所有顶点

C. 包含 G 的所有边

D. 包含 G 的所有顶点和所有边

48. 下列说法错误的是(　　)。

A. 一个图的邻接矩阵表示是唯一的

B. 一个图的邻接表表示是唯一的

C. 一个图的生成树必为该图的极小连通子图

D. 一个无环有向图的拓扑排序序列必唯一

49. 任何一个无向连通图的最小生成树(　　)。

A. 只有一棵　　B. 有一棵或多棵

C. 一定有多棵　　D. 可能不存在

50. 关键路径是事件结点网络中(　　)。

A. 从源点到汇点的最长路径　　B. 从源点到汇点的最短路径

C. 最长的回路　　D. 最短的回路

51. 下面(　　)可以判断出一个有向图中是否有环(回路)。

A. 广度优先遍历　　B. 拓扑排序

C. 求最短路径　　D. 求关键路径

52. 如图 1-8 所示，有向图拓扑排序的结果序列是(　　)。

A. 125634　　B. 516234　　C. 123456　　D. 521643

53. 任一个有向图的拓扑序列(　　)。

A. 不存在　　B. 有一个

C. 一定有多个　　D. 有 0 个或多个

54. 拓扑序列是无环有向图中所有顶点的一个线性序列，图中任意路径中的各个顶点在该图的拓扑序列中保持先后关系，(　　)为图 1-9 所示有向图的一个拓扑序列。

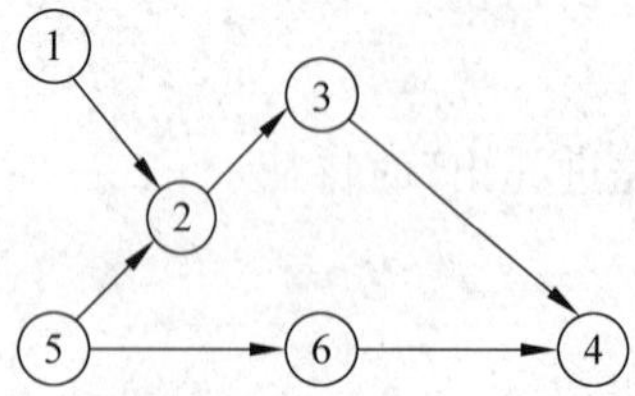

图 1-8　有向图的拓扑排序 1

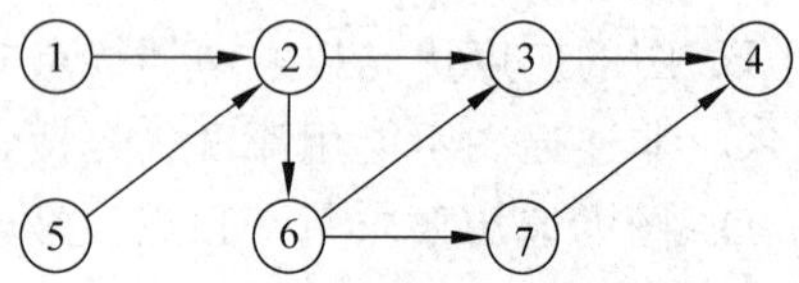

图 1-9　有向图的拓扑排序 2

A. 1234567　　B. 1526374　　C. 5126347　　D. 5123764

55. 求最短路径的 Dijkstra 算法的时间复杂度为(　　)。

A. O(n)　　B. O(n+e)　　C. $O(n^2)$　　D. $O(n^3)$

56. 如果求一个连通图中以某个顶点为根的高度最小的生成树，应采用(　　)。

A. 深度优先搜索算法　　B. 广度优先搜索算法

C. 求最小生成树的 Prim 算法　　D. 拓扑排序算法

57. 下面不正确的说法是(　　)。

(1) 在 AOE 网中，减少任一关键活动上的权值后，整个工期也就相应减小；

(2) AOE 网工程的工期为关键活动上的权值之和；

(3) 在关键路径上的活动都是关键活动，而关键活动也必定在关键路径上。

A. (1)　　B. (2)　　C. (3)　　D. (1)、(2)

58. 可以进行拓扑排序的图一定是(　　)。

A. 连通图　　B. 带权连通图

C. 无回路的图　　D. 无回路的有向图

59. 对于一个连通无向图，采用邻接矩阵作为存储结构，则其深度优先生成树(　　)。

A. 只有一棵　　B. 可以有多棵　　C. 不一定　　D. 都不对

60. 下列(　　)算法适合求边稀疏的网的最小生成树。

A. Prim　　B. Kruskal　　C. Dijkstra　　D. Floyd

61. 设无向连通图 G 中有 n 个顶点，则其最小生成树中的边数为(　　)。

A. n　　B. n−1　　C. 2n　　D. 2n−1

62. 设有一个带权无向图 G，如果图中各边的权均不同，则其最小生成树形态(　　)。

A. 唯一　　B. 不唯一　　C. 不一定　　D. 都不对

63. 最短路径指(　　)。

A. 路径中包含的顶点数最少

B. 路径中包含的边(弧)数最少

C. 路径中包含的边(弧)的权值之和最少

D. 都不对

【填空题】

1. n个顶点的无向图最多有________边。

2. n个顶点的连通图至少有________边。

3. 连通分量是无向图中的________连通子图。

4. 具有10个顶点的无向图,边的总数最多为________。

5. 具有n个顶点的有向图,最多拥有________条边。

6. 无向图的邻接矩阵中非零元素的分布一定是________。

7. 一个图的________表示法不是唯一的。

8. 一个图的________表示法是唯一的。

9. 已知一个图的邻接矩阵表示,计算第i个结点的入度的方法是________。

10. 在无向图G的邻接矩阵A中,若A[i][j]等于1,则A[j][i]等于________。

11. 已知一个图的邻接矩阵表示,删除所有从第i个结点出发的弧的方法是________。

12. 若以邻接矩阵表示有向图,则邻接矩阵上第i行中非零元素的个数即为顶点vi的________。

13. n个顶点的连通图用邻接矩阵表示时,该矩阵至少有________个非零元素。

14. 在有向图的邻接矩阵存储结构中,由第i行非零元素的个数可以得到第________个结点的出度;由第j列非零元素的个数可以得到第________个结点的入度。

15. 遍历图的基本方法有深度优先搜索和广度优先搜索,其中________是一个递归过程。

16. 图的DFS遍历类似于树的________遍历,图的BFS遍历类似于树的________遍历。

17. 一个连通图的生成树是一个________,它包含图中所有顶点,但只有足以构成一棵树的n−1条边。

18. 判定一个有向图是否存在回路,可以利用________。

19. 从构造拓扑序列过程中可以发现AOV网是否有________。

20. ________的有向图,其全部顶点有可能排成一个拓扑有序序列。

21. 若要求一个稀疏图的最小生成树,最好使用________算法来求解。

22. 如果具有n个顶点的图形成一个环,则它有________棵生成树。

23. AOV网以结点和有向边分别代表________________。

24. AOE网中路径长度最长的路径叫做________。

【判断题】

1. 图的连通分量是无向图的极小连通子图。 ( )

2. 强连通分量是有向图中的极大强连通子图。 ( )

3. 在n个结点的无向图中,若边数大于n−1,则该图必定是连通图。 ( )

4. 一个图中不可能存在度为0的结点。 ( )

5. 在n个结点的有向图中,若弧数大于n,则该图必为强连通图。 ( )

6. 用邻接矩阵存储图时,在不考虑压缩存储的情况下,所占用的存储空间大小与图中结点个数有关,而与图的边数无关。 ( )

7. 用邻接矩阵表示图时,矩阵元素的个数与边数有关。 ( )

8. 有n个顶点的无向图,采用邻接矩阵表示,图中的边数等于邻接矩阵中非零元素之和的一半。 ( )

9. 邻接表只能用于存储有向图,而邻接矩阵则可存储有向图和无向图。 ( )

10. 无向图的邻接矩阵是对称的,有向图的邻接矩阵一定是不对称的。 ( )

11. 十字链表是无向图的一种存储结构。 ( )

12. 图的深度优先搜索序列和广度优先搜索序列不是唯一的。 ( )

13. 需要借助于一个队列来实现图的深度优先搜索算法。 ( )

14. 一个图的广度优先搜索树是唯一的。 ( )

15. 图的生成树是唯一的。 ( )

16. 无向图的最小生成树的形态可能不唯一。 ( )

17. Kruskal算法适合求解边密集的连通图的最小生成树。 ( )

18. 关键路径是AOE网中从源点到终点的最长路径。 ( )

19. 有回路的图不能进行拓扑排序。 ( )

20. 任何有向网络(AOV网),其拓扑排序的结果是唯一的。 ( )

21. 缩短某条关键路径上某个活动的工期一定可以缩短整个工程的工期。 ( )

22. 关键路径是AOE网中的一条最短路径。 ( )

23. 从源点到终点的最短路径是唯一的。 ( )

【综合题】

1. 写出下面算法的功能。

```
typedef struct{
    int vexnum,arcnum;
    char vexs[N];
    int arcs[N][N];
}graph;
void funtion(int i,graph *g){
    int j;
    printf("node:%c\n",g->vexs[i]);
    visited[i]=TRUE;
    for(j=0;j<g->vexnum;j++)
        if((g->arcs[i][j]==1)&&(!visited[j]))
            function(j,g);
}
```

2. 一个有向图 G 如图 1-10 所示，回答下列问题：

(1) 该图是强连通的吗？若不是，给出强连通分量。

(2) 请给出图的邻接矩阵和邻接表表示。

3. 一个有向图 G 如图 1-11 所示，试画出按照顶点号升序组织的邻接矩阵，并求各顶点的入度。

4. 一个有向图 G 如图 1-11 所示，试画出对应的邻接表(顶点数组和邻接单链表均按照顶点号升序组织)，并求各顶点的出度。

5. 已知无向图 G 的邻接矩阵如图 1-12 所示，请画出该无向图，并写出按深度优先搜索时的访问序列。

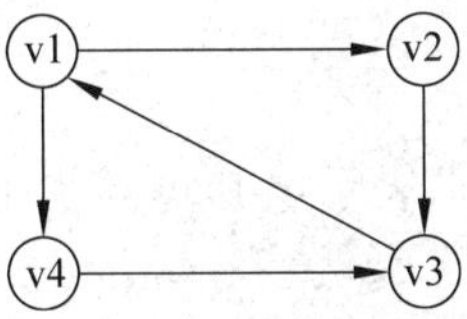

图 1-10 有向图 G

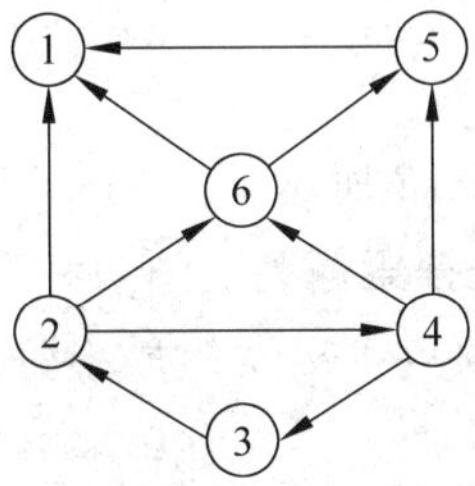

图 1-11 有向图 G

$$\begin{array}{c} V_0 \\ V_1 \\ V_2 \\ V_3 \\ V_4 \end{array}\begin{bmatrix} 0 & 1 & 0 & 1 & 0 \\ 1 & 0 & 1 & 0 & 1 \\ 0 & 1 & 0 & 0 & 0 \\ 1 & 0 & 0 & 0 & 0 \\ 0 & 1 & 0 & 0 & 0 \end{bmatrix}$$

$$\quad V_0 \quad V_1 \quad V_2 \quad V_3 \quad V_4$$

图 1-12 无向图 G 的邻接矩阵

6. 已知有向图 G 如图 1-13 所示，完成下列问题：

(1) 给出图的邻接矩阵表示。

(2) 根据图的邻接矩阵表示，从顶点 b 出发进行广度优先搜索，写出搜索序列。

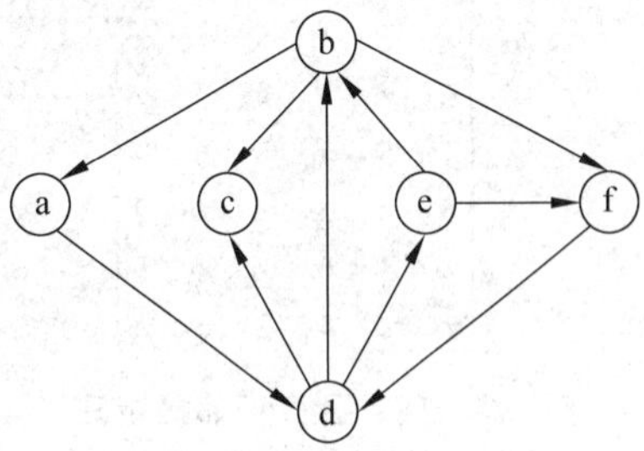

图 1-13 有向图 G

7. 一个无向图 G 如图 1-14 所示，试画出对应字典序的邻接矩阵存储结构，并求从顶点 A 出发的 DFS 生成树。

8. 已知一个无向图 G 如图 1-15 所示，请画出顶点按字典序排列的邻接表存储结构(邻接单链表降序排列)，并求对应的 BFS 生成树。

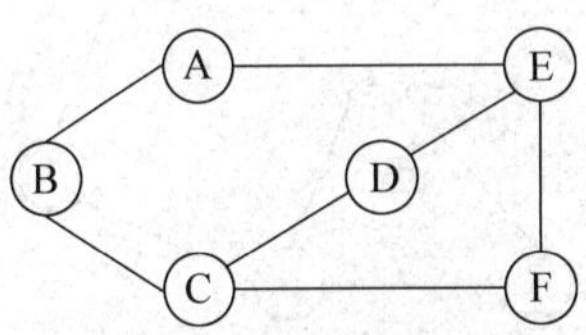

图 1-14 无向图 G

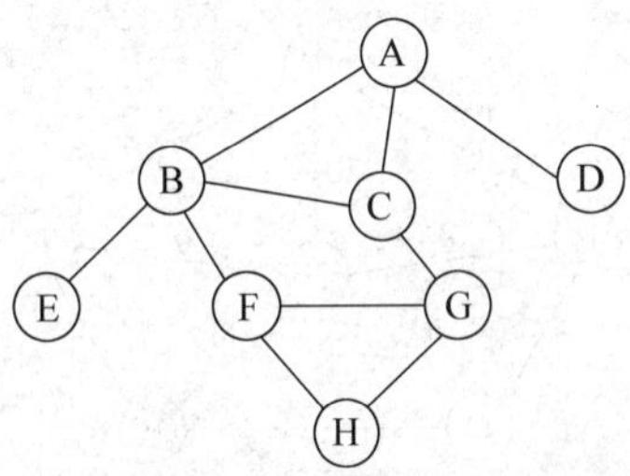

图 1-15 无向图 G

9. 设某有向图的邻接表存储结构如图 1-16 所示，试画出该有向图，并求从顶点 V_1 出发进行广度优先搜索的顶点序列。

10. 一个无向图如图 1-17 所示，请画出用 Prim 算法求其最小生成树（从顶点 1 出发）的过程。

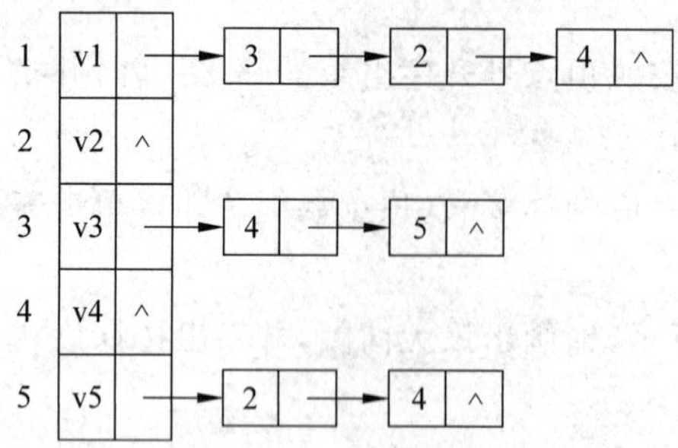

图 1-16　有向图 G

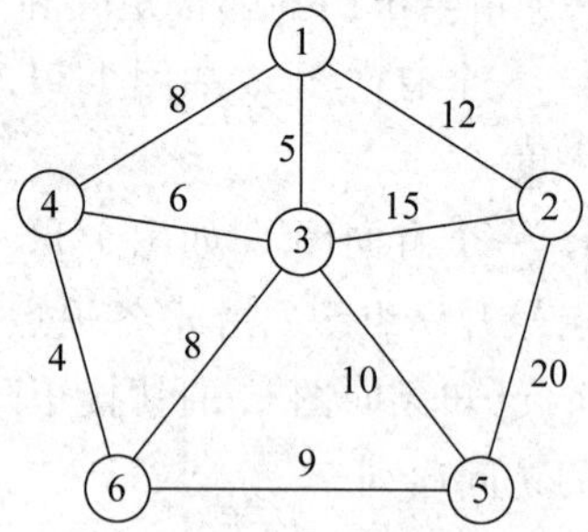

图 1-17　无向图 G

11. 已知图 G 的邻接矩阵如图 1-18 所示。

(1) 求从顶点 1 出发的广度优先搜索序列。

(2) 根据 Prim 算法，求图 G 从顶点 1 出发的最小生成树，要求表示出其每一步生成过程（用图或者表的方式均可）。

12. 一个无向图如图 1-19 所示，请画出用 Kruskal 算法求其最小生成树的过程。

$$\begin{bmatrix} \infty & 6 & 1 & 5 & \infty & \infty \\ 6 & \infty & 5 & \infty & 3 & \infty \\ 1 & 5 & \infty & 5 & 6 & 4 \\ 5 & \infty & 5 & \infty & \infty & 2 \\ \infty & 3 & 6 & \infty & \infty & 6 \\ \infty & \infty & 4 & 2 & 6 & \infty \end{bmatrix}$$

图 1-18　图 G 的邻接矩阵

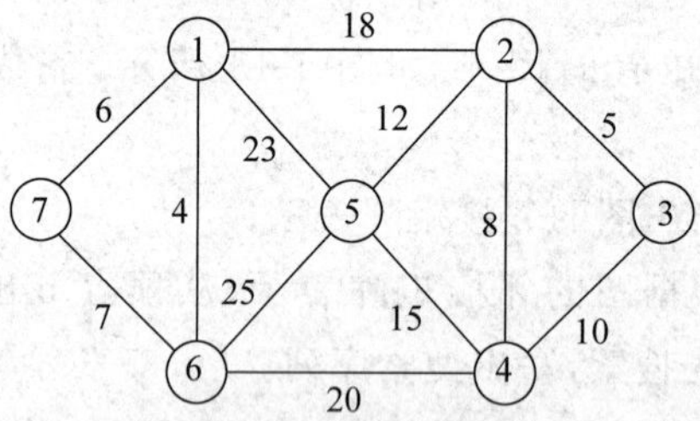

图 1-19　无向图 G 示意

13. 已知带权无向图 G 如图 1-20 所示，请用 Kruskal 算法求最小生成树，画出对应的最小生成树形态。

14. 一个有向图如图 1-21 所示，请写出至少两种拓扑有序序列。

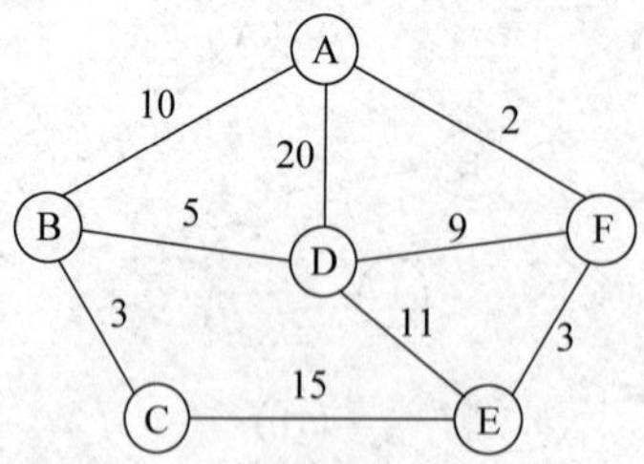

图 1-20　无向图 G 示意

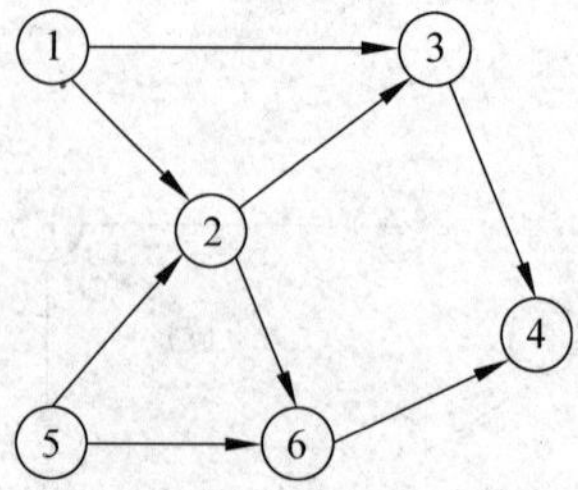

图 1-21　有向图 G 示意

15. 一个有向图如图 1-22 所示，请写出至少三种拓扑有序序列。

16. 已知一个 AOE 网 G 如图 1-23 所示，试求其关键路径。

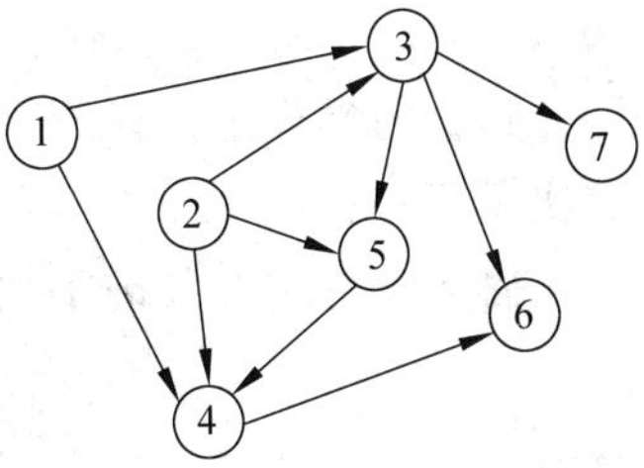

图 1-22 有向图 G 示意

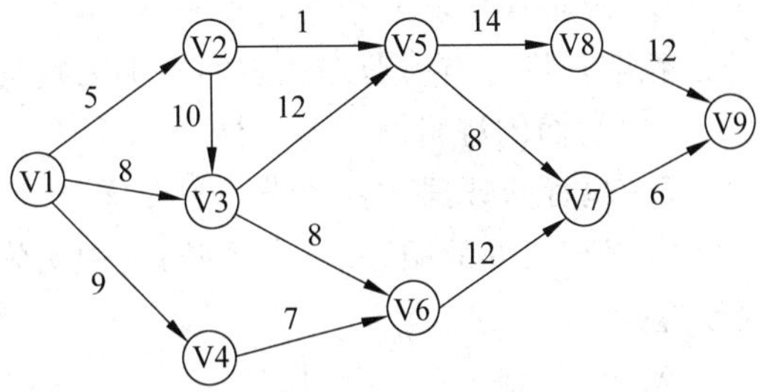

图 1-23 AOE 网 G 示意

17. 已知一个 AOE 网 G 如图 1-24 所示,试求其关键路径。

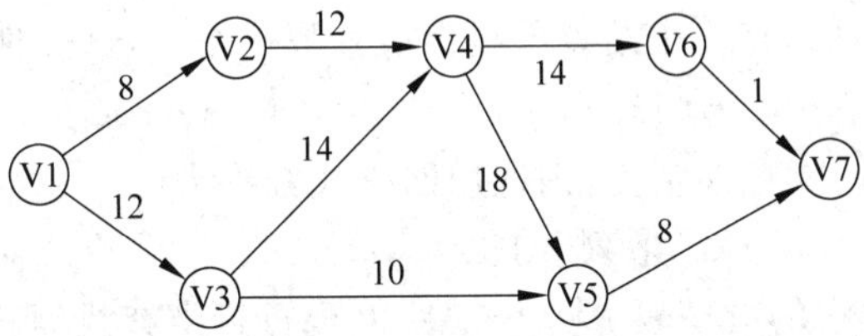

图 1-24 AOE 网 G 示意

18. 已知带权有向图 G 如图 1-25 所示,用 Dijstra 算法求从顶点 A 到其他各个顶点的最短路径。

19. 一个带权有向图如图 1-26 所示,试写出对应的邻接矩阵,并给出求解从顶点 0 出发到达其他各顶点的最短路径的计算过程。

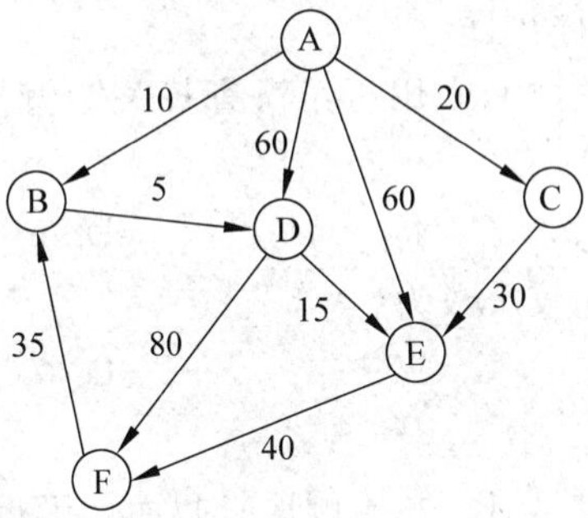

图 1-25 带权有向图 G 示意

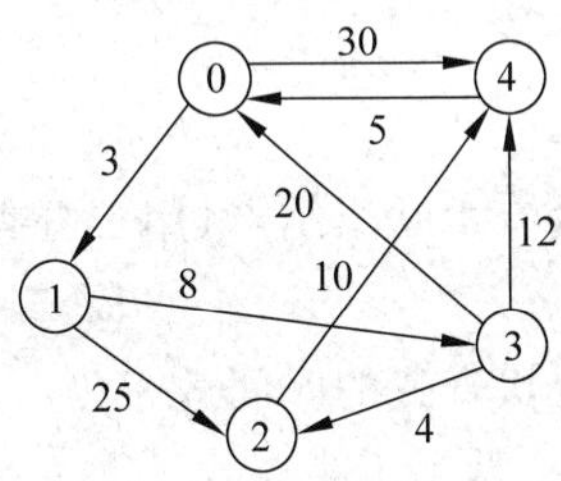

图 1-26 带权有向图 G 示意

1.1.8 常用算法Ⅰ——查找

【选择题】

1. 在对查找表的查找过程中,若被查找的数据元素不存在,则把该数据元素插到集合中,这种方式主要适合于(　　)。

A. 静态查找表　　　　B. 动态查找表

C. 静态查找表和动态查找表　　D. 两种表都不适合

2. 静态查找表与动态查找表的根本区别是(　　)。

A. 它们的逻辑结构不一样　　B. 施加在其上的操作不一样

C. 包含的数据元素的类型不一样　　D. 存储实现不一样

3. 对表长为n的顺序表(设置哨兵)中实施顺序查找,在查找不成功时与关键字比较的次数为(　　)。

A. n　　B. 1　　C. n+1　　D. n−1

4. 顺序查找适用于存储结构为(　　)的线性表。

A. 散列存储　　B. 压缩存储

C. 顺序存储或链式存储　　D. 索引存储

5. 用顺序查找法对具有n个结点的线性表查找一个结点的时间复杂度为(　　)。

A. $O(\log_2 n^2)$　　B. $O(n\log_2 n)$　　C. $O(n)$　　D. $O(\log_2 n)$

6. 若线性表采用链式存储结构,则适用的查找方法为(　　)。

A. 随机查找　　B. 散列查找　　C. 二分查找　　D. 顺序查找

7. 对具有18个元素的有序表A[1]～A[18]进行折半查找,则查找A[3]的比较序列的下标是(　　)。

A. 1、2、3　　B. 9、5、2、3　　C. 9、5、3　　D. 9、4、2、3

8. 对线性表进行折半查找时,要求线性表必须(　　)。

A. 以顺序方式存储

C. 以顺序方式存储,且结点按关键字有序排序

B. 以链接方式存储

D. 以链接方式存储,且结点按关键字有序排序

9. 在顺序表(3,6,8,10,12,15,16,18,21,25,30)中用折半法查找关键值11,所需比较次数为(　　)。

A. 2　　B. 3　　C. 4　　D. 5

10. 设有100个结点,用二分查找法,最大比较次数为(　　)。

A. 25　　B. 50　　C. 10　　D. 7

11. 分块查找的时间效率为(　　)。

A. 低于折半查找　　B. 高于顺序查找而低于折半查找

C. 高于顺序查找　　D. 低于顺序查找而高于折半查找

12. 在一棵深度为h的具有n个元素的二叉排序树中查找所有元素的最长查找长度为(　　)。

A. n　　B. $\log_2 n$　　C. (h+1)/2　　D. h

13. 设一组关键字序列为{34,76,45,18,26,54,92},由此构造的二叉排序树的深度为(　　)。

A. 4　　B. 5　　C. 6　　D. 7

14. 二叉排序树是(　　)。

A. 每一分支结点的度均为2的二叉树

B. 中序遍历时可得到所有结点的一个升序序列的二叉树

C. 按从左到右顺序编号的二叉树

D. 每一分支结点的值均小于其左子树上所有结点的值，又均大于其右子树上所有结点的值

15. 在常用的描述二叉排序树的存储结构中，关键字值最大的结点(　　)。

A. 左指针一定为空　　B. 右指针一定为空

C. 左右指针均为空　　D. 左右指针均不为空

16. 非空二叉排序树中，左子树中所有结点的值(　　)。

A. 均小于等于根结点　　B. 均小于根结点

C. 均大于等于根结点　　D. 均大于根结点

17. 从具有 n 个结点的二叉排序树中查找一个元素时，最坏情况下的时间复杂度为(　　)。

A. O(n)　　B. O(1)　　C. $O(\log_2 n)$　　D. $O(n^2)$

18. 在关键字随机分布的情况下，用二叉排序树进行查找，其查找长度与(　　)量级相当。

A. 顺序查找　　B. 折半查找　　C. 分块查找　　D. 均不是

19. 利用逐点插入法建立序列{50,72,43,85,75,20,35,45,65,30}对应的二叉排序树以后，查找元素 35 需要进行元素比较的次数为(　　)。

A. 4　　B. 5　　C. 7　　D. 10

20. 对于一个数据序列，按照逐点插入法建立一棵二叉排序树，该二叉排序树的形态取决于(　　)。

A. 该序列的存储结构　　B. 序列中数据元素的取值范围

C. 数据元素的输入次序　　D. 使用的计算机软、硬件条件

21. 在一棵平衡二叉树中，每个结点的平衡因子的取值范围是(　　)。

A. −1～1　　B. −2～2　　C. 1～2　　D. 0～1

22. 下列二叉树中，不平衡的二叉排序树是(　　)。

A.
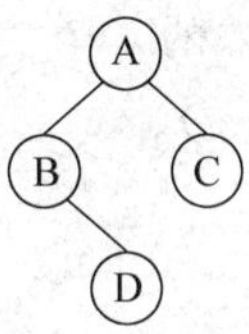

B.
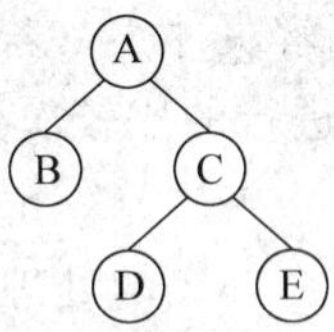

C.
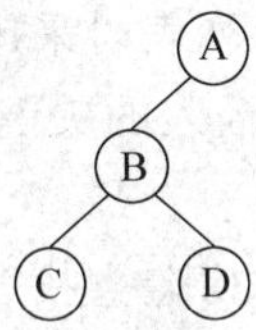

D.
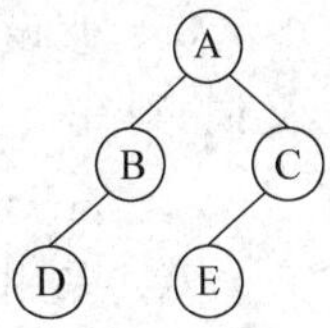

23. 有一个序列{4,5,6,…}，当生成平衡二叉树时，插入值为 6 的结点时应做(　　)类型的平衡调整。

A. LL 调整　　B. LR 调整　　C. RL 调整　　D. RR 调整

24. 解决哈希冲突的主要方法有(　　)。

A. 数字分析法、除余法、平方取中法　　B. 数字分析法、除余法、线性探测法

C. 数字分析法、线性探测法、再哈希法　　D. 线性探测法、再哈希法、链地址法

25. 在(　　)存储结构中，数据结构中元素的存储地址与其关键字之间存在某种映射关系。

A. 顺序　　B. 链表　　C. 索引　　D. 散列

26. 已知表长为25的哈希表,用除留余数法,按公式H(key)=key MOD p建立哈希表,则p应取(　　)为宜。

A. 23　　B. 24　　C. 25　　D. 26

27. 就平均查找效率而言,以下几种查找方法的速度从慢到快的关系是(　　)。

A. 顺序、分块、哈希、折半　　B. 顺序、分块、折半、哈希

C. 分块、折半、哈希、顺序　　D. 顺序、哈希、分块、折半

28. 设哈希表长m=14,哈希函数H(key)=key MOD 11。表中已有4个结点:addr(15)=4,addr(38)=5,addr(61)=6,addr(84)=7,其余地址为空,如用二次探测再散列处理冲突,则关键字为49的地址为(　　)。

A. 8　　B. 3　　C. 5　　D. 9

29. 一个待散列的线性表为k={18,25,63,50,42,32,9},散列函数为H(k)=k MOD 9,与18发生冲突的元素有(　　)个。

A. 1　　B. 2　　C. 3　　D. 4

30. 在各种查找方法中,平均查找长度与结点个数n无关的查找方法是(　　)。

A. 顺序查找　　B. 折半查找　　C. 哈希查找　　D. 分块查找

31. 在线性表的散列存储中,若用m表示散列表的长度,n表示待散列存储元素的个数,则装填因子α等于(　　)。

A. n/m　　B. m/n　　C. n/(m+n)　　D. m/(n+m)

32. 对于哈希函数H(key)=key%13,下列各组中被称为同义词的关键字是(　　)。

A. 35和41　　B. 23和39　　C. 15和44　　D. 25和51

33. 用散列函数求元素在散列表中的存储位置时,可能会出现不同的关键字得到相同散列函数值的冲突现象。可用于解决上述问题的是(　　)。

A. 线性探测法　　B. 除留余数法　　C. 平方取中法　　D. 折叠法

34. 将10个元素散列到100 000个单元的哈希表中,则(　　)发生冲突。

A. 一定会　　B. 一定不会　　C. 仍可能会

35. 假设在构建散列表时采用线性探测解决冲突。若连续插入的n个关键字都是同义词,则查找其中最后插入的关键字时所需进行的比较次数为(　　)。

A. n-1　　B. n　　C. n+1　　D. n+2

36. 采用哈希技术构造查找表时需要考虑冲突的处理,冲突是指(　　)。

A. 关键字相同的记录被映射到不同的哈希地址

B. 关键字依次被映射到编号连续的哈希地址

C. 关键字不同的记录被映射到相同的哈希地址

D. 关键字的数目超过哈希地址的数目

37. 在散列存储中,装填因子α的值越大,则(　　)。

A. 存取元素时发生冲突的可能性就越大

B. 存取元素时发生冲突的可能性就越小

C. 对发生冲突的可能性没有影响

D. 查找效率就越低

38. 哈希表的查找效率和(　　)无直接关系。

A. 哈希表记录类型　　B. 哈希函数

C. 处理冲突的方法　　D. 装填因子

39. 假设有k个关键字互为同义词，若用线性探测方法处理冲突，将它们全部存入哈希表，至少需要进行(　　)次探测。

A. k－1　　B. k　　C. k＋1　　D. k(k＋1)/2

40. 在采用链地址法处理冲突的哈希表上进行查找时，同义词的存储地址(　　)。

A. 相同　　B. 不同　　C. 不一定相同　　D. 都不对

【填空题】

1. 实现折半查找的存储结构仅限于顺序存储结构，且其中元素排列必须是________的。

2. 已知有序表为(12,18,24,35,47,50,62,83,90,115,134)，当用折半查找90时，需进行________次查找可确定成功。

3. 一棵包含n个结点的二叉排序树，最差情况下的查找长度为________。

4. 在一棵二叉排序树上实施________遍历后，其关键字序列是一个有序表。

5. 当二叉排序树是一棵平衡二叉树时，其平均查找长度为________。

6. 根据一组记录(56,42,50,64,48)依次插入结点生成一棵AVL树，当插入到值为________的结点时需要进行旋转调整。

7. 在散列函数H(key)＝key%p中，p应取________。

8. 具有相同函数值的关键字对哈希函数来说称为________。

9. 在散列存储中，α值越小，则存取元素发生冲突的可能性就越________。

10. 在各种查找方法中，平均查找长度与结点个数n无关的查找方法是________。

11. 在采用哈希表存储结构构造的查找表中，装填因子α的值越大，则在哈希查找过程中，进行元素的查找操作时发生冲突的可能性________。

【判断题】

1. 顺序查找的方法适合顺序存储结构，而不适合链式存储结构。　　(　　)

2. 对一个顺序表进行顺序查找时，平均查找长度与该表中元素是否有序直接相关。　　(　　)

3. 进行折半查找的表必须是顺序存储的有序表。　　(　　)

4. 折半查找只适用于有序表，包括有序的顺序表和链表。　　(　　)

5. 折半查找方法可以用于按值有序的线性链表的查找。　　(　　)

6. 采用折半查找法对有序顺序表进行查找总比顺序查找法要快。　　(　　)

7. 若二叉排序树中关键字互不相同，则最小值结点必无左孩子，最大值结点必无右孩子。　　(　　)

8. 对于给定的关键字序列，以不同的次序插入到初始为空的二叉排序树中得到的二

叉排序树是相同的。 ( )

9. 二叉排序树的查找和折半查找的时间复杂度都是 $O(\log_2 n)$，性能相同。 ( )

10. 对二叉排序树进行中序遍历，可以得到按照升序排列的结点序列。 ( )

11. 对于两棵具有相同关键字集合而形状不同的二叉排序树，中序遍历所得到的结果是一致的。 ( )

12. 在二叉排序树中，最大值结点和最小值结点一定是叶子结点。 ( )

13. 平衡二叉树是指根结点的左右子树的高度差的绝对值不大于 1 的二叉树。 ( )

14. AVL 是一棵二叉树，其树上任一结点的平衡因子的绝对值不大于 1。 ( )

15. 采用线性探测法处理冲突的散列表中，所有同义词在表中相邻。 ( )

16. 哈希表的查找效率主要取决于哈希表造表时所选取的哈希函数和处理冲突的方法。 ( )

17. 理想情况下，在散列表中查找一个元素的时间复杂度为 O(1)。 ( )

18. 散列函数越复杂越好，因为这样随机性好，冲突概率小。 ( )

19. 装载因子是散列表的一个重要参数，它反映了散列表的装满程度。 ( )

20. 哈希表的装填因子越小，则发生冲突的可能性越大。 ( )

21. 哈希表的平均查找长度与装填因子 α 相关。 ( )

22. 若在构造哈希表时选择一个好的哈希函数，则可完全避免发生冲突的可能。 ( )

23. 当装填因子 α 小于 1 时，向哈希表中插入元素时不会引起冲突。 ( )

24. 在散列存储方式下，装填因子 α 的值越大，存取元素时发生冲突的可能性就越大。 ( )

25. 哈希表的平均查找长度与冲突处理方法有关，而与表的长度无关。 ( )

【综合题】

1. 写出下面算法的功能。

```
int function(int * list,int len,int key){
    int i,j;
    list[0]=key; i=len;
    while(key!=list[i])
        --i;
    return i;
}
```

2. 下面函数采用二分查找法，在查找表(有序顺序表)中查找关键字为 k 的结点。请在横线处将程序补充完整。

```
int binseatch(sqlist r,int k,int n){
    int i,low=1,high=n,mid,find=0;
    while(low<=high&&!find){
```

```
            mid=(low+high)/2;
            if(k<r[mid].key)
                high=________;
            else if(k>r[mid].key)
                    low=________;
                else{
                    i=mid; find=1;
                }
        }
        if(!find) i=1;
        return (i);
    }
```

3. 有序表{a,b,d,e,g,k,m,n,p,q,s}存储在 data[1…11]中,画出按照折半查找法查找关键字 d 和 h 的过程。

4. 有序表{3,7,10,12,15,18,22}存储在 data[1…11]中,画出按照折半查找法查找关键字 7 和 20 的过程。

5. 依次读入给定的整数序列{7,16,4,8,20,9,6,18,5},构造一棵二叉排序树,并计算在等概率情况下该二叉排序树的平均查找长度 ASL(要求给出构造过程)。

6. 给定关键字序列为{19,16,9,45,28,5,31,10},试画出构造一棵平衡二叉树的过程。

7. 给定关键字序列为{2,8,31,20,19,18,53,27},试画出构造平衡二叉树的过程。

8. 设散列表容量为 7(散列地址空间 0…6),给定关键字序列(30,36,47,52,34),散列函数 H(K)=K mod 6,采用线性探测法解决冲突,要求:

(1) 构造散列表。

(2) 求查找关键字 34 需要比较的次数。

9. 给定查找关键字序列{33,52,53,08,46,30,12,42,22},哈希函数为 H(key)=key%11,在地址空间[0…10]中构造哈希表,并采用线性探测法处理冲突,请画出对应的哈希表形态。

10. 选取哈希函数 H(k)=(k)MOD 11。用二次探测再散列处理冲突,试在 0~10 的散列地址空间中对关键字序列(22,41,53,46,30,13,01,67)构造哈希表,并求等概率情况下查找成功时的平均查找长度。

11. 对下列关键字序列(33,25,48,59,36,72,46,07,65,20)构造表长为 19 的散列表。假设散列函数为 h(key)=key%13,用二次探测再散列解决冲突。

(1) 画出该散列表;

(2) 求出等概率情况下查找成功的平均查找长度 ASL。

12. 已知关键字序列(22,41,53,46,30,13,01,67),散列地址空间大小为 11,哈希函数 H(key)=3 * key%11,采用链地址法解决冲突,请给出构造的哈希表,并计算该表在等概率下的平均查找长度。

13. 给定查找关键字序列{30,1,12,25,33,57,11,71,36},哈希函数为 H(key)=

key%11，在地址空间[0…11]中构造哈希表，并采用链地址法处理冲突，请画出对应的哈希表形态。

1.1.9　常用算法Ⅱ——排序

【选择题】

1. 某内排序方法的稳定性是指(　　)。

A. 该排序算法不允许有相同的关键字记录

B. 该排序算法允许有相同的关键字记录

C. 平均时间为 $O(n\log_2 n)$ 的排序方法

D. 以上都不对

2. 从未排序的序列中依次取出一个元素与已排序序列中的元素进行比较，然后将其放到已排序序列的合适位置上，这种排序方法称为(　　)。

A. 插入排序　　B. 选择排序　　C. 希尔排序　　D. 归并排序

3. 若对 n 个元素进行直接插入排序，则进行第 i 趟排序过程前，有序表中的元素个数是(　　)。

A. i　　B. i+1　　C. i−1　　D. 1

4. 排序方法中，每次从未排序序列中挑选元素，并放入已排序序列(初始为空)的一端的方法称为(　　)。

A. 希尔排序　　B. 简单选择排序　　C. 插入排序　　D. 归并排序

5. 在正常情况下，冒泡排序的时间复杂度是(　　)。

A. $O(\log_2 n)$　　B. $O(n)$　　C. $O(n\log_2 n)$　　D. $O(n^2)$

6. 在对 n 个记录进行冒泡排序的过程中，最好情况下的时间复杂度为(　　)。

A. $O(1)$　　B. $O(\log n)$　　C. $O(n)$　　D. $O(n^2)$

7. 若需要在 $O(n\log_2 n)$ 的时间内完成对数组的排序，且要求排序是稳定的，则可选择的排序方法是(　　)。

A. 快速排序　　B. 堆排序　　C. 归并排序　　D. 直接插入排序

8. 下列排序方法中，(　　)方法是不稳定的。

A. 冒泡排序　　B. 简单选择排序

C. 堆排序　　D. 直接插入排序

9. 一个序列中有 10 000 个元素，若只想得到其中前 10 个小的元素，则最好采用(　　)方法。

A. 快速排序　　B. 堆排序　　C. 插入排序　　D. 归并排序

10. 一组待排序序列为(46,79,56,38,40,84)，则利用堆排序的方法建立的初始堆为(　　)。

A. 79,46,56,38,40,80　　B. 84,79,56,38,40,46

C. 84,79,56,46,40,38　　D. 84,56,79,40,46,38

11. 快速排序方法在(　　)情况下最不利于发挥其长处。

A. 要排序的数据量太大　　B. 要排序的数据中有多个相同值

C. 要排序的数据已基本有序　　D. 要排序的数据个数为奇数

12. 排序时扫描待排序记录序列,顺次比较相邻的两个元素大小,逆序时就交换位置,这是(　　)排序的基本思想。

A. 堆排序　　B. 直接插入排序

C. 快速排序　　D. 冒泡排序

13. 用某种排序方法对线性表(25,84,21,47,15,27,68,35,20)进行排序时,元素序列的变化情况如下:

(0) 25,84,21,47,15,27,68,35,20

(1) 20,15,21,25,47,27,68,35,84

(2) 15,20,21,25,35,27,47,68,84

(3) 15,20,21,25,27,35,47,68,84

则所采用的排序方法是(　　)。

A. 选择排序　　B. 希尔排序　　C. 归并排序　　D. 快速排序

14. 对一组数据(84,47,25,15,21)排序,数据的排列次序在排序过程中的变化是:

(0) 84 47 25 15 21

(1) 15 47 25 84 21

(2) 15 21 25 84 47

(3) 15 21 25 47 84

则采用的排序是(　　)。

A. 简单选择排序　　B. 冒泡排序　　C. 快速排序　　D. 插入排序

15. 对记录的关键字序列{50,26,38,80,70,90,8,30,40,20}进行排序,若各趟排序结束时的结果为:

(0) 50 26 38 80 70 90 8 30 40 20

(1) 50 8 30 40 20 90 26 38 80 70

(2) 26 8 30 40 20 80 50 38 90 70

(3) 8 20 26 30 38 40 50 70 80 90

则所使用的排序方法是(　　)。

A. 快速排序　　B. 基数排序　　C. 希尔排序　　D. 归并排序

16. 希尔排序的增量序列必须是(　　)的。

A. 递增　　B. 递减　　C. 随机　　D. 非递减

17. 在下面的排序方法中,辅助空间为O(n)的是(　　)。

A. 希尔排序　　B. 堆排序　　C. 简单选择排序　　D. 归并排序

18. 对序列{15,9,7,8,20,−1,4} 用希尔排序方法排序,经一趟排序后序列变为{15,−1,4,8,20,9,7},则此次采用的增量是(　　)。

A. 1　　B. 2　　C. 3　　D. 4

19. 在第一趟排序后，一定能把数据表中最大或最小元素放在其最终位置上的排序算法是(　　)。

A. 冒泡排序　　B. 基数排序　　C. 快速排序　　D. 希尔排序

20. 下列排序算法中，第一趟排序结束后，其最大或最小元素的最终存储位置已经确定的算法是(　　)。

A. 归并排序　　B. 简单选择排序　　C. 快速排序　　D. 基数排序

21. 一组记录的关键字为{45,80,55,40,42,85}，利用快速排序并以第一个元素为基准得到的一次划分结果是(　　)。

A. {40,42,45,55,80,85}　　B. {42,40,45,80,55,85}

C. {42,40,45,55,80,85}　　D. {42.40,45,85,55,80}

22. 一组记录的关键字序列为{46,79,56,38,40,84}，则利用堆排序方法建立的初始堆为(　　)。

A. 79,46,56,38,40,84　　B. 84,79,56,38,40,46

C. 84,79,56,46,40,38　　D. 84,56,79,40,46,38

23. 一组记录的关键字序列为{46,79,56,38,40,84}，利用快速排序方法，以第一个记录为基准得到的一次划分是(　　)。

A. 38,40,46,56,79,84　　B. 40,38,46,79,56,84

C. 40,38,46,56,79,84　　D. 40,38,46,84,56,79

24. 一组记录的排序码为(46,79,56,38,40,84)，利用归并排序方法得到的一趟排序结果是(　　)。

A. 38,40,46,56,79,84　　B. 40,38,46,79,56,84

C. 46,79,38,56,40,84　　D. 40,38,46,84,56,79

25. 在最好和最坏情况下的时间复杂度均为 $O(n\log_2 n)$，且稳定的排序方法是(　　)。

A. 基数排序　　B. 快速排序　　C. 堆排序　　D. 归并排序

26. 快速排序方法在最差情况下的时间复杂度为(　　)。

A. $O(n)$　　B. $O(\log_2 n)$　　C. $O(nlong_2 n)$　　D. $O(n^2)$

27. 归并排序方法的时间复杂度为(　　)。

A. $O(n^2)$　　B. $O(n)$　　C. $O(nlong_2 n)$　　D. $O(\log_2 n)$

28. 下列排序方法中，需要辅助存储空间最大的是(　　)。

A. 直接插入　　B. 简单选择　　C. 快速排序　　D. 归并排序

29. 具有 12 个记录的序列，采用冒泡排序最少的比较次数是(　　)。

A. 1　　B. 144　　C. 11　　D. 66

30. 下列排序方法中，(　　)排序在一趟结束后不一定能选出一个元素放在其最终的位置上。

A. 选择　　B. 冒泡　　C. 快速　　D. 插入

31. 一趟排序结束后，不一定能选出一个元素放到其最终位置上的排序算法为(　　)。

A. 堆排序　　B. 冒泡排序　　C. 快速排序　　D. 希尔排序

32. 下列排序方法中,(　　)排序算法可能出现以下情况：在最后一趟开始前,所有元素都不在其最终的位置上。

A. 堆排序　　B. 冒泡排序　　C. 快速排序　　D. 插入排序

33. 下列排序方法中(　　)排序不是借助关键字值比较来实现排序目的的。

A. 堆排序　　B. 快速排序　　C. 归并排序　　D. 链式基数排序

34. 下列排序方法中,稳定的排序算法是(　　)。

A. 堆排序　　B. 快速排序　　C. 基数排序　　D. 希尔排序

35. 下列排序方法中,时间复杂度不是 $O(n^2)$ 的是(　　)。

A. 直接插入排序　　B. 二路归并排序

C. 冒泡排序　　D. 简单选择排序

36. 就排序算法需要的辅助空间需求量而言,堆排序、快速排序和归并排序之间的关系是(　　)。

A. 堆排序＜快速排序＜归并排序　　B. 堆排序＜归并排序＜快速排序

C. 堆排序＞快速排序＞归并排序　　D. 堆排序＞归并排序＞快速排序

37. 若排序前后关键字相同的两个元素相对位置不变,则称(　　)排序方法是稳定的。

A. 归并　　B. 快速　　C. 希尔　　D. 堆

38. 在任何情况下,时间复杂度均为 O(nlogn)的不稳定的排序方法是(　　)。

A. 直接插入　　B. 快速排序　　C. 堆排序　　D. 归并排序

39. 在对 n 个元素的序列进行排序时,堆排序所需要的附加存储空间是(　　)。

A. $O(\log_2 n)$　　B. $O(1)$　　C. $O(n)$　　D. $O(n\log_2 n)$

【填空题】

1. 在插入和选择排序中,若初始数据基本正序,则选用________;若初始数据基本反序,则选用________。

2. 直接插入排序在最好情况下的时间复杂度是________。

3. 从未排序的序列中依次取出一个元素与已排序序列中的元素进行比较,然后将其放在已排序序列的合适位置上,该排序方法称为________。

4. 每次从无序序列中挑选出一个最大或最小元素,把它交换到有序子表的一端,该排序方法称为________。

5. 冒泡排序是一种稳定排序方法,该排序方法的时间复杂度为________。

6. 对 n 个元素的序列进行冒泡排序时,最少的比较次数是________。

7. 在插入排序、希尔排序、选择排序、快速排序、堆排序、归并排序和基数排序中,排序是不稳定的有________。

8. 分别采用堆排序、快速排序、冒泡排序和归并排序进行排序操作时,对初态为有序的表,最省时间的是________算法,最费时间的是________算法。

9. 对 n 个元素的有序表,用快速排序方法进行排序,其时间复杂度为________。

10. 基于关键字比较的排序方法中，________排序算法的平均时间复杂度最优。

11. 在二路归并排序中，对 n 个记录进行归并的趟数为________。

12. 内部排序算法中，效率恒定为 $O(n\log_2 n)$ 且稳定的排序算法是________。

【判断题】

1. 对于不稳定的排序方法，不论采用哪种描述方式，总能举出说明其不稳定的实例。（ ）

2. 对于各种内部排序方法，若排序过程中关键字值相同的记录的相对位置不发生变化，则为稳定的排序方法。（ ）

3. 在内部排序方法中，所有的简单排序方法都是稳定的。（ ）

4. 简单选择排序是一种稳定的排序方法。（ ）

5. 直接插入排序是不稳定的排序方法。（ ）

6. 快速排序在所有排序方法中最快，而且所需附加空间也最少。（ ）

7. 堆排序是一种稳定的排序。（ ）

8. 希尔排序是一种稳定的排序算法。（ ）

9. 基数排序的设计思想是依照对关键字值的比较来实施的。（ ）

10. 堆排序所需要的辅助存储空间数量与待排序的记录个数无关。（ ）

11. 对于 n 个记录的集合进行快速排序，在最坏情况下所需要的时间是 $O(n^2)$。（ ）

12. 对于一个堆，按照二叉树层序遍历可以得到一个有序序列。（ ）

13. 对于 n 个记录的集合进行归并排序，在最坏情况下所需要的时间是 $O(n^2)$。（ ）

14. 无论何种内部排序算法，都需要根据关键字值来进行排序。（ ）

15. 所有排序效率小于 $O(n^2)$ 的内部排序算法都是不稳定的。（ ）

16. 锦标赛排序方法可以归类到选择类排序中。（ ）

17. 外部排序过程中必定需要借助外存进行。（ ）

【综合题】

1. 写出下面算法的功能。

```
void Function(int * list,int len){
    int i,j;
    for (i=2;i<=len;++i)
        if(list[i]<list[i-1]) {
            list[0]=list[i];
            for (j=i-1;j>0&&list[0]<list[j];--j)
                list[j+1]=list[j];
            list[j+1]=list[0];      }
```

```
}
```

2. 写出下面算法的功能。

```
void function(int * list, int n ){
    int i, j, temp ;
    for(i=0; i<n-1; i++){
        for(j=i+1; j<n; j++){
            if(list[i]>list[j]){
                temp=list[i];
                list[i]=list[j];
                list[j]=temp;
            }
        }
    }
}
```

3. 写出用直接插入排序将关键字序列{23,13,17,21,30,60,58,28,31,90}升序排序的每一趟结果。

4. 给定关键字序列为{29,18,25,47,58,12,51,10},试用冒泡排序法升序排序,写出每一趟排序的结果。

5. 写出用冒泡排序法将关键字序列{76,38,62,53,80,74,83,65,85}进行升序排序的每一趟结果。

6. 给定关键字序列为{29,18,25,47,58,12,51,10},试用简单选择排序法升序排序,写出每一趟排序的结果。

7. 给定关键字序列{12,2,16,30,8,28,4,10,20,6,18},采用希尔排序法进行升序排序,请画出对应的每一趟排序过程。

8. 给定关键字序列{23,13,17,21,30,60,58,28,31,90},请写出用快速排序法实现递增排序的每一趟结果。

9. 给定关键字序列{12,2,16,30,8,28,4,10,20,6,18},采用快速排序法进行升序排序,请画出对应的每一趟排序过程。

10. 写出用堆排序(最大堆)将关键字序列{47,33,61,82,72,11,25,57}进行升序排序的每一趟结果。

11. 对关键字序列(72,87,61,23,94,16,05,58)进行堆排序,使之按关键字递减次序排列(最小堆),请写出排序过程中得到的初始堆和前三趟的序列状态。

12. 写出用二路归并排序将关键字序列{47,33,61,82,72,11,25,57}进行升序排序的每一趟结果。

13. 写出用基数排序将关键字序列{503,87,512,61,908,170,897,275,653,462}排序过程的每一趟结果。

1.2 参考答案与解题分析

1.2.1 绪论

【选择题】

1. D

数据结构包含数据的逻辑结构、存储结构及数据的抽象基本操作。

2. ①B ②D

3. A

集合中的数据元素之间除了“同属于一个集合”外，不存在任何其他关系。

4. ①C ②E

5. ①C ②F

6. D

高效性指算法需达到的时空效率，包括时间效率和空间效率两个方面。

7. C

由于算法的时间复杂度考虑的只是对于问题规模 n 的增长率，因此只需求出关于 n 语句频度的最大项的数量级即可。

8. D

9. A

数据元素之间的关系通常存在 4 种基本结构：集合、线性结构、树形结构和网状结构。

10. C

ADT 是指一个数学模型及其定义在该模型上的一组基本操作，包括三个方面的内容：数据对象、数据关系和基本操作。基本操作是指对数据对象的一系列操作，包括查找、删除、插入、更新、排序等。

11. B

12. A

【填空题】

1. 一对一、一对多、多对多、任何其他

2. n^2、$O(n^2)$

第一层 for 循环执行 n 次，第二层 for 循环执行 n 次，循环体语句“A[i][j]=0;”执行 n^2 次，因此最大语句频度为 n^2，时间复杂度为 $O(n^2)$。

3. $\log_2 n$、$O(\log_2 n)$

循环体语句 i=i*2；设循环次数 k，有 $2^k<=n$，即 $k<=\log_2 n$，因此最大语句频度 $\log_2 n$，时间复杂度为 $O(\log_2 n)$。

4. $O(1) < O(\log_2 n) < O(n) < O(n\log_2 n) < O(n^2) < O(n^3) < O(2^n)$

【问答题】

1. 抽象数据类型是指一个数学模型及定义在该模型上的一组操作。抽象数据类型的定义仅取决于它的一组逻辑特性,而与其在计算机内部如何表示和实现无关,即无论其内部结构如何变化,只要它的数学特性不变,就不影响其外部使用,抽象数据类型和数据类型实质上是一个概念。抽象数据类型不再局限于机器已定义并实现的数据类型,还包括用户在设计软件系统时自行定义的数据类型,因此它的应用范畴更广。

2. $n\log_2 n < n^2$,因此 D2 的时间复杂度小于 D1,D2 算法的时间效率更好。

1.2.2 基本线性结构——线性表

【选择题】

1. B

线性表的第 i 个数据元素 ai 的存储位置为:$LOC(a_i)+(i-1)\times s$,因此第 6 个元素的存储位置为 $90+(6-1)\times 2=100$。

2. A、C

在线性表的顺序存储结构中,只要确定了存储线性表的起始位置,表中任意数据元素都可随机存取,所以线性表的顺序存储结构是一种随机存取的存储结构。而在链式存储结构中,任何两个元素的存储位置之间没有固定的联系,都是通过其直接前驱存储的位置信息进行访问,因此链式存储结构只能从头指针出发,进行顺序存取。

3. C

在线性表的顺序存储结构中插入一个元素,其时间耗费主要在移动元素上,移动次数取决于插入元素的位置,在 i 位置插入元素需移动元素的次数为 $n-i+1$,则时间复杂度为 $O(n)$。

4. D

链式存储结构不要求逻辑上相邻的元素在物理位置上也相邻。可以用任意一组存储单元来存储线性表的数据元素。

5. C

只有循环链表,可以在到达表尾后再返回到链表的表头,从而访问整个表。

6. C

线性表是 n 个数据元素的有限序列。每个数据元素的具体含义依据不同情况而不同,可以是一个数、一个字符,也可以是其他更复杂的数据信息。

7. D

线性表的顺序存储结构具有随机存取特性,因此读取元素花费时间最少的是顺序表。

8. A

当一个表的最小元素比另外一个表的最大元素还大,此时比较次数最少,其值等于 n。

9. C

非空的循环单链表 head 的尾结点指向表头，因此 p－>next＝＝head。

10. C

11. A

12. C

时间主要耗费在寻找长度为 m 的单链表的表尾，因此时间复杂度为 O(m)。

13. B

在有序单链表中插入元素，时间主要耗费在查找插入位置，因此时间复杂度为 O(N)。

14. C

15. D

只设尾指针的循环单链表，方便在表尾插入元素，通过尾指针又可以方便找到表头，因此适合经常在表尾和表头进行插入和删除操作的线性表。

16. C

顺序表具有随机存取特性，但是在进行元素插入和删除操作时需要移动大量元素，而链表在插入和删除操作时只需要修改结点指针域。

【填空题】

1. 物理存储位置、链指针

2. $\frac{n-1}{2}$

删除一个元素所需移动元素的平均次数为 $\sum_{i=1}^{n}\frac{1}{n}(n-i)=\frac{n-1}{2}$。

3. 顺序表

因为顺序表具有随机存取特性。

4. 空表

【判断题】

1. ×

链式结构结点之间的存储空间可以是不连续的，但是一个结点内部各个成员的存储空间必须是连续的。

2. ×

顺序存储方式插入和删除操作需要移动大量元素，效率不高。

3. ×

线性表采用顺序存储方式，其逻辑顺序和存储顺序是一致的，但是采用链式存储方式则不是一致的。

4. √

5. √

【算法设计】

1. 分析：逆置就是将第一个结点变成最后一个结点。从头到尾扫描整个链表，将每个结点依次取下插入到头结点后，第一个结点的 next 置为 NULL 便可实现逆置。算法参考如下：

```
int Invert(Lnode * head)
{
    Lnode * p, * q;
    if(!head->next) return 0;
    p=head->next; q=p->next; p->next=NULL;
    while(q)
    {
        p=q; q=q->next; p->next=head->next; head->next=p;
    }
    return 1;
}
```

2. 分析：对单链表中的数据进行递增排序，基本思想是从原链表中依次取下每个结点，根据结点值的大小在 head 指针指向的递增链表中查找插入位置并插入结点。算法参考如下：

```
void Assending(Lnode * head)
{
    Lnode * p, * q , * r, * s;
    p=head->next; q=p->next; p->next=NULL;
    while(q)
    {
        r=q; q=q->next;
        if(r->data<=p->data)
        {
            r->next=p; head->next=r; p=r;
        }
        else
        {
            while(!p && r->data>p->data)
            {s=p; p=p->next; }
            r->next=p; s->next=r;
        }
        p=head->next;
    }
}
```

3. 分析：将 L2 链接到 L1 后，首先找到 L1 的表尾结点，表尾结点满足 p－>next＝

＝L1，找到后只需将 L1 的表尾结点指向 L2 的表头结点。连接后仍然要保持循环链表，还需修改 L2 的表尾结点指向 L1 的表头。算法参考如下：

```
void Merge(Lnode * L1, Lnode * L2)
{
    Lnode * p, * q ;
    p=L1;q=L2;
    while(p->next!=L1)
        p=p->next;
    while(q->next!=L2)
        q=q->next;
    q->next=L1; p->next=L2;
}
```

4. 分析：从链表头指针开始访问链表元素，若该元素满足删除条件，就从链表中删除该结点。算法参考如下：

```
int Delete_list(Lnode * head, ElemType x, ElemType y)
{
    Lnode * p, * q;
    if(!head) return 0;
    p=head; q=p;
    while(!p)
    {
        if(p->data>x) && (p->data<y)
            if(p==head)
            {
                head=p->next;
                free(p);
                p=head; q=p;
            }
            else
            {
                q->next=p->next;
                free(p);
                p=q->next;
            }
        else
        {
            q=p;
            p=p->next;
        }
    }
    return 1;
}
```

5. 分析：设 p,q 指针分别指向每个结点及其后继结点，从链表头指针开始，依次将结点的前趋域指针修改指向其前趋结点。算法参考如下：

```
int Doublelinks( DuLnode * head)
{
    DuLnode * p, * q;
    p=head;
    if(p==NULL) return 0;
    q=p->next;
    while(q!=head)
    {
        q->prior=p;
        p=q;
        q=p->next;
    }
    return 1;
}
```

6. 分析：设最小元素为顺序表 L 的第一个元素，依次比较每个元素，记录最小元素位置。算法参考如下：

```
int MinValue(SqList L)
{
    int i, j, min;
    min=L->data[0];
    for(i=1;i<L->length;i++)
        if(L->data[i]<min)
            {min=i;}
    return i+1;
}
```

7. 分析：指针 p 指向第一个结点，q 依次指向其他结点，若发现值相同结点则进行删除。修改指针 p 指向下一个结点，继续刚才的操作，利用 q 指向其余结点进行比较并删除值相同结点。算法参考如下：

```
void Del_dup(LinkList L)
{
    LinkList p, q, r;
    p=L;
    while(p)
    {
        q=p->next;r=p;
        while(q)
        {
            if(q->data!=p->data)
            {
```

```
                r=q;
                q=q->next;
            }
            else
            {
                r->next=q->next;
                free(q);
                q=r->next;
            }
        }
        p=p->next;
    }
}
```

8. 分析：顺序表的插入，首先从第一个元素开始，依次比较找到插入位置。插入新元素，需要移动插入位置开始的各个元素。算法参考如下：

```
void Insert(SqList L, ElemType x)
{
    int i,j;
    for(i=0;i<L->length;i++)
        if(L->data[i]<=x)
        {
            for(j=L->length;j>I;j--)
                L->data[j]=L->data->j-1];
            break;
        }
    L->data[i]=x;
    L->length++;
}
```

9. 分析：p从头结点开始，若p的下一个结点与x值相同，则q指向该结点，当该结点不是链表的最后一个结点，就将该结点与其后续结点交换。算法参考如下：

```
void Exchange(LinkList L, ElemType x)
{
    LinkList p,q,r;
    p=L;
    while(p->next)
        if(p->next->data!=x)
            p=p->next;
        else
            break;
    if(p->next)
        q=p->next;
    if(q->next)
```

```
    {
        r=q->next;
        q->next=r->next;
        p->next=r;
    }
}
```

10. 分析：顺序表逆置，只需将前半个表元素和后半个表元素一一进行交换即可。算法参考如下：

```
void reverse(SqList L)
{
    int i;
    ElemType temp;
    for(i=0;i<L->length/2;i++)
    {
        temp=L->data[i];
        L->data[i]=L->data[L->length-1-i];
        L->data[L->length-1-i]=temp;
    }
}
```

1.2.3 限定性线性结构——栈和队列

【选择题】

1. C

根据栈和队列的定义，栈和队列都是只允许在端点处插入和删除元素的结构。栈是后进先出，队列是先进先出。

2. C

根据栈的先进后出特性，入栈次序为 abcde，出栈序列为 dceab，若 e 在 ab 前出栈，则 ab 均在栈中，a 先于 b 入栈，不可能比 b 先出栈，因此 dceab 不可能是输出序列。

3. A

4. A

队列是先进先出的结构。

5. C

6. C

7. C

由于队列具有先进先出特性，队列的输出元素序列是 cdbae，则入队序列也为 cdbae。当一个元素从栈中出来后立即进入队列 Q，则队列的入队序列即为元素的出栈序列。

8. A

队列是具有先进先出的线性结构，排队等候购票的客户符合这一特征。

9. B

循环队列的大小 M=6,循环队列的入队操作 rear=(rear+1)%M,出队操作 front=(front+1)%M。先出队一个元素,再入队两个元素的变化如下:

出队:front=(front+1)%M=(3+1)%6=4;

入队:rear=(rear+1)%M=(0+1)%6=1;

入队:rear=(rear+1)%M=(1+1)%6=2;

10. A

若顺序栈的容量大小固定,当进行入栈操作时可能会由于栈空间容量不足导致上溢现象。

11. C

入队操作在队尾进行,修改队尾结点的指针域指向插入结点“s: rear->next=s;”再修改队尾指针,指向新的队尾结点“s:rear=s;”。

12. A

队列的入队操作是将新元素插入到队尾处,只设头指针的队列,入队时需要从头指针遍历到队尾才能完成入队操作,因此入队的时间复杂度为 O(n)。

13. D

14. B

栈的特性是先进后出,由于输出的第一个元素是 n,意味着前 n-1 个元素均在栈中,出栈序列正好和入栈序列相反,因此输出的第 i 个元素是 n-i+1。

15. B

链栈采用链式存储结构,存储空间可以根据需要动态分配,因此不会出现栈满的情况。

【填空题】

1. 3

队列的特性是先进先出,因为 6 个元素的出队序列即是 6 个元素的入队序列,也就是出栈序列。根据出栈序列 e2,e4,e3,e6,e5,e1 和栈的先进后出特性,6 个元素的入栈出栈过程如图 1-27 所示。

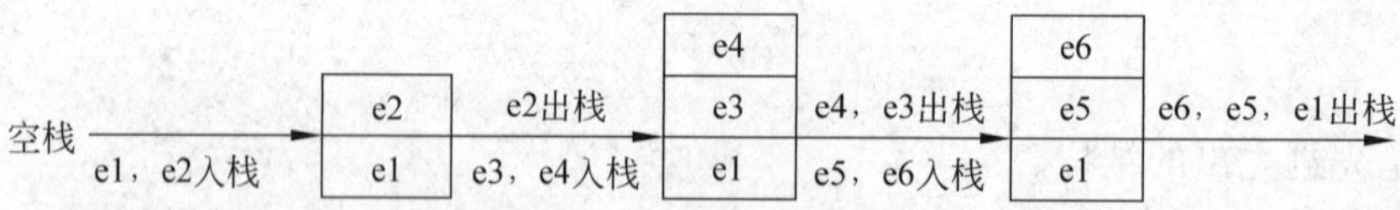

图 1-27 元素的进栈和出栈过程

因此栈容量至少为 3。

2. POP(S),PUSH(S,5)

此处应使 3 出栈,5 进栈。

3. 835+562/-*-

4. n-1

【判断题】

1. √
2. √
3. ×

栈的插入和删除操作都在栈底。

【算法设计】

1. 分析：入队是在队尾插入新结点。算法参考如下：

```
Lnode * EnQueue(Lnode * rear, ElemType e)          /* 入队算法 */
{
    Lnode * new;
    new=(Lnode * )malloc(sizeof(Lnode));           /* 建立新结点 */
    If(!new) exit(0);
    new->data=e;
    new->next=rear->next;                          /* 新结点插入队列末尾 */
    rear->next=new;
    rear=new;                                      /* 修改队尾指针指向末尾结点 */
    return rear;
}
```

出队是在队头，需要顺着 rear 找到队头进行出队。当出队的是队列的唯一结点时，需要将队尾指针指向头结点。

```
Lnode * DelQueue(Lnode * rear)                     /* 出队算法 */
{
    Lnode * q, * head;                             /* 定义 head 指向头结点 */
    head=rear->next
    If(rear->next==rear)exit(0);                   /* 队列为空 */
    q=head->next;
    head->next=q->next;                            /* 第一个结点出队 */
    free(q);
    if(head->next==head)                           /* 若删除的是第一个结点，修改 rear */
        rear=head;
    return rear;
}
```

2. 分析：利用栈完成括号匹配判断。对表达式(用字符数组存储)进行扫描，遇到“(”就进栈，遇到“)”就出栈，表达式扫描完，若栈为空，则括号匹配。算法参考如下：

```
int check( char a[])
{
    int i;
```

```
    SqStack s;                            /* 定义一个顺序栈 */
    InitStack(&s);                        /* 初始化栈 */
    for(i=0;i<strlen(a);i++)
        if(a[i]=='(')
            Push(s,'(');                  /* 遇到"("就进栈 */
        else if(a[i]==')')                /* 遇到")"判断是否出栈 */
        {
            if(Empty(s))                  /* 若此时栈空,说明括号不匹配,返回 */
                return 0;
            else
                Pop(s);                   /* 出栈 */
        }
    if(Empty(s))                          /* 读取完字符串,判断栈是否空 */
        return 1;                         /* 栈空,括号匹配 */
    else
        return 0;                         /* 栈非空,括号不匹配 */
}
```

3. 分析：逆置的基本思想是利用栈和队列的基本特性。首先顺序取出队列中的元素并压入栈中,当所有元素均入栈后再从栈中逐个出栈进入队列即可实现队列的逆置。算法参考如下：

```
void QueueInvent(Queue q)
{
    ElemType x;
    makeEmpty(SqStack s);
    while(!isEmpty(Queue q))
    {
        x=deQueue(Queue q);
        push(SqStack s, ElemTypex);
    }
    while(!isEmpty(SqStack s))
    {
        x=pop(SqStack s);
        enQueue(Queue q, ElemType x);
    }
}
```

1.2.4 特殊线性结构——串

【选择题】

1. A

串是由 0 个或多个字符组成的有限序列。串是一种特殊的线性表,它的每个数据元素仅由一个字符组成。

2. B

可根据 next 数组的递推公式直接计算得到。

3. B

4. A

由 next[j]的定义可以推出：

j	1	2	3	4
模式串	a	a	a	b
next[j]	0	1	2	3

5. D

6. D

KMP 算法的最大特点是指示主串的指针无须回溯，整个匹配过程对主串仅需从头至尾扫描一遍，因此平均时间复杂度近似 O(m+n)。

7. B

8. D

9. C

串的长度为 8，则其子串数为 1+2+3+…+8=36。

【填空题】

1. 顺序存储方式和链接存储方式

2. 任意连续字符组成的子序列

3. 011122311234

j	1	2	3	4	5	6	7	8	9	10	11	12
模式串	a	b	c	a	a	b	b	c	a	b	c	a
next[j]	0	1	1	1	2	2	3	1	1	2	3	4

【判断题】

1. ×

空串是长度为 0 的串，即不包含任何字符。

2. ×

两个串相等要求长度相等，且对于位置上的字符也相等。

3. ×

子串是主串中连续的字符构成的有限序列。

4. ×

KMP 算法的实际执行时间近似 O(M+N)，而非 O(M * N)。

5. √

1.2.5 扩展线性结构——数组和广义表

【选择题】

1. C

2. D

数组以行序为主序的存储方式，其元素地址计算公式为：

$$LOC(a_{ij})=LOC(a_{xy})+[(i-x)*n+(j-y)]*k$$

x 为第一维下标起始，y 为第二维下标起始，n 为行数，k 为每个元素占的空间大小。

本题 $LOC(a_{34})=LOC(a_{13})+[(3-1)*4+(4-3)]*2=LOC(a_{13})+18$

3. C

数组 A 每个元素占 3 个字节，k=3；行数 0～7 共 8 行，m=8；列数 0～9 共 10 列，n=10，因此所需字节数为 m*n*k=240。

4. A

广义表的表尾是除表头元素以外其他元素构成的广义表。L 的其他元素为 a，表尾一定是一个广义表，因此为(a)。

5. B

数组以列序为主序的存储方式，其元素地址计算公式为：

$$LOC(a_{ij})=LOC(a_{xy})+[(j-y)*m+(i-x)]*k$$

x 为第一维下标起始，y 为第二维下标起始，n 为行数，k 为每个元素占的空间大小。

本题 $LOC(a_{47})=LOC(a_{00})+[(7-0)*8+(4-0)]*3=LOC(a_{00})+180$

6. C

7. B

广义表的数据元素个数为广义表的长度，L 只有一个数据元素，即子表(1,2,3)，故其长度为 1；广义表的括号重数为广义表的深度，因此深度为 2。

8. C

9. D

广义表的表头可以是原子，也可以是子表。表尾一定是子表。

10. C

11. B

对称矩阵的压缩存储是将 n^2 个元素存储到 n(n+1)/2 个单元中，因此 10 阶的对称矩阵需要 10(10+1)/2=55 个存储单元。

12. A

广义表的表头可以是原子，也可以是子表。

【填空题】

1. $k=i*(i-1)/2+j-1$、$k=j*(j-1)/2+i-1$

2. head(tail(LS))

3. (1) (b)

广义表((a,b),(c,d)),取表头 GetHead 后得(a.b),取表尾 GetTail 后得(b)。

(2) (d)

广义表((a,b),(c,d)),先取表尾 GetTail 得((c,d)),后取表头 GetHead 得(c,d),再取表尾 GetTail 得(d)。

4. 沿主对角线的对称位置上元素值相等(aij==aji)

5. n(n+1)/2+1

【判断题】

1. ×

就数组中数据元素之间的关系而言,数组可以看成是线性结构的推广,但是数组一般只做修改和存取操作,而不进行插入和删除。

2. ×

广义表的表头可以是原子,也可以是子表。

3. ×

如广义表 L=(( ),A,B),表头为空表,而广义表非空。

4. √

5. √

【综合题】

1. 参考答案如下:

(1) 三元组表存储结构如图 1-28 所示。

(2) 十字链表存储结构如图 1-29 所示。

2. 参考答案如下:

$$A=\begin{bmatrix} 0 & 3 & 1 & 0 \\ 1 & 0 & 0 & 0 \\ 0 & 2 & 0 & 1 \end{bmatrix}$$

图 1-28 稀疏矩阵对应的三元组顺序表存储结构

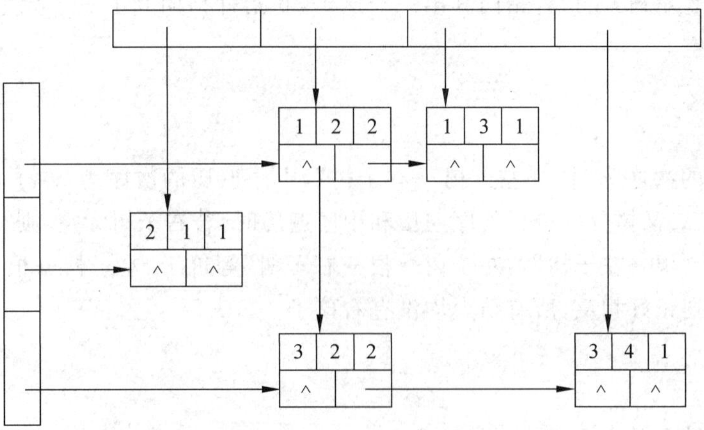

图 1-29 稀疏矩阵对应的十字链表存储结构

```
GetHead(GetTail(GetHead(GetTail(L))))
```

1.2.6 树形结构——树和二叉树

【选择题】

1. C

根据二叉树的性质可知最多有 2^k-1 个结点。

2. B

3. B

中序遍历是“左根右”，因此 a 在 b 前的条件是 a 在 b 的左边。

4. A

满二叉树是指深度为 k 且具有 2^k-1 个结点的二叉树，因此具有 5 层的满二叉树具有 2^5-1 个结点。

5. C

根据后序遍历序列可知该二叉树的根结点为 E，在中序遍历序列中，E 左边的结点均为左子树的结点，因此左子树中具有 ABCD 这 4 个结点。

6. C

树是一种以分支关系来定义的层次结构。

7. B

对任何一棵二叉树，度为 0 的叶子结点数等于度为 2 的结点数加 1。

8. B

线索二叉树中，ltag 为 0 表示指向其左孩子；ltag 为 1 表示指向其前趋。

9. A

10. C

二叉链表表示树，左指针指向其第一个孩子，右指针指向其下一个兄弟，因此根结点的右指针域为空。

11. C

12. B

先序遍历的次序为“根→左子树→右子树”，中序遍历的次序为“左子树→根→右子树”。对该非空二叉树分别进行先序遍历和中序遍历时，若右子树为空，则“根→左子树→右子树”等价于“根→左子树”，“左子树→根→右子树”等价于“左子树→根”，因而其先序序列和中序序列正好相反，所有结点均没有右孩子。

13. B

14. B

具有 n 个结点的完全二叉树的深度为 $\lfloor \log_2 n \rfloor+1$。

15. D

先序遍历是“根左右”，中序遍历是“左根右”，若遍历序列相同，则根结点和非叶子结点均无左子树。

16. A

17. A

用 n 个叶子结点构造哈夫曼树共需要 n－1 次合并，每次合并便产生一个非叶子结点，因此非叶子结点的总数为 n－1。

18. B

前缀编码满足任意一个字符的编码都不是另一个字符编码的前缀。B 中 10 是 101 的前缀，因此不是前缀码。

19. C

n 个结点共有 2n 个指针域，其中 n－1 个指向 n－1 个结点(除根结点以外)，因此还有 n+1 个域空着，用来作为线索二叉树的线索。

20. D

森林和二叉树的转换，先将森林中的每棵树转换为二叉树(根据定义均为右子树)，再从森林的最后一棵树开始，依次将后一棵树合并至前一棵树的右子树，因此 N3 合并至 N2 的右子树，所形成的二叉树再合并至 N1 的右子树，N3 和 N2 的结点均成为 N1 的右子树上的结点。

21. C

完全二叉树的第 7 层最多有 $2^{7-1}=64$ 个结点。其中 10 个为叶子结点，则其他 54 个结点具有分支，它们在第 8 层有 108 个叶子结点。完全二叉树高度最大为 8 层，则总结点数最多为 $2^7-1+108=235$ 个。

【填空题】

1. 最大值

根据树的度的定义，树中各结点的度的最大值称为树的度。

2. $\lfloor \log_2 n \rfloor+1$

可根据完全二叉树的性质确定。

3. 最小

根据哈夫曼树的定义，树中带权叶子结点的路径长度之和最小的二叉树为哈夫曼树。

4. n2＋1

可由二叉树的性质直接确定。

5. 后面

由二叉树后序遍历的定义可知，根结点后于其所有子树结点被访问，因此祖先结点必定后于其子孙结点被访问。

6. p－>ltag＝＝0

根据线索二叉树的结点定义，若结点的左标志域值为 0，表示左指针指向其左孩子；若为 1，表示左指针指向其直接前驱。

7. 6

可直接将结点总数代入完全二叉树的深度计算公式计算得到。

8. 2i　2i＋1

可直接利用完全二叉树的性质确定结点与其左右孩子结点的关系。

9. p－＞rtag＝＝1

10. D　F

首先根据层序遍历结果画出完全二叉树，然后分别按照先序遍历和后序遍历方法进行遍历，在得出的遍历序列中即可确定。

11. k　2^k-1

深度为 k 的二叉树，当它是一棵单支树时拥有最少的结点数；当它是一棵满二叉树时拥有最多的结点数。

12. p－＞lchild＝＝NULL&&p－＞rchild＝＝NULL

根据叶子节点的定义，若某结点的左右孩子均不存在，则为叶子结点。

13. $\lfloor \log_2 i \rfloor+1==\lfloor \log_2 j \rfloor+1$

在完全二叉树中两个结点处于同一层上的条件是它们的深度相同。

14. 2^{h-1}

高度为 h 的二叉树，当它是一棵满二叉树时，每一层上都将拥有最多的结点，因此其叶子结点也将最多。

15. 采用二叉树的存储结构进行存储、利用二叉树的有关算法解决树的问题

将普通树转换成二叉树，可以利用二叉树的结构进行存储，其结构性开销最小。同时可以借助二叉树的相关算法解决普通树的各种问题，无须独立设计算法。

【判断题】

1. ×

二叉树线索化，只有当结点没有左孩子或者右孩子时，才利用结点的指针域指向其前驱或者后继，因此未必每个结点均有前驱和后继线索。

2. ×

哈夫曼编码是最优前缀编码，不允许出现编码相同的。哈夫曼编码构造过程中，任何两个字符都不可能出现相同的编码。

3. ×

中序遍历次序是左根右，先序遍历次序是根左右。假如一棵二叉树没有右子树，则中序遍历最后一个结点是根结点，而先序遍历的最后一个结点是左子树上的一个叶子结点。

4. ×

先序序列和后序序列无法确定二叉树，主要原因是无法区分左右子树。

5. ×

根据二叉树的性质，高度为 k 的二叉树至多有 2^k-1 个。

6. √

【综合题】

1. 根据树的定义，画出树的形状如图 1-30 所示。

由图 1-30 可知：

(1) 结点 a 是根结点。

(2) i,j,k 是叶子结点。

(3) 结点 g,c,a 是 k 的祖先。

(4) 结点 i 是 j 的兄弟。

(5) 树的深度是 4。

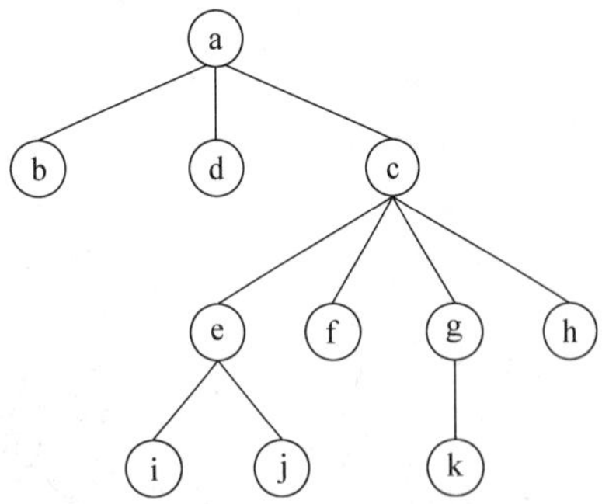

图 1-30 树的形态

2. 根据二叉树遍历的定义可得：

先序序列：F D B A C E G I H J

中序序列：A B C D E F G H I J

后序序列：A C B E D H J I G F

3. 根据二叉树的遍历定义，在先序序列中找根，再根据中序序列划分左右子树，反复对各个子二叉树进行构造可以构造出整个二叉树的形态。构造步骤如下：

(1) 由先序序列 A B D G J E H C F I K L 可得到二叉树的根 A。

(2) 由中序序列划分出根结点 A 的左右子树上的结点：D J G B E H A C K I L F。

(3) 对 A 的左子树 DJGBEH 进行构造，由结点在先序序列中的次序 A B D G J E H C F I K L 可知根结点为 B；再根据中序序列D J G B E H 划分出其左右子树。

(4) 对 B 的左子树 DJG 进行构造，由结点在先序序列中的次序 A B D G J E H C F I K L 可知根结点为 D；再根据中序序列 D J G 划分出其左右子树。D 左子树为空。

(5) 对 D 的右子树 JG 进行构造，由结点在先序序列中的次序 A B D G J E H C F I K L 可知根结点为 G；再根据中序序列J G 划分出其左右子树。G 右子树为空，左子树为 J。

(6) 对 B 的右子树 EH 进行构造，由结点在先序序列中的次序 A B D G J E H C F I K L 可知根结点为 E；再根据中序序列进行 E H 划分出其左右子树。E 的左子树为空，右子树为 H。

(7) 对 A 的右子树 CKILF 进行构造，由结点在先序序列中的次序 A B D G J E H C F I K L 可知根结点为 C；再根据中序序列 C K I L F 划分出其左右子树。C 的左子树为空。

(8) 对 C 的右子树 KILF 进行构造，由结点在先序序列中的次序 A B D G J E H C F I K L 可知根结点为 F；再根据中序序列K I L F 划分左右子树。F 的右子树为空。

(9) 对 F 的左子树 KIL 进行构造，由结点在先序序列中的次序 A B D G J E H C F I K L 可知根结点为 I；再根据中序序列K I L 划分左右子树。I 的左子树为 K，右子树为 L。

二叉树构造过程如图 1-31 所示。

4. 按照哈夫曼树的构造方法(依据左小右大的原则)设计哈夫曼树如下：

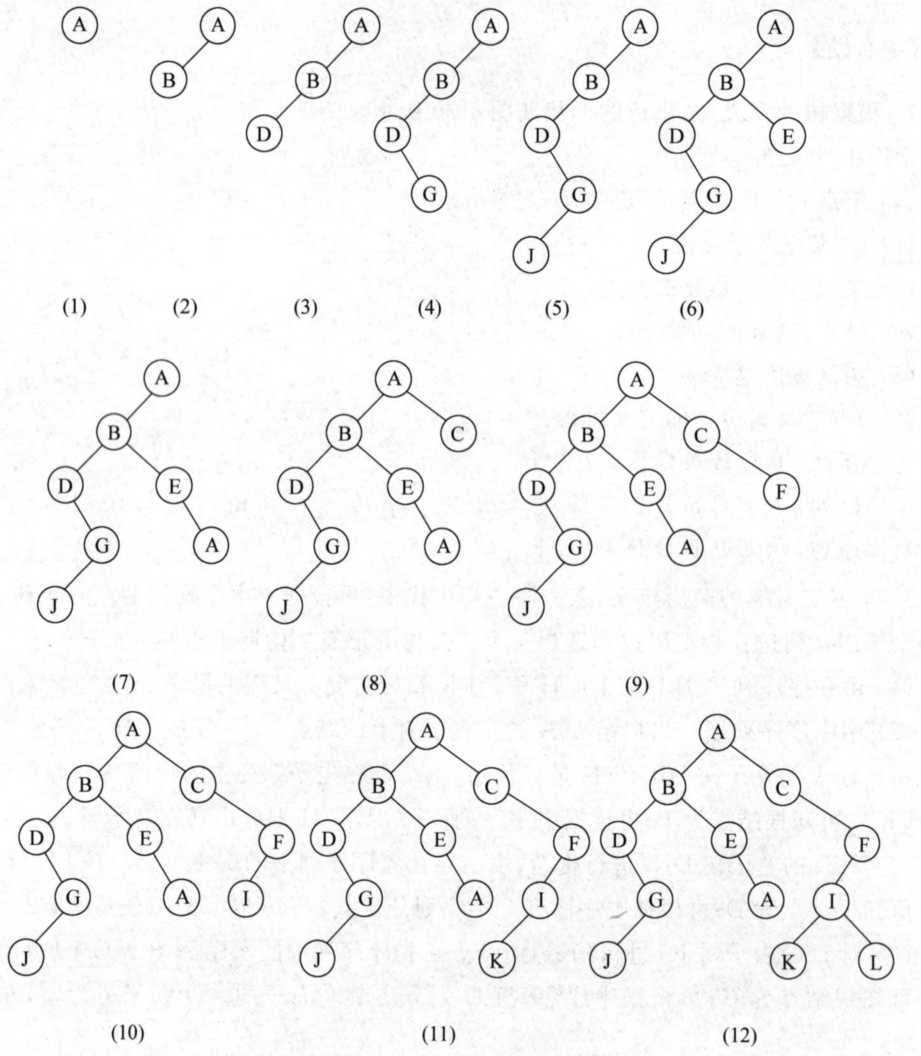

图 1-31　二叉树的构造过程

（1）哈夫曼树形态如图 1-32 所示。

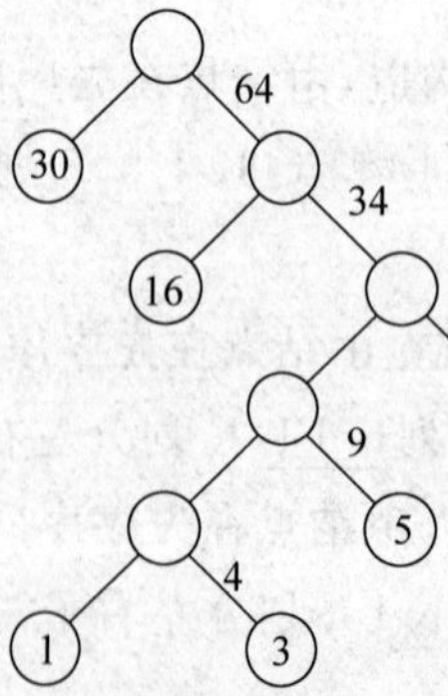

图 1-32　根据给定权值序列构造的哈夫曼树

(2) 带权路径长度：WPL＝30 * 1＋16 * 2＋9 * 3＋5 * 4＋(1＋3) * 5＝30＋32＋27＋20＋20＝129

5. 森林转换为二叉树，首先将森林中的每棵树分别转换为二叉树，如图 1-33 所示。

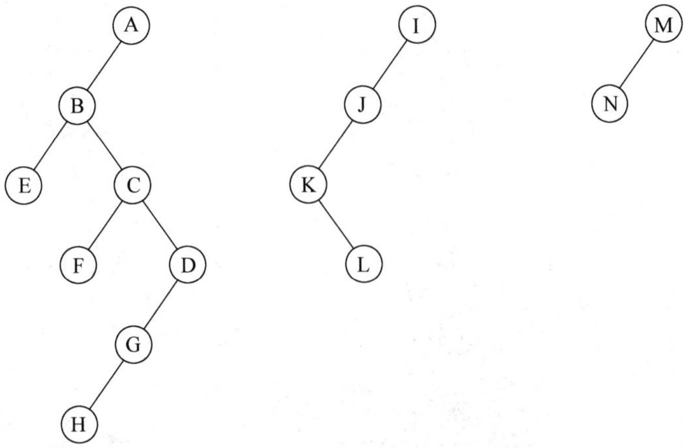

图 1-33 森林中每棵树对应的二叉树形态

合并这些二叉子树为一棵二叉树，如图 1-34 所示。

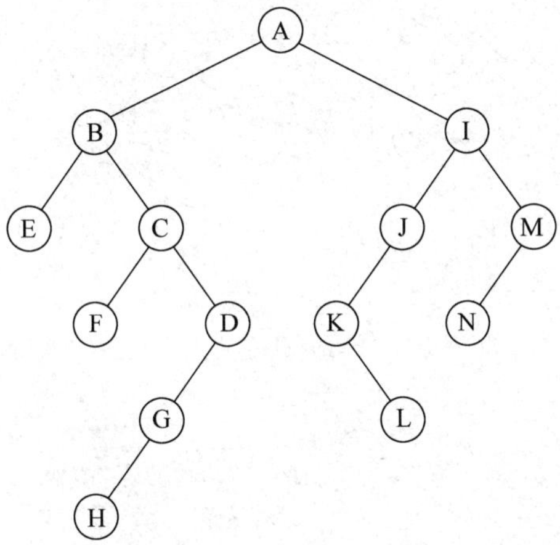

图 1-34 最终的二叉树形态

6. 二叉树转换为森林。先将二叉树分别转换为若干棵子二叉树，再分别转换为森林中的树，如图 1-35 所示。

7. 先序线索二叉树如图 1-36 所示。

8. 根据电文字符的频率设计相应的哈夫曼树，再进行哈夫曼编码。设计结果如图 1-37 所示。

9. 交换二叉树结点左右子树的递归算法。

10. 分析：二叉树的先序遍历非递归算法需要借助栈来实现。基本步骤如下：

(1) 当前指针指向根结点。

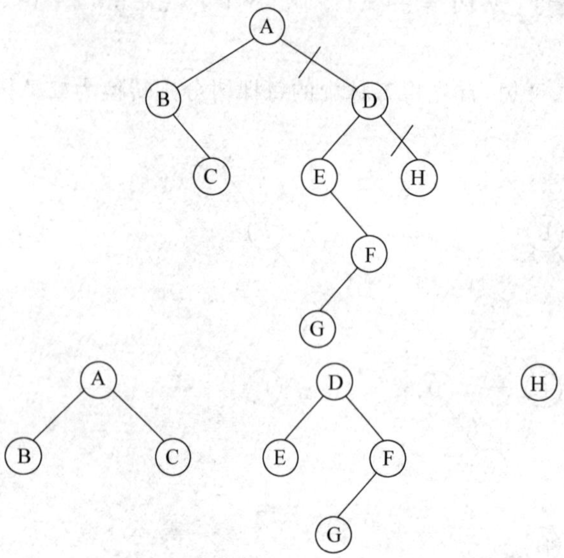

图 1-35　给定二叉树转换成的森林

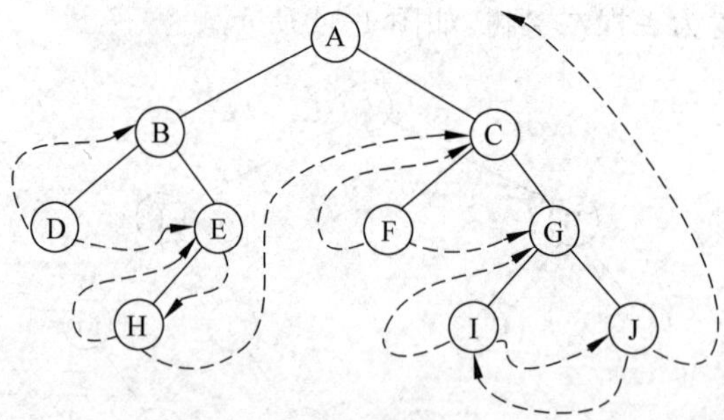

图 1-36　给定二叉树对应的先序线索二叉树

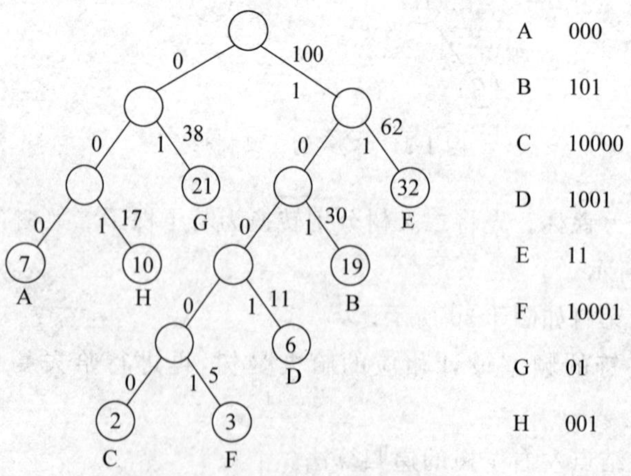

图 1-37　哈夫曼树和哈夫曼编码

(2) 若结点不为空,访问该结点。
(3) 若结点右孩子不为空,则右孩子入栈。
(4) 当前指针指向结点左孩子重复(2)和(3)步,直至左孩子为空。
(5) 依次退栈,当前指针指向出栈结点。
(6) 若栈非空或当前指针非空,继续第(2)步,直至结束。
算法参考如下:

```
void preorder(BiTree p)
{
    BiTree stack[MAX],q;
    int top=0,i;
    int count=0;
    for (i=0;i<MAX;i++)
        stack[i]=NULL;
    q=p;
    while (q!=NULL)
    {
        printf("%c",q->data);
        if (q->rchild!=NULL)
            stack[top++]=q->rchild;
        if (q->lchild!=NULL)
            q=q->lchild;
        else
            if (top>0) q=stack[--top];
            else q=NULL;
    }
}
```

11. 分析:根据二叉树高度的递归定义

$$depth(t)=\begin{cases}0 & t==NULL\\ \max\{depth(t->lchild),depth(t->rchild)\}+1 & t!=NULL\end{cases}$$

可以写出求二叉树高度的递归算法。算法参考如下:

```
int depth(BiTree bt)
{
    int hl,hr;
    if (bt==NULL) return 0;
    if (bt->lchild==NULL&&bt->rchild==NULL)
        return 1;
    hl=depth(bt->lchild);
    hr=depth(bt->rchild);
    if (hl>hr)
        return(hl+1);
    else
```

```
    return(hr+1);
}
```

12. 分析：二叉树的遍历就是访问每个结点，因此可以采用任何一种遍历方法，在遍历的过程中统计二叉树中的叶子结点。算法参考如下：

```
int countleaf(BiTree t)
{
    int count1,count2;
    if (t==NULL) return 0;
    else
        if (t->lchild==NULL&&t->rchild==NULL)
            return 1;
        else
        {
            count1=countleaf(t->lchild);
            count2=countleaf(t->rchild);
            return count1+count2;
        }
}
```

13. 分析：根据二叉树的遍历方法，在任何一种遍历过程中访问结点时判断是否为所寻找结点，若是则返回其地址，否则返回空。以中序遍历过程为例，算法参考如下：

```
BiTree InOrder(BiTree t,int x,BiTree p)
{
    if ( t!=null )
    {
        InOrder ( t->lchild,x,p ) ;
        if(t->data==x)
            p=t;
        InOrder ( t->rchild,x,p ) ;
    }
    return p;
}
```

1.2.7 图形结构——图

【选择题】

1. C

N 个人中，可能多人存在同学关系，应该是一个多对多的关系。

2. B

包含 n 个顶点的图，用邻接矩阵来表示，应该用一个 n×n 的矩阵才能完整描述所有顶点之间可能存在的关联。

3. B

邻接矩阵表示的带权有向图中，每条弧的权值用一个非无穷的数值表示，因此每条弧在邻接矩阵中对应的矩阵元素值就是该弧的权值；顶点 i 的入度为所有到达该顶点的弧数，因此可借助邻接矩阵第 i 列中非无穷且非 0 的元素个数判定。

4. A

由子图的定义可直接确定。

5. B

在邻接矩阵中，第 i 行的非 0 元素代表所有从顶点 i 出发的弧，因此删除所有从顶点 i 出发的弧，只需将第 i 行的所有元素全部置 0。

6. A

在无向图中，每条边代表该边对应的两条方向相反的弧，因此无向图的邻接矩阵必定是一个对称矩阵。

7. A

从该图的邻接矩阵形态看，因为矩阵不对称，肯定不是无向图；由于非主对角线位置存在 0 元素，因此不是完全图；两两顶点之间不存在两条方向相反的路径，因此不是强连通图。

8. B

邻接表结构中，所有从某个顶点出发的弧均存储在顶点数组中从该顶点出发的一个链表中，因此是一种链式存储结构。

9. A

由图的路径的定义，两个顶点之间的路径是一个顶点序列。该序列中第一个顶点为出发顶点，最后一个顶点为到达顶点，序列的中间顶点按照路径中经过的次序依次排列在序列中。

10. A

由逆邻接表的定义，某个顶点对应的邻接链表中链接的是所有到达该顶点的弧，因此是对应该顶点的所有入边邻接点。

11. B

在有向图中，如果从某个顶点出发有一条弧指向另一个顶点，则对于出发顶点，其出度为 1；对于到达顶点，其入度为 1。因此，所有顶点的入度之和应与所有顶点的出度之和相等。

12. C

13. B

由无向图中顶点的度的定义，可借助依附于该顶点所有的边数确定，也就是与该顶点相邻接的顶点数确定。

14. A

由无向完全图的定义，包含 n 个顶点的无向完全图的边数为 $n(n-1)/2$。

15. A

由第 9 题关于路径的定义，图中两个顶点之间的路径是一个顶点序列。由于顶点序列中相邻顶点的偶对描述的是连接这两个顶点的边(弧)，因此也可用与顶点序列对应的边(弧)序列来表示。由于路径中并不限制不能包含重复的顶点或边(弧)，因此正确结果为 A。

16. D

根据有向完全图的定义，包含 n 个顶点的有向完全图的弧数是 n(n－1)条。

17. B

由图的遍历的定义，遍历一个图就是从指定的源点出发，遍历图中的所有顶点，并且使每个顶点仅被访问一次。深度优先搜索和广度优先搜索是图的两种基本遍历算法，其中 DFS 是一种递归的遍历算法。无论对于无向图或有向图，都可以借助这两种遍历算法进行遍历。

18. D

对于邻接矩阵表示的无向图，因为具有对称性，所以第 i 行的非零元素个数与第 i 列的非零元素个数一定相等。至于顶点 V_i 的度数，可用第 i 行或第 i 列上非零元素的个数确定。在无向图的邻接矩阵中，每条边对应矩阵中的两个非零元素，因此边数为举证中所有非零元素的个数的一半。至于图中的顶点数，可借助矩阵的行数或列数确定，矩阵元素全为 0 的行或列仅表示对应该行或该列的顶点的出度或入度为 0，即图中没有从该顶点出发的边或没有到达该顶点的边。

19. B

对于无向图，采用邻接矩阵存储时容易求得各个顶点的度，方法是对应顶点所在行或列的非零元素的个数；而采用邻接表存储时，求顶点的度需要统计对应顶点的邻接链表中的结点个数。

20. D

采用邻接矩阵表示的带权有向图中，每条弧用对应的权值表示在对应的矩阵元素位置上，而权值的表示是一个非∞且非 0 的元素。因此，求顶点 i 的入度时，只需根据第 i 列中的非∞且非 0 的元素个数即可确定。

21. B

可根据完全图的定义来确定。

22. B

连通分量是无向图中的极大连通子图，强连通分量是有向图中的极大强连通子图。对一个有向图进行拓扑排序，如果序列中顶点 a 出现在顶点 b 之前，并不代表必定存在弧<a,b>，只说明在特定的拓扑排序过程中，顶点 a 先于顶点 b 被输出；对一个有向图，如果从任一顶点出发进行一次 DFS 或 BFS 即可访问到所有顶点，说明是一个强连通图，图中所有顶点之间均有路径，但不一定是完全图。

23. B

包含 n 个顶点的无向图，至少需要 n－1 条边才能将 n 个顶点相关联。

24. B

一个有向图，具有 n 个顶点和 e 条弧，则对应的邻接表结构中应包含 n 个顶点结点和

e个弧结点。

25. B

一个无向图如果是连通图,则它只有一个连通分量。

26. B

有向图的邻接表存储结构中,每个顶点的邻接链表包含的是所有从该顶点出发的弧,因此链接的是该顶点的所有出弧邻接点。

27. A

按照对称矩阵的压缩存储方法,只需存储矩阵的下三角元素,共 n(n+1)/2 个。

28. D

对于简单有向图,顶点 i 的入度可由其邻接矩阵中第 i 列的值为 1 的元素个数确定。

29. D

30. B

在无向图的邻接表存储结构中,每条边将在它所依附的两个顶点的邻接链表中分别出现,因此包含 n 条边的无向图,其邻接表中共包含 2n 个边结点。

31. B

对于无向图,顶点的度指与该顶点关联的边数,无所谓入度或出度。由于无向图的每条边对应方向相反的两条弧,因此可以认为,无向图的每个顶点的入度和出度相等。

32. A

对于有向图,某顶点的出度指从该顶点出发的弧数,即以该顶点为尾的弧数。

33. B

有向图的邻接表存储结构中,某顶点的邻接链表中包含的是所有从该顶点出发的弧的结点。

34. A

有向图的逆邻接表存储结构中,某顶点的邻接链表中包含的是所有到达该顶点的弧的结点。

35. A

对于有向图,所有顶点的入度之和与出度之和应相等。

36. A

图的邻接矩阵存储结构中,顶点个数不仅决定顶点数组的大小,也决定邻接矩阵的阶数,无论拥有多少条边,其矩阵大小不变,因此占用的存储空间大小仅与顶点个数有关,与边(弧)数无关;邻接表存储结构中,每条边(弧)将包含在对应顶点的邻接链表中,因此占用的存储空间大小与顶点个数和边(弧)数均有关。

37. C

38. D

按照定义,无向图的极大连通子图称为其连通分量。在 BFS 遍历时,需要按照先访问的顶点的邻接顶点先被访问的原则进行,因此需要一个队列来规范顶点访问的次序;在 DFS 遍历时,由于其递归的特性,需要一个栈来保存已经访问的顶点的次序,以便回溯。DFS 和 BFS 遍历方法对于无向图和有向图均适用。

39. B

由路径长度的定义，路径上边（弧）的数目即为该路径的长度。因此，若路径长度为k，则该路径必定借助这k条边（弧）将k+1个顶点链接成一条路径。

40. C

一个包含n个顶点的有向图，当它构成完全图时将拥有最多的弧数。

41. B

通过一次遍历就可访问图中所有顶点，则该图一定是连通图。

42. A

对于非连通图，一次遍历只能访问其一个连通分量，因此包含k个连通分量的图需要进行k次遍历才能完成。

43. D

图的BFS遍历是树的层序遍历的推广。

44. B

图的DFS遍历是树的先根遍历的推广，类似于二叉树的先序遍历。

45. C

对于图的遍历，DFS需要栈辅助递归遍历过程，BFS需要队列规范顶点访问的先后次序，遍历的基本要求是每个顶点均访问并只访问一次。DFS和BFS对任何图的遍历均适用。

46. C

根据DFS遍历的原理，对照给定的邻接表，从顶点v1出发进行遍历，则访问v1后，由v1的邻接链表找到其第一个未被访问的邻接顶点v3并访问；接着从v3的邻接链表中找到第一个未被访问的邻接顶点v4并访问；然后，由于v4的邻接链表为空，返回v3的邻接链表找到下一个未被访问的顶点v5并访问；再从v5的邻接链表中找到第一个未被访问的邻接顶点v2并访问。依此类推，结束遍历。

47. A

由连通图的生成树的概念，包含n个顶点的连通图，其生成树是原图的一个极小连通子图，应包含原图的所有顶点和足以将这些顶点连通的最少边数。

48. B

一个图的邻接表存储结构的建立，不仅与图的顶点数和边（弧）数相关，还与图中每条边（弧）的输入次序及创建每个顶点的邻接链表的方法有关，因此同一个图对应的邻接表表示不唯一。

49. B

一个无向连通图，其最小生成树的形态可能不唯一。当无向连通图中存在多条权值相同的边时，对应的最小生成树的形态与所采用的存储结构、求解最小生成树的不同方法都有关联。

50. A

由关键路径的定义，AOE网中的关键路径指从源点到汇点的所有路径中路径长度最长的路径。

51. B

由拓扑排序的定义，对于一个 AOV 网，如果其中存在回路，则不能完成拓扑排序。

52. B

根据拓扑排序的算法，对照给定的有向图，初始入度为 0 的顶点有 1 和 5，因此第一个输出的顶点只能是 1 或 5，若输出 1 时，第二个输出的只能是 5，可排除 A 和 C；若首先输出 5，则第二个输出的只能是 1 或 6，可排除 D。

53. D

对于任一有向图，若可以不进行拓扑排序，则拓扑序列为 0 个；若可以进行拓扑排序，则可能的拓扑序列可以有一个或多个。

54. B

55. C

采用 Dijkstra 算法求解最短路径时需要一个双重循环实现，故其时间复杂度是 $O(n^2)$。

56. B

求解给定连通图的生成树可以有多种方法，如 DFS 算法、BFS 算法等。如果要求得到的生成树具有最小的高度，则应采用 BFS 算法进行类似层序遍历的方式。其他方法求解时无法确保满足高度最小的要求。

57. D

关键路径指 AOE 网中从源点到汇点的最长路径，一个 AOE 网可能存在多条关键路径。若用 AOE 网代表一个工程，则工期为其中某条关键路径上各个关键活动的权值之和。减少任一关键活动的权值，只能减少包含该关键活动的路径长度，不一定能缩短整个工期。

58. D

拓扑排序的对象是无回路的有向图。

59. A

无向连通图采用邻接矩阵存储结构后，采用 DFS 求解生成树的结果唯一。

60. B

求解最小生成树的算法主要有 Prim 和 Kruskal 算法，其中后者针对图中的边进行求解，因此边数越少，需要进行判别的次数也越少。

61. B

生成树是无向连通图的极小连通子图，因此拥有能够连通 n 个顶点的最少边数。

62. A

带权无向图如果连通且各边上权均不同，则无论采用何种算法，只能得到唯一一棵最小生成树。

63. C

按照定义，最短路径指带权有向图中任意两个顶点之间所有可能路径中权值之和最小的路径。

【填空题】

1. n(n－1)/2

2. n－1 条

3. 极大

无向图中的连通分量指图中的极大连通子图。

4. 45

无向完全图中的边数为 n(n－1)/2 条。

5. n(n－1)

有向完全图中的弧数为 n(n－1)条。

6. 对称的

7. 邻接表

8. 邻接矩阵

9. 第 i 列非零元素个数之和

10. 1

11. 矩阵中第 i 行元素置 0 或∞

在图的邻接矩阵表示法中，第 i 行非零元素表示所有从结点 i 出发的弧。

12. 出度

13. 2(n－1)

至少需要 n－1 条边才能连通，因此非零元素个数为 2＊(n－1)。

14. i　j

15. 深度优先搜索

16. 先序、层序

17. 极小连通子图

连通图的生成树是该图的极小连通子图。

18. 拓扑排序

19. 环(回路)

20. 无环

无环的有向图，能够进行拓扑排序，从而得到其全部顶点的拓扑有序序列。

21. Kruskal

22. n

从某个顶点出发只能得到唯一一棵生成树，因此分别从 n 个顶点出发可得到 n 棵不同的生成树。

23. 活动和活动之间的优先关系

AOV 网也称为顶点代表活动的网，其中顶点代表活动，有向边代表活动间的优先关系。

24. 关键路径

【判断题】

1. ×

连通分量是无向图的极大连通子图。

2. √

3. ×

虽然包含 n 个顶点的无向图，其极小连通子图只需要 n−1 条边，但边数大于 n−1 时不能保证一定能构成连通图。如果这大于 n−1 条边全部存在于图中的 n−1 个顶点之间，则不连通。

4. ×

如果一个图中某个顶点独立构成一个连通分量，则该顶点的度为 0。

5. ×

6. √

7. ×

8. √

9. ×

10. ×

11. ×

无向图的另一种存储结构是邻接多重表；有向图的另一种存储结构是十字链表。

12. √

对于一个图，如果没有确定其存储结构，则其 DFS 序列和 BFS 序列都不唯一。

13. ×

DFS 是一个递归过程，需要借助一个栈来辅助实现遍历。

14. ×

15. ×

16. √

17. ×

18. √

19. √

20. ×

对于 AOV 网，如果没有指定存储结构，或虽然确定了存储结构，但分别采用栈或队列进行拓扑排序，均可能得到不同的拓扑有序序列。

21. ×

当存在多条关键路径时，缩短某条关键路径上某个活动的工期，只能缩短该路径的长度，将该路径变成一条非关键路径。

22. ×

AOE 网中关键路径可能不止一条。

23. ×

【综合题】

1. 分析：从给定的结构定义可知，这是关于图的邻接矩阵存储结构的定义。再看算法函数，它是一个递归函数，由函数参数可知，指定从图的顶点 i 出发进行访问，每当访问一个结点，利用辅助数组 visited[i]标记已访问，并通过循环查找顶点 i 的未被访问的邻接顶点 j 进行递归访问。这与图的 DFS 遍历过程一致。

结论：图的深度优先遍历算法。

2. 分析：

(1) 首先从图中分别考察所有顶点两两之间是否均存在方向相反的两条路径。对于 v1 与 v2，分别存在路径 v1→v2 和 v2→v3→v1；对于 v1 与 v3，分别存在路径 v1→v2→v3 和 v3→v1；对于 v1 与 v4，分别存在路径 v1→v4 和 v4→v3→v1；对于 v2 与 v3，分别存在路径 v2→v3 和 v3→v1→v2；对于 v2 与 v4，分别存在路径 v2→v3→v1→v4 和 v4→v3→v1→v2；对于 v3 与 v4，分别存在路径 v3→v1→v4 和 v4→v3，因此是一个强连通图。

(2) 根据给定图，利用邻接矩阵和邻接表的定义，容易得出对应的邻接矩阵和邻接表。

结论：

它是一个强连通图。对应的邻接矩阵和邻接表如图 1-38 所示。

$$\begin{vmatrix} 0 & 1 & 0 & 1 \\ 0 & 0 & 1 & 0 \\ 1 & 0 & 0 & 0 \\ 0 & 0 & 1 & 0 \end{vmatrix}$$

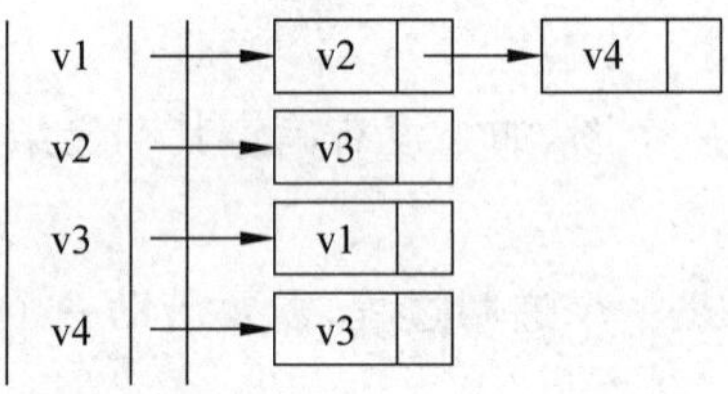

图 1-38　有向图 G 的邻接矩阵和邻接表

顶点：　1　2　3　4　5　6

$$\begin{bmatrix} 0 & 0 & 0 & 0 & 0 & 0 \\ 1 & 0 & 0 & 1 & 0 & 1 \\ 0 & 1 & 0 & 0 & 0 & 0 \\ 0 & 0 & 1 & 0 & 1 & 1 \\ 1 & 0 & 0 & 0 & 0 & 0 \\ 1 & 0 & 0 & 0 & 1 & 0 \end{bmatrix}$$

入度：　3　1　1　1　2　2

图 1-39　有向图 G 的邻接矩阵和各顶点的入度

3. 分析：根据图的顶点和弧，按照邻接矩阵的定义，容易得到按照顶点号升序组织的邻接矩阵。并且由邻接矩阵中顶点入度的计算方法，对应各列的非零元素个数就是各顶点的入度。结果如图 1-39 所示。

4. 分析：根据邻接表的定义和题目要求，可得到按照顶点号升序组织的邻接表如图 1-40 所示。另外，在邻接表的每个顶点对应的邻接链表中包含的是从该顶点出发的所有弧结点，因此可通过统计每个邻接链表中的弧结点数，得到对应顶点的出度。

5. 分析：(1)根据给定的邻接矩阵，该无向图共包含 4 条边，具体形态如图 1-41 所示。

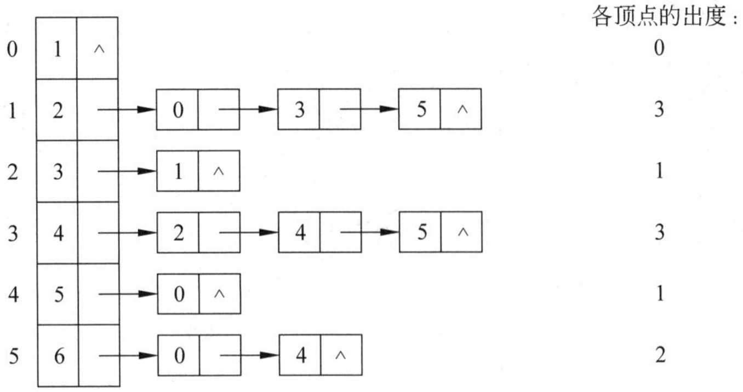

图 1-40 有向图 G 的邻接表和各顶点的出度

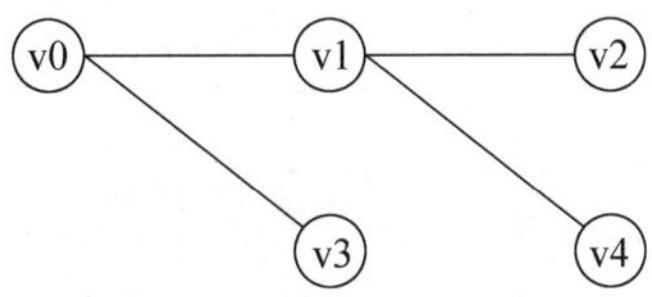

图 1-41 无向图 G 示意

(2) 上述邻接矩阵表示的图，按照 DFS 算法，当从 v0 出发进行深度优先搜索的方法进行遍历时，可得该图的深度优先搜索的遍历序列是 v0 v1 v2 v4 v3。

6. 分析：(1)根据给定图的形态，按照邻接矩阵的定义，可得按照字典序组织的邻接矩阵如图 1-42 所示。

(2) 根据上述邻接矩阵，从顶点 b 出发进行 BFS 遍历时，其广度优先搜索的序列是 b a c f d e。

a	0	0	0	1	0	0
b	1	0	1	0	0	1
c	0	0	0	0	0	0
d	0	1	1	0	1	0
e	0	1	0	0	0	1
f	0	0	0	1	0	0

图 1-42 有向图 G 的邻接矩阵

7. 分析：根据给定图的形态，按照字典序组织的该图的邻接矩阵存储结构如图 1-43(a)所示。在对应邻接矩阵存储结构下，从顶点 A 出发进行 DFS 遍历，则首先访问 A，然后访问 A 的第一个未被访问的邻接顶点 B；接着找到 B 的第一个未被访问的邻接顶点 C 并访问，依此类推，直至所有顶点全部访问完为止，可得对应 DFS 生成树如图 1-43(b)所示。

参考答案如图 1-43 所示。

8. 分析：对照给定图的形态和具体要求，顶点数组按字典序组织，每个顶点的邻接链表中弧结点按顶点号降序组织，可得对应的邻接表如图 1-44(a)所示。根据邻接表结构，从顶点 A 出发的 BFS 生成树的求解过程是：首先访问顶点 A；然后连续访问 A 的邻接顶点 D、C、B；接着按照先访问顶点的邻接顶点先访问的原则，分别访问 C 的邻接顶点 G、B 的邻接顶点 F、E；最后访问 G 的邻接顶点 H。BFS 生成树形态如图 1-44(b)所示。

参考答案如图 1-44 所示。

9. 分析：根据给定的邻接表存储结构，该有向图的形态如图 1-45(a)所示。从顶点

$$\begin{bmatrix} 0 & 1 & 0 & 0 & 1 & 0 \\ 1 & 0 & 1 & 0 & 0 & 0 \\ 0 & 1 & 0 & 1 & 0 & 1 \\ 0 & 0 & 1 & 0 & 1 & 0 \\ 1 & 0 & 0 & 1 & 0 & 1 \\ 0 & 0 & 1 & 0 & 1 & 0 \end{bmatrix}$$

(a) 图G的邻接矩阵

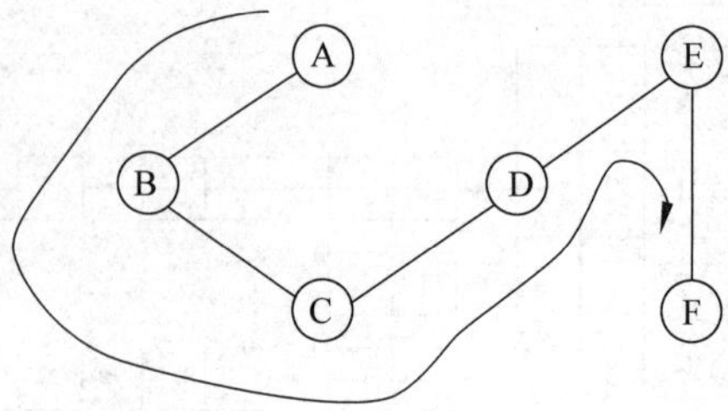

(b) 图G的DFS生成树

图 1-43　无向图 G 的邻接矩阵和 DFS 生成树

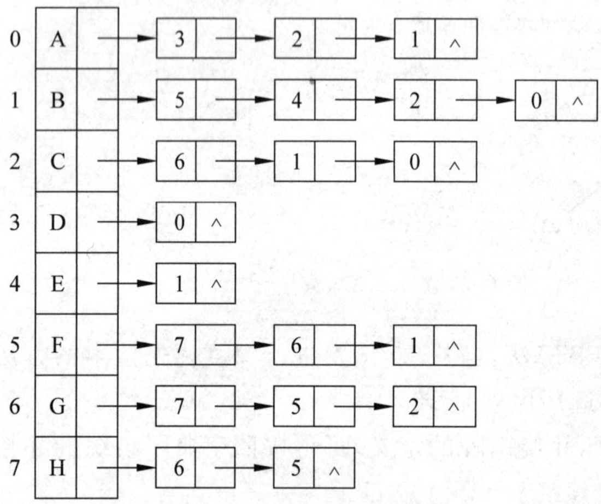

(a) 图G的邻接表

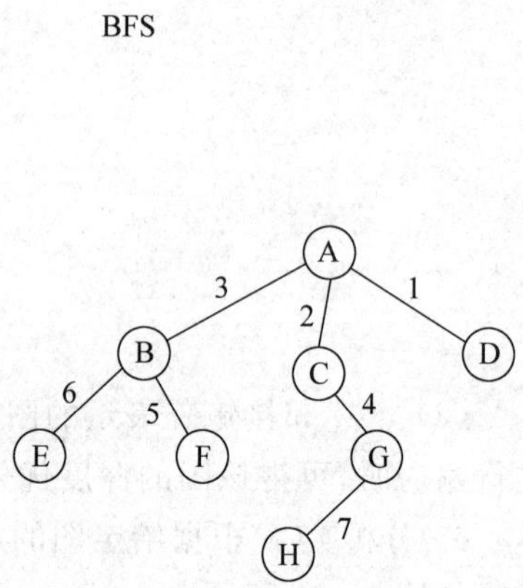

(b) 图G的BFS生成树

图 1-44　无向图 G 的邻接表和 BFS 生成树

v1 出发进行 BFS 遍历时，各个顶点的访问次序为 v1；v3、v2、v4；v5，因此可得对应的广度优先搜索的遍历序列如图 1-45(b)所示。

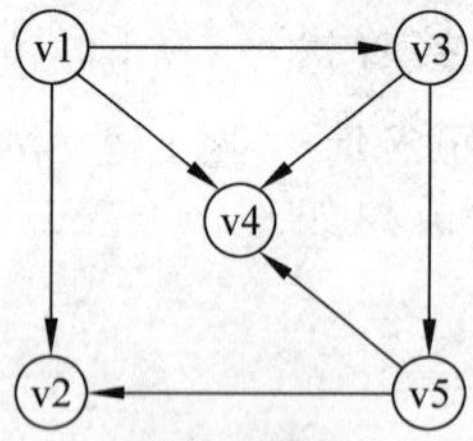

(a) 有向图G

广度优先搜索的顶点序列：

v1 v3 v2 v4 v5

(b) 有向图G的BFS遍历的顶点序列

图 1-45　有向图 G 的形态和 BFS 遍历的顶点序列

10．分析：根据 Prim 算法的原理，从顶点 1 出发的求解过程是：首先从顶点 1 的所有边中取权值最小的边(1,3)；然后从顶点 1 和 3 的所有候选边中取权值最小的边(3,4)；继而从顶点 1、3 和 4 的所有候选边中取权值最小的边(4,6)；从顶点 1、3 、4 和 6 的所有候选边中取权值最小的边(6,5)；从顶点 1、3 、4、6 和 5 的所有候选边中取权值最小的边(1,2)。因此，对应最小生成树的构造过程如图 1-46 所示。

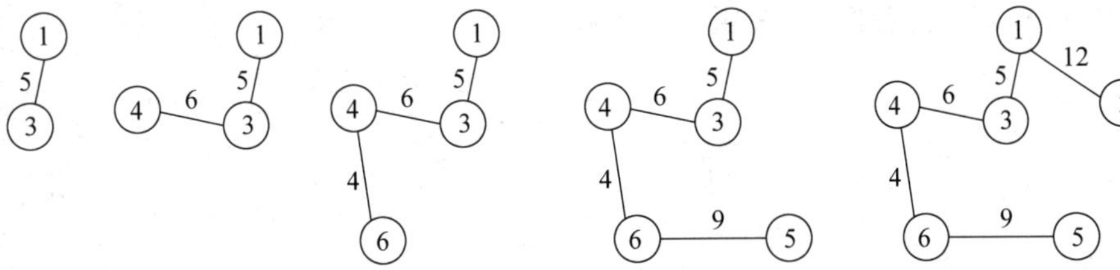

图 1-46 带权无向图 G 的最小生成树

11. 分析：

(1) 从顶点 1 出发，按照 BFS 算法进行遍历，图中各个顶点的访问序列依次为 1；2、3、4；5；6，因此其广度优先遍历序列是 1，2，3，4，5，6。

(2) 对照邻接矩阵，采用 Prim 算法从顶点 1 开始求解最小生成树的过程是：首先从顶点 1 的所有候选边中取权值最小的边(1，3)；然后从顶点 1 和 3 的所有候选边中取权值最小的边(3，6)；从顶点 1、3 和 6 的所有候选边中取权值最小的边(6，4)；从顶点 1、3、6 和 4 的所有候选边中取权值最小的边(3，2)；从顶点 1、3、6、4 和 2 的所有候选边中取权值最小的边(2，5)如图 1-47 所示。

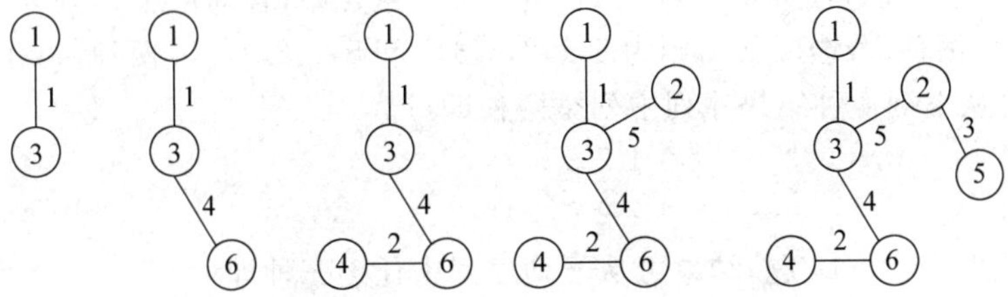

图 1-47 带权无向图 G 的最小生成树

12. 分析：对照给定的图(如图 1-48 所示)，根据 Kruskal 算法的原理，首先对所有边按照权值递增排序，然后不断从候选边中依次取一条边并判断是否属于最小生成树，直至所有边判别结束。因此，具体判别过程依次是(1，6，4)，(2，3，5)，(1，7，6)，(2，4，8)，(2，5，12)和(1，2，18)。

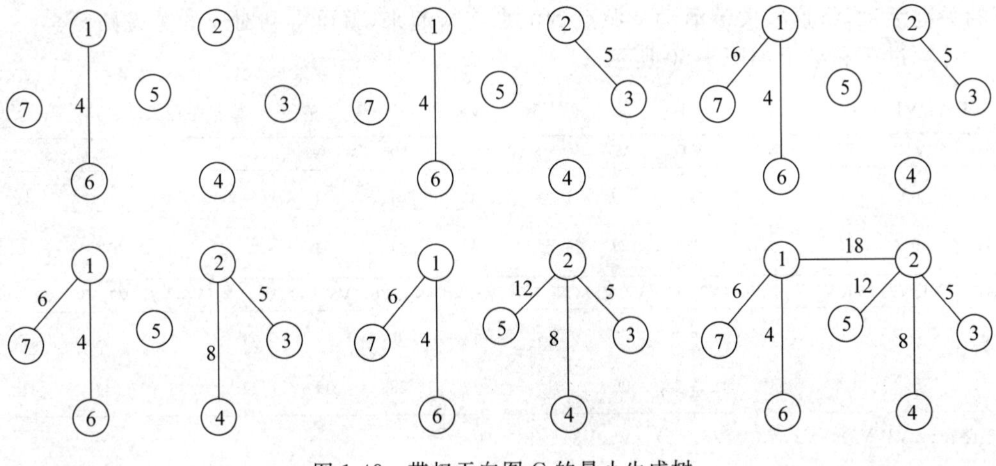

图 1-48 带权无向图 G 的最小生成树

13．分析和求解过程同第 12 题。参考答案如图 1-49 所示。

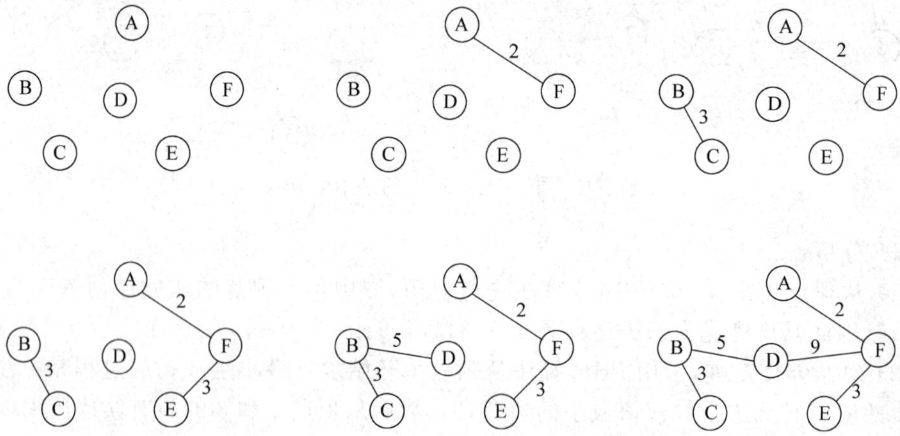

图 1-49　带权无向图 G 的最小生成树

14．分析：根据拓扑排序的原理，图中共有两个入度为 0 的顶点，由于未指定存储结构，因此排序过程可通过任选其中一个入度为 0 的顶点开始，若选顶点 1，则为 1，5，2，3，6，4 和 1，5，2，6，3，4 两种；若选顶点 6，则为 5，1，2，6，3，4 和 5，1，2，3，6，4 两种，共有 4 种。

故结果可从下列 4 种结果序列中列举两种即可。

1 5 2 3 6 4　　　　　5 1 2 3 6 4

1 5 2 6 3 4　　　　　5 1 2 6 3 4

15．分析过程同第 14 题，结果可从下列序列中任选三种即可。

1 2 3 5 4 6 7　　　　2 1 3 5 4 6 7

1 2 3 5 4 7 6　　　　2 1 3 5 4 7 6

1 2 3 7 5 4 6　　　　2 1 3 7 5 4 6

16．分析：按照关键活动判别法求关键路径的原理，首先需要通过拓扑排序得出拓扑排序序列；然后分别求解事件的最早发生时间 ve 和最迟发生时间 vl，分别求解活动的最早开始时间 ee 和最迟开始时间 el，并根据关键活动的 ee 和 el 相等的原则，从中找出所有的关键活动，将这些关键活动从源点到汇点连接起来，就可得到对应的关键路径。

计算过程和结果如图 1-50 所示。

拓扑序列：V1　V4　V2　V3　V6　V5　V8　V7　V9　　最长路径长度：53

顶点	V1	V2	V3	V4	V5	V6	V7	V8	V9
ve	0	5	15	9	27	23	35	41	53
vl	0	5	15	28	27	35	47	41	53

活动	〈V1, V2〉	〈V1, V3〉	〈V1, V4〉	〈V2, V3〉	〈V2, V5〉	〈V3, V5〉	〈V3, V6〉	〈V4, V6〉	〈V5, V7〉	〈V5, V8〉	〈V6, V7〉	〈V7, V9〉	〈V8, V9〉
e	<u>0</u>	0	0	<u>5</u>	5	<u>15</u>	15	9	27	<u>27</u>	23	35	<u>41</u>
l	<u>0</u>	7	19	<u>5</u>	26	<u>15</u>	27	28	39	<u>27</u>	35	47	<u>41</u>

关键路径：〈V1，V2〉，〈V2，V3〉，〈V3，V5〉，〈V5，V8〉〈V8，V9〉

图 1-50　关键活动判别法求带权有向图 G 的关键路径

17. 若采用关键活动判别法求解，则分析过程同第 16 题。

计算过程和结果如图 1-51 所示。

拓扑序列：V1　V3　V2　V4　V6　V5　V7　最长路径长度为 52

顶点	V1	V2	V3	V4	V5	V6	V7		
ve	0	8	12	26	44	40	52		
vl	0	14	12	26	44	51	52		
活动	⟨V1, V2⟩	⟨V1, V3⟩	⟨V2, V4⟩	⟨V3, V4⟩	⟨V3, V5⟩	⟨V4, V5⟩	⟨V4, V6⟩	⟨V5, V7⟩	⟨V6, V7⟩
e	0	<u>0</u>	8	<u>12</u>	12	<u>26</u>	26	<u>44</u>	40
l	6	<u>0</u>	14	<u>12</u>	34	<u>26</u>	37	<u>44</u>	51

关键路径：⟨V1，V3⟩，⟨V3，V4⟩，⟨V4，V5⟩，⟨V5，V7⟩

图 1-51　关键活动判别法求带权有向图 G 的关键路径

若采用路径分解法求解，则可通过三步进行分析和求解：

(1) 拓扑排序，求拓扑有序序列。

(2) 按照拓扑有序序列的逆序将顶点逐个分解到各条路径中，完成所有路径的分解。

(3) 分别计算各条路径的长度，求出关键路径及其长度。

计算过程和结果如图 1-52 所示。

拓扑序列：V1　V3　V2　V4　V6　V5　V7

路径分解过程：按照拓扑有序序列的逆序进行

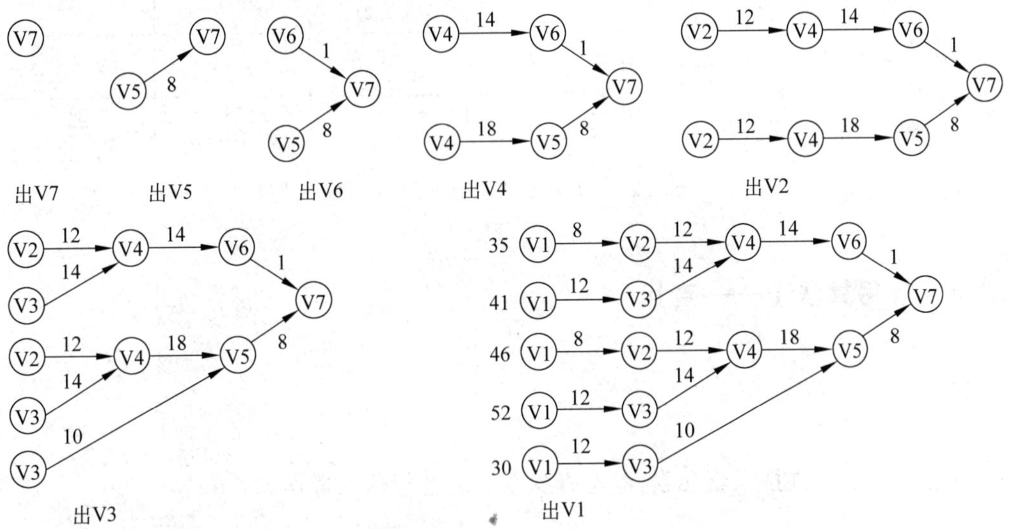

关键路径：V1　V3　V4　V5　V7，路径长度：52

图 1-52　路径分解法求带权有向图 G 的关键路径

18. 根据单源点最短路径求解的 Dijkstra 算法，首先分别求解从源点 A 到各个其他顶点的路径长度为 1 的路径，从中挑选出一条路径长度最短的路径，这是第一条最短路径；然后将所有经过已经求得最短路径的顶点作为中间顶点可以到达其他顶点的路径长度为 2 的路径一起加入考察范围,从中挑选第二条最短路径;依此类推,完成所有最短路径的求解。

计算过程和结果如图 1-53 所示。

	i=1	i=2	i=3	i=4	i=5
B	10 〈A, B〉				
C	20 〈A, C〉	20 〈A, C〉	20 〈A, C〉		
D	65 〈A, D〉	15 〈A, B, D〉			
E	60 〈A, E〉	60 〈A, E〉	30 〈A, B, D, E〉	30 〈A, B, D, E〉	
F	∞	∞	95 〈A, B, D, F〉	70 〈A, B, D, E, F〉	70 〈A, B, D, E, F〉
S	B {A, B}	D {A, B, D}	C {A, B, D, C}	E {A, B, D, C, E}	F {A, B, D, C, E, F}

图 1-53 Dijkstra 算法求带权有向图 G 的最短路径

19. 分析过程同第 18 题,计算过程和结果如图 1-54 所示。

$$\begin{bmatrix} 0 & 3 & \infty & \infty & 30 \\ \infty & 0 & 25 & 8 & \infty \\ \infty & \infty & 0 & \infty & 10 \\ 20 & \infty & 4 & 0 & 12 \\ 5 & \infty & \infty & \infty & 0 \end{bmatrix}$$

	i=1	i=2	i=3	i=4
1	3 〈0, 1〉			
2	∞	28 〈0, 1, 2〉	15 〈0, 1, 3, 2〉	
3	∞	11 〈0, 1, 3〉		
4	30 〈0, 4〉	30 〈0, 4〉	23 〈0, 1, 3, 4〉	23 〈0, 1, 3, 4〉

图 1-54 Dijkstra 算法求带权有向图 G 的最短路径

1.2.8 常用算法 I ——查找

【选择题】

1. B

动态查找表允许插入新元素,静态查找表不能进行插入操作。

2. B

3. C

查找不成功时,已经从表的一端开始比较到另一端(哨兵),共进行的比较次数为 n－1。

4. C

顺序查找在顺序存储结构或链式存储结构中均可。

5. C

顺序查找一个线性表的元素，在查找成功时，平均比较次数约为表长的一半；在查找失败时，则必须进行 n+1 次比较之后才能确定。故顺序查找算法的时间复杂度为 O(n)。

6. D

在线性表的链式存储结构中只能进行顺序查找。

7. D

按照折半查找的规定，每次查找均取其查找区间的中点进行比较。

8. C

折半查找要求查找表必须采用顺序存储结构，且元素值按关键字有序组织。

9. C

按照约定，查找表中的元素依次存储在下标 1 开始的连续单元中，因此查找过程中的中点位置依次为 6、3、4、5，此时查找区间只有一个元素且比较不等，确认查找失败。

10. D

二分查找时，需要进行元素比较的最大次数不超过对应判定树的深度。

11. B

12. D

在深度为 h 的二叉排序树中，查找一个元素需要进行的比较次数不超过对应二叉排序树的深度。

13. A

二叉排序树的形态取决于构成二叉排序树的关键字序列的次序。

14. B

15. B

二叉排序树中，关键字值最大的结点一定是该二叉排序树中最右边的结点，其右指针为空。

16. B

按照二叉排序树的定义，非空二叉排序树的左子树中所有结点的值均小于根结点的值。

17. A

当二叉排序树退化为单支树时，查找效率等价于顺序查找。

18. B

19. A

可通过构造出的二叉排序树直接确定。

20. C

采用逐点插入法建立二叉排序树时，树的形态取决于关键字的输入次序。同一组关键字，不同的输入次序将构成不同的二叉排序树。

21. A

在平衡二叉树中，结点的平衡因子定义为该结点的左子树的深度减去右子树的深度，取值范围是−1～+1。当平衡因子值超出这个范围时表示不平衡。

22. C

按照平衡二叉树的定义，通过对每棵树的所有结点的平衡因子值的计算即可确定。

23. D

根据给定序列的特点，当在平衡二叉树根结点 4 的右子树根结点 5 的右子树上插入新结点 6 时，结点 4 的平衡因子从 −1 变为 −2，从而失去平衡。此时需要进行一次向左的逆时针旋转（单向左旋）操作来恢复平衡，标识为 RR 调整。

24. D

上述各种方法中，数字分析法、除余法、平方取中法等是构造哈希函数的方法，线性探测法、再哈希法、链地址法是解决哈希冲突的方法。

25. D

26. A

按照除留余数法，一般情况下可取 p 为小于表长的最大质数。

27. B

顺序查找的平均效率为 O(n)，折半查找的效率为 $O(\log_2 n)$，分块查找介于顺序查找和折半查找之间。哈希查找的效率最高。

28. A

按照二次探测的原理，根据给定哈希函数计算关键字 49 的哈希地址为 5，由于冲突，因此按照＋1，－1，＋4，－4，…的序列进行探测，第一个空闲的地址是 9。

29. B

30. C

哈希查找的平均查找长度与元素个数无关，其他各种查找方法均与元素个数相关。

31. A

散列查找的装填因子定义为表中需填入的元素个数除以哈希表长度。

32. D

33. A

上述答案中，线性探测法是处理冲突的方法，其他均为构造哈希函数的方法。

34. C

只要存在关键字对应于某个哈希函数计算的哈希地址相同，仍会发生冲突。

35. B

由线性探测的原理，连续插入的 n 个关键字若为同义词，则将连续存放在该哈希表中，因此最后一个同义词查找成功时，必须进行 n 次比较才能确定。

36. C

37. A

装填因子 α 的值越大，表示哈希表中存储的元素越多，存储密度越大，空闲的单元越少，因此发生冲突的可能性也越大。

38. A

哈希表的查找过程中需要进行比较的关键字个数取决于三个因素：哈希函数、处理冲突的方法和哈希表的装填因子。

39. D

40. A

根据链地址法处理冲突的原理，所有发生冲突的同义词均存储在对应同一个哈希地址的链表中。

【填空题】

1. 有序

折半查找要求查找表必须是有序顺序表结构。

2. 2

当将上述有序表存储到下标1开始的顺序存储结构时，折半查找的中点位置依次为6、9，查找成功，因此共进行了两次比较。

3. n

包含n个结点的二叉排序树，当它呈单支树形态时，查找效率最差，与顺序查找相当。

4. 中序

由二叉排序树的定义，树中任一结点的关键字值均大于其左子树中所有结点，且均小于其右子树中所有结点，因此中序遍历二叉排序树，可得按关键字值递增有序的序列。

5. $\lfloor \log_2 N \rfloor + 1$

由平衡二叉树的定义，树中任一结点的平衡因子的取值范围为－1、0、1，因此平衡二叉树的深度与包含相同结点数的完全二叉树的深度一致。

6. 50

根据给定的关键字序列，采用逐点插入法建立平衡二叉树，在连续插入56、42和50时结点56的平衡因子为－2，失去平衡，此时需要进行旋转调整。具体方法是先右后左两次旋转(LR调整)。

7. 不大于表长的质数

8. 同义词

9. 小

10. 哈希查找(散列查找)

从各种查找方法的平均查找长度计算公式可知，只有散列查找与结点个数n无关。

11. 越大

【判断题】

1. ×

顺序查找无论顺序存储结构或链式存储结构均可。

2. ×

顺序查找时，总是从表的一端开始依次进行元素值的比较，与是否有序组织无关。

3. √

4. ×

由于链表不是随机存取的结构，元素(结点)的存储地址是任意的(不一定连续)，因此即使是有序链表，也无法一步直接找到中点位置。

5. ×

6. √

7. √

8. ×

采用逐点插入法对一组给定关键字以不同的次序依次插入来构造二叉排序树，将得到形态不同的二叉排序树。

9. ×

虽然它们的平均性能相同，但极端情况下并不一样。折半查找的性能是稳定的，而二叉排序树退化为单支树时性能与顺序查找一致。

10. √

11. √

由二叉排序树的定义，中序遍历一棵二叉排序树，可以得到关于结点按照关键字值升序排列的有序序列。因此，对应同一组关键字序列的有序序列只能有一个。

12. ×

不一定。对于最大值结点，如果其后插入的结点大于其根结点而小于该结点，则将作为该结点的左孩子插入，此时最大值结点是一个单分支结点。对于最小值结点，同样如此。

13. ×

14. √

15. ×

不一定。当散列表中发生冲突时，按照线性探测法，如果冲突地址后的相邻单元已经存放了其他关键字，那么还要继续探测其后的其他位置，此时同义词不可能相邻。

16. ×

影响哈希表的查找效率的因素有三个：哈希函数、处理冲突的方法及哈希表的装填因子。

17. √

理想情况下，哈希表中若没有冲突，则查找任一元素均可一步直接找到。

18. ×

散列函数的复杂性只代表计算各个关键字的散列地址运算的复杂性，与构造散列表时能否将各个关键字随机分布在散列表中不同地址没有确切的关系。

19. √

20. ×

21. √

22. ×

选择一个好的哈希函数，可以尽可能减少冲突的发生，但不能完全避免冲突。

23. ×

24. √

25. ×

哈希表的平均查找长度与哈希函数、冲突处理方法及装填因子 α 这三个因素有关，而装填因子 α 与哈希表的长度也有关。

【综合题】

1. 分析：上述算法的执行过程是从表的最后开始，依次进行表中元素与给定值 key 比较，若相等则提前退出循环，最终的返回结果是 i 的值。

结论：设置了监视哨的顺序查找算法，当 i 非 0，查找成功，i 的值表示与给定值 key 相等的元素在查找表中的位置；i 为 0 表示查找失败。

2. 分析：二分查找法的过程是借助一个循环，根据查找表的起点 low 和终点 high 计算查找区间的中点 mid，并将中点位置的元素与查找关键字 k 进行比较，若相等，则查找成功；否则，根据比较的结果将 low 指向 low＋1 或 high 指向 high＋1，构成新的查找区间继续查找过程。

结论：对照上述算法，在循环中首先计算查找区间的中点，然后进行判断：若 k 小于中点元素的值，则下一步应当在当前中点位置的前半区继续查找；若 k 大于中点元素的值，则下一步应当在当前中点的后半区继续查找；若相等，则查找成功，退出循环，结束查找。因此，第一个空应填入 mid－1，第二个空应填入 mid＋1。

3. 分析：根据折半查找原理，不断调整三个指针，缩小查找区间，直到找到或找不到为止。

结果如图 1-55 所示。

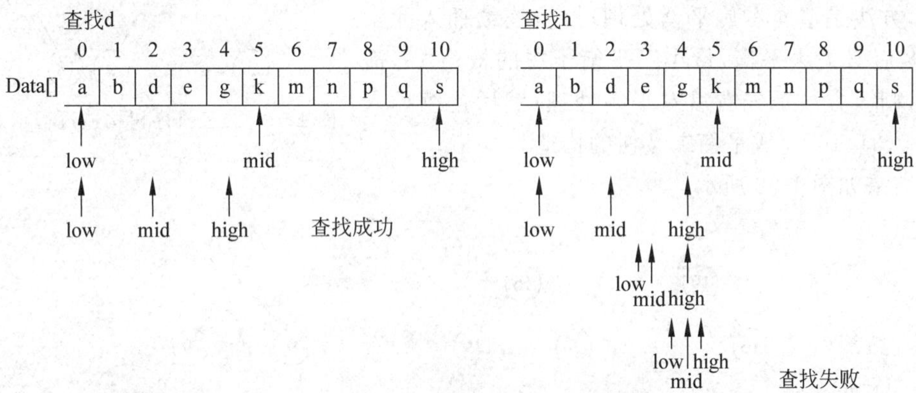

图 1-55 折半查找过程示意图

4. 分析过程同第 3 题，结果如图 1-56 所示。

5. 分析：按照逐点插入法，从无到有将整数序列中的每个元素依次插入到一棵二叉排序树中。具体过程是从序列中取第一个元素 7 作为二叉排序树的根结点；再取下一个元素 16，因为 16＞7，将 16 作为 7 的右孩子插入；再取元素 4，因为 4＜7，将 4 作为 7 的左孩子插入；再取元素 8，因为 8＞7，16 将插入到 7 的右子树中，继续与 7 的右孩子 16 比较，因为 8＜16，8 作为 16 的左孩子插入。依此类推，将序列中的所有元素依次插入，完成二叉排序树的构造。

至于平均查找长度的计算，对照二叉排序树的形态，共有 9 个元素，一次比较查找成功的 1 个，二次比较查找成功的 2 个，三次比较查找成功的 3 个，四次比较查找成功的 3 个。假设查找成功的概率相等，则为 1/9。

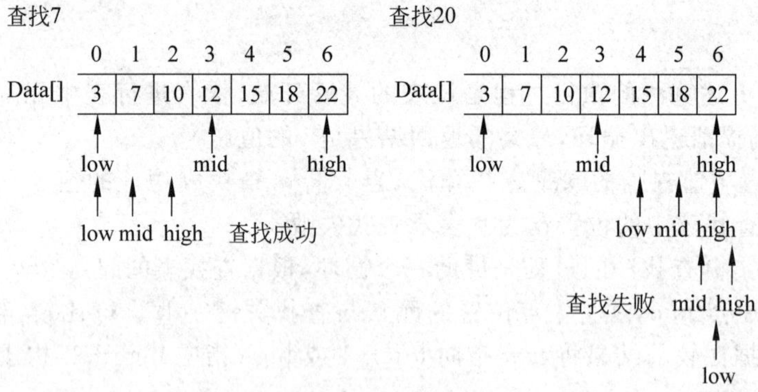

图 1-56　折半查找过程示意图

结果如下：

(1) 形态如图 1-57 所示。

(2) 平均查找长度：ASL(9)＝(1＊1＋2＊2＋3＊3＋4＊3)/9＝(1＋4＋9＋12)/9＝26/9

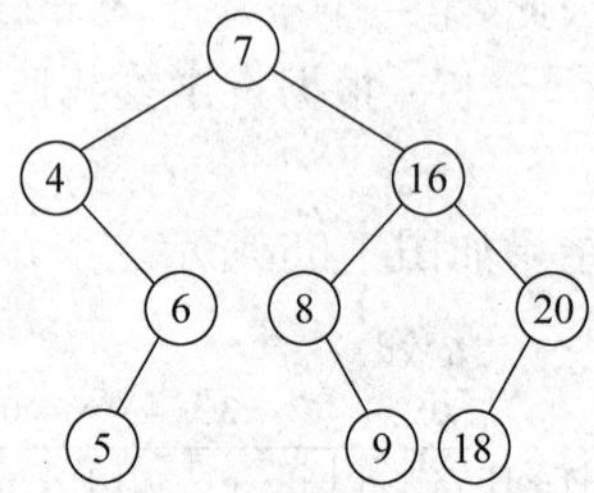

图 1-57　二叉排序树构造过程示意图

6. 分析：按照逐点插入法，连续插入元素 19、16、9 后失去平衡，最小不平衡子树的根为 19，需进行调整，方法是单向右旋平衡处理；接着连续插入元素 45、28 后又失去平衡，最小不平衡子树的根为 19，需进行调整，方法是先右后左平衡处理；然后连续插入元素 5、31、10，完成平衡二叉树的构造。

结果如图 1-58 所示。

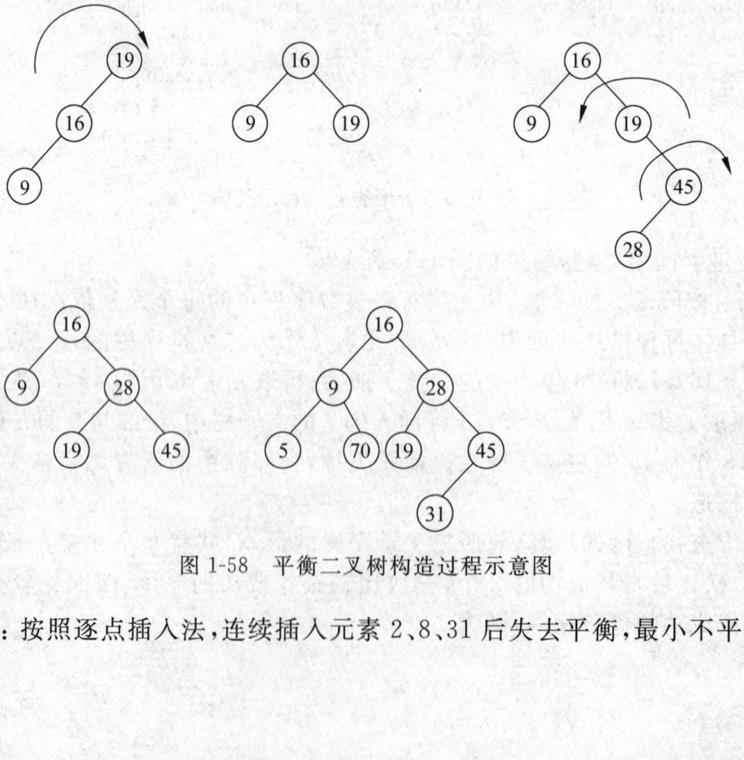

图 1-58　平衡二叉树构造过程示意图

7. 分析：按照逐点插入法，连续插入元素 2、8、31 后失去平衡，最小不平衡子树的根为 2，需进行调整，方法是单向左旋平衡处理；接着连续插入元素 20、19 后又失去平衡，最小不平衡子树的根为 31，需进行调整，方法是单向左旋平衡处理；再插入元素 18 后失去平衡，最小不平衡子树的根为 8，需进行调整，方法是先右后左平衡处理；然后插入元素 53 后又失去平衡，最小不平衡子树的根为 20，需进行调整，方法是单向左旋平衡处理；最后插入元素 27，完成平衡二叉树的构造。

结果如图 1-59 所示。

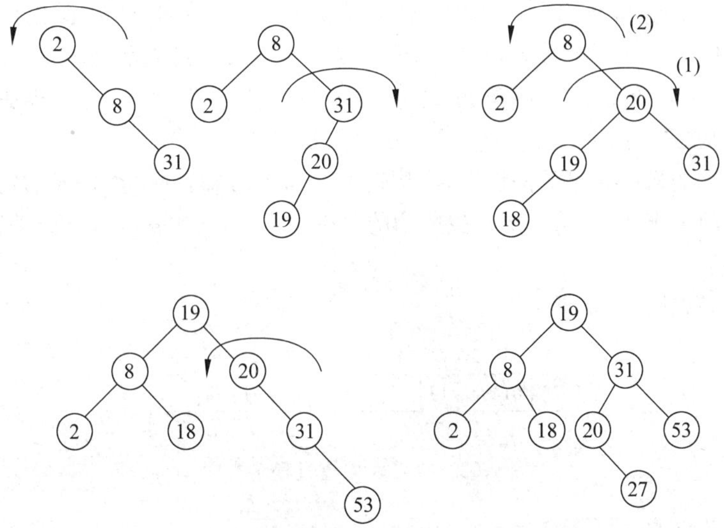

图 1-59　平衡二叉树构造过程示意图

8. 分析：首先根据给定的关键字序列，逐个代入散列函数计算其散列地址，若不冲突，直接将关键字放入散列表；若发生冲突，则根据线性探测法处理冲突，直到所有关键字全部处理完。具体过程是：关键字 30，对应散列地址 0；关键字 36，对应散列地址 0，发生冲突，采用线性探测再散列，得散列地址 1；关键字 47，对应散列地址 5；关键字 52，对应散列地址 4；关键字 34，对应散列地址 4，发生冲突，线性探测再散列，得散列地址 5，又冲突，再散列得散列地址 6。

在上述散列表中查找关键字 34，先根据散列函数计算散列地址为 4，比较不等，按照线性探测法计算下一个散列地址 5，仍不等，再根据线性探测法计算下一个散列地址 6，比较相等，查找成功，整个过程共进行了三次比较。

结果如下：

(1) 表形态如图 1-60 所示。

(2) 查找 34 的比较次数：3。

0	1	2	3	4	5	6
30	36			52	47	34
1	2			1	1	3

图 1-60　散列表构造过程示意图

9. 分析过程同第 8 题，结果如图 1-61 所示。

10. 分析：首先根据给定的关键字序列，逐个代入哈希函数计算其散列地址，若不冲突，直接将关键字放入哈希表；若发生冲突，则根据二次探测法处理冲突，直到所有关键字全部处理完。具体过程是：关键字 22，对应散列地址 0；关键字 41，对应散列地址 8；关键字 53，对应散列地址 9；关键字 46，对应散列地址 2；关键字 30，对应散列地址 8，发生冲

33%11=0　　46%11=2
52%11=8　　30%11=8
53%11=9　　12%11=1
8%11=8　　42%11=9
　　　　　　22%11=0

哈希表

	0	1	2	3	4	5	6	7	8	9	10
Data[]	33	30	46	12	42	22			52	53	8
		5		3	7	6					3

图 1-61　哈希表构造过程示意图

突，二次探测再散列，得散列地址 9，又冲突，再散列得散列地址 7；关键字 13，对应散列地址 2，发生冲突，二次探测再散列，得散列地址 3；关键字 01，对应散列地址 1；关键字 67，对应散列地址 1，发生冲突，二次探测再散列，得散列地址 2，又冲突，再散列得散列地址 0，又冲突，再散列得散列地址 5。

在查找成功的概率相等的假设下，由构造的哈希表可知，一次查找成功的关键字 5 个，二次查找成功的关键字 1 个，三次查找成功的关键字 1 个，四次查找成功的关键字 1 个。

结果如下：

(1) 表形态如图 1-62 所示。

0	1	2	3	4	5	6	7	8	9	10
22	01	46	13				30	41	53	
1	1	1	2				3	1	1	

图 1-62　哈希表构造过程示意图

(2) ASL：ASL(8)＝(1＊5＋2＊1＋3＊1＋4＊1)/8＝(5＋2＋3＋4)/8＝14/8

11. 分析过程同第 10 题，结果如下：

(1) 表形态如图 1-63 所示。

0	1	2	3	4	5	6	7	8	9	10	11	12	13	14	15	16	17	18
65			07			72	33	59	48	36	46	25				20		
1			5			3	1	2	1	1	4	1				6		

图 1-63　散列表构造过程示意图

(2) ASL：(1＊5＋2＊1＋3＊1＋4＊1＋5＊1＋6＊1)/10＝5＋2＋3＋4＋5＋6)/10＝25/10＝2.5

12. 分析：首先逐个计算关键字对应的哈希地址，由于采用链地址法处理冲突，因此构造哈希表的过程中不需要进行哈希地址的探测，只需将同义词均链入对应同一个哈希地址的链表中即可。

计算平均查找长度时，根据哈希表的形态即可得出表中各个关键字需要进行比较的次数，从而计算出平均查找长度的值。

结果如下：

(1) 表形态如图 1-64 所示。

(2) ASL(5＊1＋3＊2)/8＝11/8

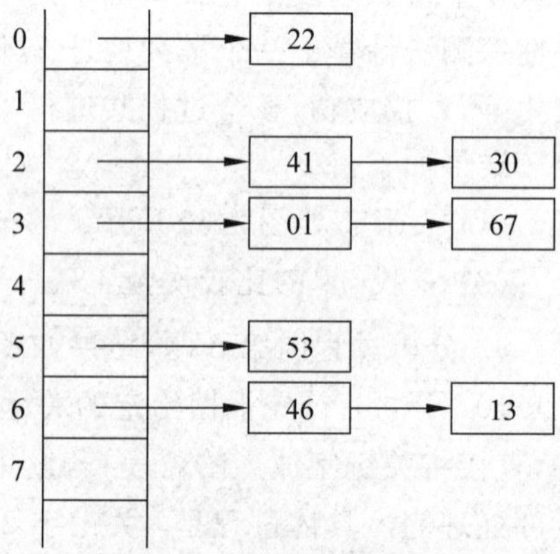

图 1-64　哈希表构造过程示意图

13. 分析过程同第 12 题,结果如图 1-65 所示。

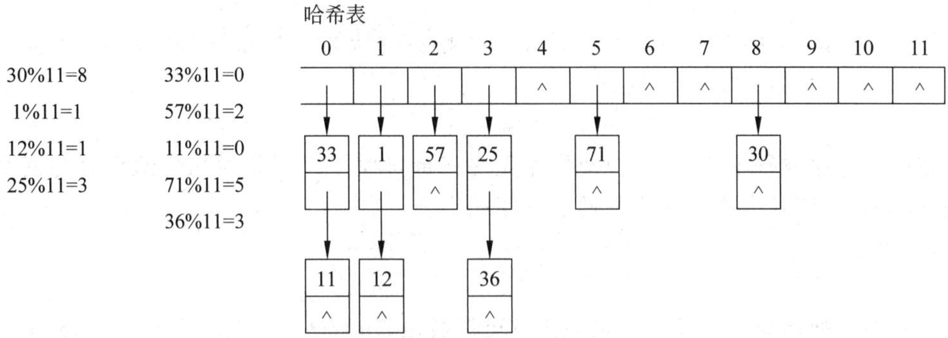

图 1-65 哈希表构造过程示意图

1.2.9 常用算法Ⅱ——排序

【选择题】

1. D

内部排序方法的稳定性是指当待排序序列中存在值相同的元素时,排序前后它们的相对位置是否发生改变,若未变,则稳定,否则不稳定。

2. A

将一个待排序元素插入已排序的有序子序列中正确位置上是插入排序的基本操作。

3. A

在直接插入排序过程中,初始已经将待排序序列的第一个元素作为有序子序列中的元素,故第 i 趟排序前,有序子序列中已经包含了 i 个元素。

4. B

每次从待排序序列中挑选一个元素放入已排序序列的一端,这种方法指每次挑选时均选取未排序序列中的最大值或最小值元素,否则不能将其放入有序序列的一端。显然,这是符合选择排序的基本操作。

5. D

6. C

当初始序列为有序序列时,只需经过一趟两两比较并无需交换元素的位置即可结束排序过程。

7. C

在所有效率优于 $O(n^2)$ 的内部排序方法中,只有归并排序是稳定的。

8. C

直接插入排序、冒泡排序和简单选择排序均为稳定的排序方法,只有堆排序不稳定。

9. B

插入排序、快速排序和归并排序均不能保证在前 10 趟排序过程中将最小的 10 个元素从众多的元素中挑选出来，只有堆排序可以。

10. B

根据给定的参考答案，首先可以确定构造的是最大堆。根据堆调整的方法，需经过56与84,84与46,46与56三次交换。

11. C

在待排序序列基本有序时，快速排序无法将待排序子序列相对均匀地划分为两个更小的子序列，排序效率将退化为与冒泡排序相当。

12. D

13. D

由初始序列和第一趟排序结果的比较可以看出，初始序列的第一个元素25在第一趟排序后将待排序序列划分为小于25的所有元素均处于元素25的前半区，所有大于25的元素均处于元素25的后半区。第二趟和第三趟的结果同样符合这样的特征，这符合快速排序的原则。

14. A

15. C

由初始序列和第一趟排序结果的比较可以看出，元素位置相距5的两两元素进行了逆序交换。第二趟的结果是位置相距3的元素进行了排序，这是希尔排序的特点。

16. B

17. D

上述4种排序方法中，希尔排序、堆排序和简单选择排序均只需要一个存储单元用于元素的交换，只有归并排序需要与待排序序列一样长的辅助数组。

18. D

由两个序列的元素的位置变化可以看出，位置相距4的两两元素进行了交换。

19. A

基数排序、快速排序和希尔排序在完成第一趟排序后，不能保证其中的最大或最小元素已经处于其最终的位置。

20. B

基数排序、快速排序和归并排序在完成第一趟排序后，不能保证其中的最大或最小元素已经处于其最终的位置。

21. C

按照快速排序的原理，以第一个元素45为基准，首先从最后一个元素往前搜索，找到第一个小于45的元素42，放到元素45的原来位置；然后从元素42往后搜索找到第一个大于45的元素80，放到元素42的原来位置上；再从元素80往前搜索，找到第一个小于45的元素40，放到元素80的原来位置；再从元素40往后搜索找到大于45的元素55，放到元素40的原来位置；最后将基准元素放在原来元素55的位置，结束排序。

22. B

23. C

24. C

由归并排序的原理，第一趟归并时，相邻元素分为三组：(46,79)、(56,38)、(40,84)，分别进行两两归并。

25. D

快速排序和堆排序均不稳定，基数排序虽然稳定，但效率不为 $O(n\log_2 n)$。

26. D

27. C

28. D

29. C

当原序列已经有序，则冒泡排序只需一趟排序即可结束，共需比较 11 次。

30. D

选择排序和冒泡排序一趟结束时，序列中的最小元素或最大元素肯定处于序列的一端。快速排序一趟结束时，基准元素将处于其最终位置，而插入排序不一定。

31. D

堆排序和冒泡排序一趟结束时，序列中的最小元素或最大元素肯定处于序列的一端。快速排序一趟结束时，基准元素将处于其最终位置，而希尔排序不一定。

32. D

最后一趟排序前，堆排序和冒泡排序均已排定 n－1 个元素的位置，快速排序也已经完成若干基准元素的位置。只有插入排序，当序列中最后一个元素是最大或最小元素时，最后一趟排序将改变所有元素的位置。

33. D

上述 4 个选项中，只有链式基数排序不借助关键字值比较进行排序。

34. C

堆排序、快速排序和希尔排序均是不稳定的排序方法。

35. B

上述选项中，A、C 和 D 是简单的排序方法，效率均为 $O(n^2)$。二路归并排序效率高。

36. A

堆排序、快速排序的空间复杂度为 O(1)，归并排序的空间复杂度为 O(n)。

37. A

38. C

直接插入排序的时间效率为 $O(n^2)$，归并排序是稳定的排序方法，快速排序在最坏情况下的时间效率退化为 $O(n^2)$，只有堆排序符合要求。

39. B

【填空题】

1. 递增排列、递减排列
2. O(n)
3. (直接)插入排序
4. 选择排序
5. $O(n^2)$

6. n－1

7. 希尔、快速、堆

8. 冒泡排序、快速排序

9. $O(n^2)$

10. 快速排序

11. $\lceil \log_2 n \rceil$

12. 归并排序

【判断题】

1. √

不稳定的排序方法，不能确保对于所有可能的排序序列都保持稳定。

2. √

3. √

所有的简单排序方法，无论初始序列如何，总有一种控制机制可以确保其稳定性。

4. √

5. ×

6. ×

快速排序的平均性能最快，但在特定情况下（基本有序）将退化为 $O(n^2)$。另外，快速排序是递归的，需要一个栈辅助排序，在随机情况下的辅助空间需求是 $O(\log_2 n)$，最坏情况下为 $O(n)$。

7. ×

8. ×

9. ×

基数排序是借助多关键字排序的思想对单逻辑关键字进行排序的方法，排序过程基于分配和收集操作进行，而不是基于关键字值的比较。

10. √

堆排序在任何时刻都只需要一个辅助单元用于交换元素。

11. √

当待排序序列基本有序时，每一趟快速排序的过程均不能确保将一个排序区间均匀划分为两个更小的区间，时间效率退化为与冒泡排序相当。

12. ×

所谓堆是指将一个待排序序列按照二叉树的顺序存储结构进行存储，并按照堆定义进行调整后形成的一种结构，其中同一层上的元素值不一定有序，不同层上的元素值也不一定有序，因此无法保证对其进行层序遍历后得到一个有序序列。

13. ×

归并排序在任何情况下均能保持 $O(n\log_2 n)$ 的效率。

14. ×

链式基数排序不是借助关键字值比较进行排序的。

15. ×

归并排序是稳定的。

16. √

锦标赛排序也称为树形选择排序，是对简单选择排序的一种改进方法。

17. √

【综合题】

1. 分析：从上述算法中可以看出，算法的整体结构通过一个双重循环描述，外循环确定循环范围，内循环根据条件进行元素位置的调整。具体调整元素位置的方法是将指定位置的元素与其前面的若干元素进行比较，若构成逆序则交换位置(前一个元素后移一个位置)，直至遇到一个不构成逆序的元素为止停止调整。整个算法所实现的结果与直接插入排序方法完全一致。

结论：直接插入排序算法。

2. 分析：算法中包含一个双重循环，外循环确定了循环的范围，内循环每执行一次，将该范围内的所有元素依次通过元素值的比较，将构成逆序的元素交换位置，最终挑选出最小的元素放到该排序范围的最前面。当外循环将待排序范围不断缩小时，最终的序列中元素均按照指定的有序方式重新组织好。这种排序方法符合简单选择排序的思想。

结论：简单选择排序算法。

3. 分析：根据直接插入排序的思想，首先将待排序序列划分为两个部分，第一部分只包含序列的第一个元素，其他元素构成第二部分。由于包含一个元素的序列肯定有序，故这种设置的结果是：第一部分是一个有序子序列，第二部分构成待排序子序列。开始排序后，每一趟排序均执行以下操作：从第二部分取出第一个元素，将它插入第一部分有序子序列中的正确位置上。包含n个元素的序列需要进行n−1趟排序才能完成。因此，排序过程如下：

元素个数：n=10

初始：{23},{13,17,21,30,60,58,28,31,90}

1：{13,23},{17,21,30,60,58,28,31,90}

2：{13,17,23},{21,30,60,58,28,31,90}

3：{13,17,21,23},{30,60,58,28,31,90}

4：{13,17,21,23,30},{60,58,28,31,90}

5：{13,17,21,23,30,60},{58,28,31,90}

6：{13,17,21,23,30,58,60},{28,31,90}

7：{13,17,21,23,28,30,58,60},{31,90}

8：{13,17,21,23,28,30,31,58,60},{90}

9：{13,17,21,23,28,30,31,58,60,90}

补充说明：排序结果序列中，绿色标记的元素为新插入到有序子序列的元素，红色标记的元素为下一趟将要排序的元素。

4. 分析：冒泡排序的基本思想是每趟排序将待排序序列中的所有元素按照相邻元

素两两比较逆序交换的方式调整位置，通过一趟冒泡排序就可将待排序序列中的最大(小)元素调整到该序列中的最后(前)位置。整个排序过程通过不断缩小待排序区间，逐步完成排序。排序过程如下：

元素个数：n＝8

初始：{29,19,25,47,58,12,51,10}

1：{19,25,29,47,12,51,10},{58}

2：{19,25,29,12,47,10},{51,58}

3：{19,25,12,29,10},{47,51,58}

4：{19,12,25,10},{29,47,51,58}

5：{12,19,10},{25,29,47,51,58}

6：{12,10},{19,25,29,47,51,58}

7：{10},{12,19,25,29,47,51,58}

补充说明：排序结果序列中，红色标记的元素为已经完成排序的元素，下划线标记的元素为该趟排序过程中位置调整过的元素。

5. 分析：冒泡排序的原理同第4题。在冒泡排序期间，如果完成某一趟排序的过程中没有发生相邻元素位置的交换，说明在这一趟排序中不存在逆序情况，即序列的元素已经全部有序，因此排序过程可以提前结束。排序过程如下：

元素个数：n＝9

初始：{76,38,62,53,80,74,83,65,85}

1：{38,62,53,76,74,80,65,83},{85}

2：{38,53,62,74,76,65,80},{83,85}

3：{38,53,62,74,65,76},{80,83,85}

4：{38,53,62,65,74},{76,80,83,85}

5：{38,53,62,65},{74,76,80,83,85}

第5趟无交换，提前结束。

6. 分析：简单选择排序的基本思想是在一趟排序过程中，从待排序序列中挑选一个最小元素，与该序列中的第一个元素交换，构成有序子序列中的最后一个元素，依此类推，逐步完成排序。包含n个元素的待排序序列需要进行n－1趟排序才能完成。排序过程如下：

元素个数：n＝8

初始：{29,18,25,47,58,12,51,10}

1：{10},{18,25,47,58,12,51,29}

2：{10,12},{25,47,58,18,51,29}

3：{10,12,18},{47,58,25,51,29}

4：{10,12,18,25},{58,47,51,29}

5：{10,12,18,25,29},{47,51,58}

6：{10,12,18,25,29,47},{51,58}

7：{10,12,18,25,29,47,51},{58}

补充说明：排序结果序列中，红色标记的元素为已经完成排序的元素，下划线标记的元素为下一趟排序过程中需要调整位置的元素。

7. 分析：希尔排序是插入排序的改进方法，它的基本思想是在一趟排序过程中，将整个待排序序列通过等间距(增量)划分为若干个子序列，分别在各子序列内进行插入排序；然后不断缩小间距(增量)，构造若干新的子序列并分别进行子序列内的插入排序，直到最后一趟设置间距(增量)为1，完成插入排序。其中增量的设置不断缩小，所以又称为缩小增量排序。具体增量序列的设置原则是：第一趟的增量一般取序列元素个数一半的奇数，下一个增量取上一个增量的一半的奇数，最后一个增量固定取1，代表进行一趟标准的直接插入排序。

由于希尔排序的增量值迅速减小，因此增量序列中包含的增量个数远远小于元素个数，而排序趟数直接由增量个数确定，因此排序效率较高。排序过程如下：

元素个数：n=11，增量序列：di=5,3,1

初始：12,2,16,30,8,28,4,10,20,6,18　d1=5　5个子序列，同一子序列的元素颜色相同。

1：12,2,10,20,6,18,4,16,30,8,28　　d2=3　三个子序列

2：4,2,10,8,6,18,12,16,30,20,28　　d3=1

3：2,4,6,8,10,12,16,18,20,28,30

8. 分析：快速排序是对冒泡排序方法的改进，它的基本思想是借助基准元素，对待排序序列进行一次划分(分区)，将所有小于基准元素的记录调整到序列的前部，所有大于等于基准元素的记录调整到序列的后部，并将基准元素调整到序列的中间。通过这样一次划分，在排定基准元素的最终位置的同时产生两个新的更小的待排序序列。整个排序过程通过递归调用分区操作对各子序列进行快速排序，即可完成排序。假设序列中的元素随机分布，则每次分区操作均可将一个待排序序列划分为两个相对均匀的子序列，从而显著减少排序趟数，实现快速排序。

如果没有特别的说明，一般将待排序序列中的第一个元素作为基准元素，进行快速排序。具体过程如下：

元素个数：n=10

初始：{<u>23</u>,13,17,21,30,60,58,28,31,90}

1：{<u>21</u>,13,17},23,{<u>30</u>,60,58,28,31,90}

2：{<u>17</u>,13},21,23,{28},30,{<u>58</u>,60,31,90}

3：{13},17,21,23,28,30,{31},58,{<u>60</u>,90}

4：13,17,21,23,28,30,31,58,60,90

补充说明：排序结果序列中，彩色标记的元素为已经完成排序的元素，花括号标记的序列为由上一趟确定的待排序序列中的基准元素划分出的两个新的子序列，下划线标记的元素为下一趟排序过程中的基准元素。当子序列中只有一个元素时，无须再对此子序列进行排序。

9. 分析：排序原理同第 8 题。排序过程如下：

元素个数：n=11

初始：{12,2,16,30,8,28,4,10,20,6,18}

1：{6,2,10,4,8},12,{28,30,20,16,18}

2：{4,2},6,{10,8},12,{18,16,20},28,{30}

3：2,4,6,8,10,12,16,18,20,28,30

10. 分析：堆排序是对简单选择排序的改进方法。其基本原理是借助完全二叉树的顺序存储结构，将待排序序列中的所有元素从上到下，从左到右依次存放，然后对照堆的定义和具体排序要求将该结构中的元素调整为一个堆。排序过程从构造的初始堆开始，循环执行以下操作：将当前的堆顶元素和堆中的最后一个元素交换(即完成一个元素的排序)，同时将排序范围缩小一个元素，并将新的序列重新调整为符合堆定义的结构，直到堆中只有一个元素时结束排序。具体过程如下：

初始：{47,33,61,82,72,11,25,57}

大顶堆：{82,72,61,57,47,11,25,33}

1：{72,57,61,33,47,11,25,82}

2：{61,57,25,33,47,11,72,82}

3：{57,47,25,33,11,61,72,82}

4：{47,33,25,11,57,61,72,82}

5：{33,11,25,47,57,61,72,82}

6：{25,11,33,47,57,61,72,82}

7：{11,25,33,47,57,61,72,82}

补充说明：初始序列是不符合堆定义的完全二叉树的顺序存储结构。排序前，首先将初始序列构造成一个堆。每一趟堆排序的结果是：一个元素(堆顶)完成排序，其余元素根据堆定义重新构造成一个新的堆。

11. 分析：堆排序的原理同第 10 题。排序过程(用图形描述)如图 1-66 所示。

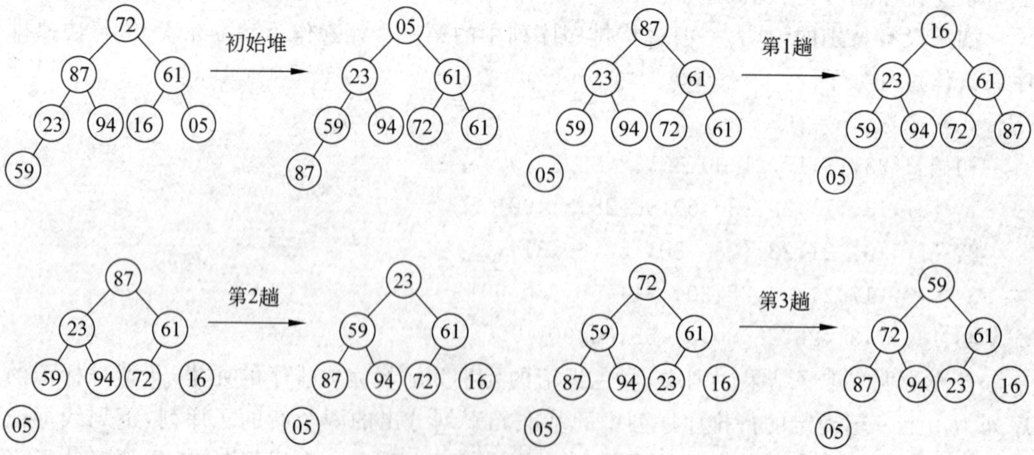

图 1-66　堆排序过程示意图

12. 分析：归并排序的基本思想是将一个包含 n 个元素的待排序序列当成 n 个子序列，每个子序列中均只有一个元素。由于包含一个元素的序列必定是有序序列，因此通过不断归并完成排序。具体方法是通过一趟归并操作将若干相邻的两个有序子序列分别归并为一个有序子序列。通过一系列归并过程最终得到一个有序序列，从而完成归并排序。具体排序过程如下：

初始：{47}，{33}，{61}，{82}，{72}，{11}，{25}，{57}

1：{33，47}，{61，82}，{11，72}，{25，57}

2：{33，47，61，82}，{11，25，57，72}

3：11，25，33，47，57，61，72，82

13. 分析：基数排序是一种不借助关键字值比较进行排序的方法。其基本原理是将待排序序列中的每个关键字看成由不同数位的数字组成多关键字形态，然后按照最低位优先的原则，通过分配和收集的操作实现一趟排序。待关键字中的每个数位都完成一次分配和收集的操作后，最终的序列必定是一个有序序列，从而实现排序的目的。

具体排序过程如下：

第 1 次分配：0 1 2 3 4 5 6 7 8 9

170 61 512 503 275 87 908

462 653 897

第 1 次收集：170 61 512 462 503 653 275 87 897 908

第 2 次分配：0 1 2 3 4 5 6 7 8 9

503 512 653 61 170 87 897

908 462 275

第 2 次收集：503 908 512 653 61 462 170 275 87 897

第 3 次分配：0 1 2 3 4 5 6 7 8 9

61 170 275 462 503 653 897 908

87 512

第 3 次收集：61 87 170 275 462 503 512 653 897 908

1.3 模拟试卷

试 卷 1

一、选择题(每题 2 分,共 40 分)

1. 计算机算法指的是(　　)。

A. 计算方法　　B. 排序方法

C. 解决问题的有限运算序列　　D. 调度方法

2. 表达式 a＊(b＋c)－d 的后缀表达式是(　　)。

A. abcd＋－　　B. abc＋＊d－

C. abc＊＋d－　　D. －＋＊abcd

3. 一个栈的入栈序列是 a,b,c,d,e,则栈的不可能的输出序列是(　　)。

A. edcba　　B. decba　　C. dceab　　D. abcde

4. 非空的循环单链表 head 的尾结点(由 p 所指向)满足(　　)。

A. p－＞next＝＝NULL　　B. p＝＝NULL

C. p－＞next＝＝head　　D. p＝＝head

5. 有一个序列{4,10,6,…},当生成平衡二叉树时,插入值为 6 的结点时应做(　　)类型的平衡调整。

A. LL　　B. LR　　C. RL　　D. RR

6. 设串 s1＝'ABCDEFG',s2＝'PQRST',函数 con (x,y)返回 x 和 y 串的连接串,subs (s,i,j)返回串 s 从序号 i 的字符开始的 j 个字符组成的子串,len(s)返回串 s 的长度,则 con (subs (s1,2,len (s2)),subs (s1,len (s2),2))的结果串是(　　)。

A. BCDEF　　B. BCDEFG　　C. BCPQRST　　D. BCDEFEF

7. 数据结构的二元组定义 DS＝{D,S}中,D 是数据元素的有限集合,而 S 是 D 上(　　)的有限集合。

A. 数组　　B. 数据项　　C. 关系　　D. 操作

8. 矩阵的压缩存储是为多个值相同的元素只分配(　　)个存储空间,对零元素不分配空间。

A. 1　　B. 2　　C. 3　　D. 4

9. 首先访问结点的左子树,然后访问该结点,最后访问结点的右子树,这种遍历称为(　　)。

A. 先序遍历　　B. 中序遍历　　C. 后序遍历　　D. 层次遍历

10. 一个具有 8 个顶点的有向图中,所有顶点的入度之和与所有顶点的出度之和的差等于(　　)。

A. 16　　B. 4　　C. 0　　D. 2

11. 若结点的存储地址与其关键字之间存在某种映射关系，则称这种存储结构为(　　)。

A. 顺序结构　　B. 链式结构　　C. 索引结构　　D. 散列结构

12. 在单链表中，指针 p 指向元素为 x 的结点，实现删除 x 的后继的语句是(　　)。

A. p=p->next;　　B. p->next=p->next->next;

C. p->next=p;　　D. p=p->next->next;

13. 在头指针为 head 且表长大于 1 的单循环链表中，指针 p 指向表中某个结点，若 p->next->next==head，则(　　)。

A. p 指向头结点　　B. p 指向尾结点

C. p 的直接后继是头结点　　D. p 的直接后继是尾结点

14. 广义表 A=(a,(b),(),(c,d,e))的长度为(　　)种。

A. 4　　B. 5　　C. 6　　D. 7

15. 无向图中一个顶点的度是指图中(　　)。

A. 通过该顶点的简单路径数　　B. 与该顶点相邻接的顶点数

C. 与该顶点连通的顶点数　　D. 通过该顶点的回路数

16. 下列排序方法中，平均时间性能为 O(nlogn)且空间性能最好的是(　　)。

A. 快速排序　　B. 堆排序　　C. 归并排序　　D. 基数排序

17. 队和栈的主要区别是(　　)不同。

A. 逻辑结构　　B. 存储结构

C. 所包含的运算个数　　D. 限定插入和删除的位置

18. 对于哈希函数 H(key)=key%13，被称为同义词的关键字是(　　)。

A. 35 和 41　　B. 23 和 39　　C. 15 和 44　　D. 25 和 51

19. 多维数组之所以有行优先顺序和列优先顺序两种存储方式，原因是(　　)。

A. 数组的元素处在行和列两个关系中

B. 数组的元素必须从左到右顺序排列

C. 数组的元素之间存在次序关系

D. 数组是多维结构，内存是一维结构

20. 希尔排序的增量序列必须是(　　)。

A. 递增的　　B. 递减的　　C. 随机的　　D. 非递减的

二、填空题(每空 2 分，共 10 分)

1. 若一个算法的语句频度之和为 T(N)=3720N+4NlogN，则算法的时间复杂度为________。

2. 若以邻接矩阵表示有向图，则邻接矩阵上第 i 行中非零元素的个数即为顶点 vi 的________。

3. 已知循环队列的存储空间大小为 20，且当前队列的头指针和尾指针的值分别为 8 和 3，则该队列的当前长度为________。

4. 在散列函数 H(key)=key%p 中，p 应取________。

5. 在插入排序、希尔排序、选择排序、快速排序、堆排序、归并排序和基数排序中，排序不稳定的有________。

三、判断题（每题 1 分，共 5 分）

1. 在二叉树只有一棵子树的情况下也要明确指出该子树是左子树还是右子树。（　　）

2. 链式存储的线性表可以随机存取。（　　）

3. 所谓平衡二叉树是指左右子树的高度差的绝对值不大于 1 的二叉树。（　　）

4. 理想情况下，在散列表中查找一个元素的时间复杂度为 O(1)。（　　）

5. 满二叉树一定是完全二叉树。（　　）

四、算法分析题（每题 4 分，共 8 分）

1. 函数实现统计一个二叉树中所有叶结点的数目，请在空格处将算法补充完整。

```
void countleaf(Bitree * t,int * count){
    if(t!=NULL){
        if((t->lchild==NULL)&&(________))
            * count++;
        countleaf(t->lchild,count);
        ________;
    }
}
```

2. 阅读算法 f2，并回答下列问题：

(1) 设队列 Q=(1,3,5,2,4,6)，写出执行算法 f2 后的队列 Q。

(2) 简述算法 f2 的功能。

```
void f2(Queue * Q){
    DataType e;
    if (!QueueEmpty(Q)){
        e=DeQueue(Q);
        f2(Q);
        EnQueue(Q,e);
    }
}
```

五、综合题（第 6 题 7 分，其余每题 6 分，共 37 分）

1. 假设通信电文使用的字符集为{a,b,c,d,e,f}，各字符在电文中出现的频度分别为 34,5,12,23,8,18，试为这 6 个字符设计哈夫曼编码。请先画出构造的哈夫曼树（要求树中左孩子结点的权值小于右孩子结点的权值），然后分别写出每个字符对应的编码。

2. 对关键子序列(72,87,61,23,94,16,05,58)进行堆排序,使之按关键字递减次序排列(最小堆),请写出排序过程中得到的初始堆和前三趟的序列状态。

3. 已知图G如下所示,求从顶点a到其余各顶点的最短路径(给出求解过程)。

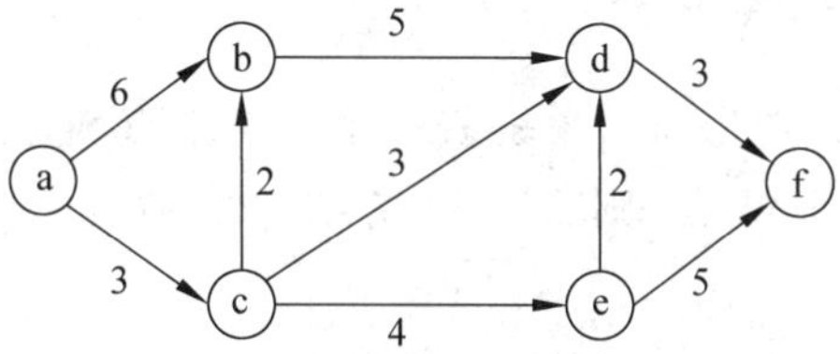

4. 为关键字序列(17,33,31,40,48)构造一个长度为10的散列表,设散列函数为H(key)=key%7,用线性探测法解决冲突,给出构造的散列表,并求出在等概率情况下查找成功时的平均查找长度。

5. 对给定的关键字R=(7,16,4,8,20,9,6)构造一棵二叉排序树(给出构造过程)。

6. 在带头结点的循环链表L中,结点的数据元素为整型,且按值递增有序存放。给定两个整数a和b,且a<b,编写算法删除链表L中元素值大于a且小于b的所有结点。

试 卷 2

一、选择题(每题 2 分,共 40 分)

1. 已知指针 p 和 q 分别指向某单链表中第一个结点和最后一个结点。假设指针 s 指向另一个单链表中某个结点,则在 s 所指结点之后插入上述链表应执行的语句为(　　)。

A. q－＞next＝s－＞next;s－＞next＝p;

B. s－＞next＝p;q－＞next＝s－＞next;

C. p－＞next＝s－＞next;s－＞next＝q;

D. s－＞next＝q;p－＞next＝s－＞next;

2. 除第一层外,满二叉树中每一层结点个数是上一层结点个数的(　　)倍。

A. 1/2　　B. 1　　C. 2　　D. 3

3. 关于栈和队列的说法中正确的是(　　)。

A. 栈和队列都是线性结构　　B. 栈是线性结构,队列不是线性结构

C. 栈不是线性结构,队列是线性结构　　D. 栈和队列都不是线性结构

4. 关于无向图的邻接矩阵的说法中正确的是(　　)。

A. 矩阵中非全零元素的行数等于图中的顶点数

B. 第 i 行上与第 i 列上非零元素总和等于顶点 V_i 的度数

C. 矩阵中的非零元素个数等于图的边数

D. 第 i 行上非零元素个数和第 i 列上非零元素个数一定相等

5. 若线性表的插入和删除操作频繁地在表头或表尾位置进行,则更适宜采用的存储结构为(　　)。

A. 无头结点的双向链表　　B. 带尾指针的循环链表

C. 无头结点的单链表　　D. 带头指针的循环链表

6. 对广义表 L＝((a,b),((c,d),(e,f)))执行 head(tail(head(tail(L))))操作的结果是(　　)。

A. d　　B. e　　C. (e)　　D. (e,f)

7. 设有一个栈,按 A、B、C、D 的顺序进栈,则可能为出栈序列的是(　　)。

A. DCBA　　B. CDAB　　C. DBAC　　D. DCAB

8. 线性表采用链式存储时,其地址(　　)。

A. 必须是连续的　　B. 一定是不连续

C. 部分地址必须连续　　D. 连续与否均可

9. 算法分析的目的是(　　)。

A. 找出算法的合理性　　B. 研究算法的输入输出关系

C. 分析算法的有效性以求改进　　D. 分析算法的易懂性

10. 设有两个串 S1 和 S2,求串 S2 在 S1 中首次出现位置的运算称作(　　)。

A. 连接　　B. 求子串　　C. 模式匹配　　D. 判子串

11. 带头结点的单链表 head 为空的判定条件是(　　)。

A. head==NULL　　B. head->next==NULL

C. head->next==head　　D. head!=NULL

12. 下面程序段的时间复杂度为(　　)。

```
i=s=0;
while(s<n){
    i++;s+=i;
}
```

A. O(n)　　B. $O(n^2)$　　C. O(1)　　D. $O(n\log_2 n)$

13. 数组 a[0..5,0..6]的每个元素占 5 个字节,将其按列优先次序存储在起始地址为 1000 的内存单元中,则元素 a[5,5]的地址是(　　)。

A. 1175　　B. 1180　　C. 1205　　D. 1210

14. 对稀疏矩阵进行压缩存储的目的是(　　)。

A. 便于进行矩阵运算　　B. 便于输入和输出

C. 节省存储空间　　D. 降低运算的时间复杂度

15. 下述结论中正确的是(　　)。

①只有一个结点的二叉树的度为 0;②二叉树的度为 2;③二叉树的左右子树可任意交换;④深度为 k 的完全二叉树的结点个数小于或等于深度相同的满二叉树。

A. ①②③　　B. ②③④　　C. ②④　　D. ①④

16. 在散列函数 H(k)=k%m 中,一般来讲,m 应取(　　)。

A. 奇数　　B. 偶数

C. 不大于哈希表长的最大素数　　D. 充分大的数

17. 在下面的排序方法中,辅助空间为 O(n)的是(　　)。

A. 希尔排序　　B. 堆排序

C. 选择排序　　D. 归并排序

18. 对序列{15,9,7,8,20,-1,4}用希尔排序方法排序,经一趟后序列变为{15,-1,4,8,20,9,7},则此次采用的增量是(　　)。

A. 1　　B. 2　　C. 3　　D. 4

19. 用散列函数求元素在散列表中的存储位置时可能会出现不同的关键字得到相同散列函数值的冲突现象。可用于解决上述问题的是(　　)。

A. 线性探测法　　B. 除留余数法

C. 平方取中法　　D. 折叠法

20. 在一个具有 n 个单元的顺序栈中,假定以 0 单元作为栈底,以 top 为栈顶指针,则当进行出栈处理时,top 变化为(　　)。

A. top++　　B. top--　　C. top 不变　　D. top=0

二、填空题(每空 2 分,共 10 分)

1. 在有序表(12,24,36,48,60,72,84)中二分查找关键字 72 时所需要进行的关键字比较次数为________。

2. 对于一个具有 n 个结点的单链表,在已知 p 指针所指结点后插入一个新结点的时间复杂度是________;在给定值为 x 的结点后插入一个新结点的时间复杂度是________。

3. 在无向图 G 的邻接矩阵 A 中,若 A[i][j]等于 1,则 A[j][i]等于________。

4. 判断线索二叉树中某结点指针 P 所指结点有左孩子的条件是________。

三、判断题(每题 1 分,共 5 分)

1. 数组不适合作为任何二叉树的存储结构。 ( )

2. 用邻接矩阵存储一个图时,在不考虑压缩存储的情况下,所占用的存储空间大小与图中结点个数有关,而与图的边数无关。 ( )

3. 有 n 个顶点的无向图,采用邻接矩阵表示,图中的边数等于邻接矩阵中非零元素之和的一半。 ( )

4. 散列函数越复杂越好,因为这样随机性好,冲突概率小。 ( )

5. 算法的优劣与算法描述语言无关,但与所用计算机有关。 ( )

四、算法分析题(每题 4 分,共 8 分)

1. 函数 EnCycqueue 为循环队列的入队算法,请在横线处将算法补充完整。

```
#define MAXSIZE 100
typedef struct{
    ElemType data[MAXSIZE];
    int rear,front;
}Squeue;
int EnCycqueue(Squeue * sq,ElemType x){
    if(________){
        printf("队满"); return(0);
    }
    ________;
    sq->rear=(sq->rear+1)%MAXSIZE;
    return(1);
}
```

2. 分析下面算法,写出算法的实现功能。

```
void f2(BiTree * t){
    char s;
    BiTree q;
    printf("\nplease input data:(exit for 0)");
    s=getche();
```

```
    if(s=='#'){ * t=NULL; return;}
    q=(BiTree)malloc(sizeof(struct BTNode));
    if(q==NULL){printf("Memory alloc failure!"); exit(0);}
    q->data=s;
    t=q;
    f2(&q->lchild);
    f2(&q->rchild);
}
```

五、综合题(第 6 题 7 分,其余每题 6 分,共 37 分)

1. 已知图 G 如下,采用 Prim 算法构造最小生成树(给出构造过程)。

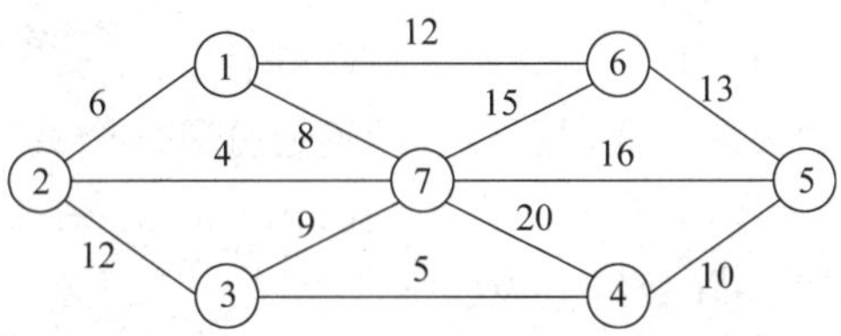

2. 已知关键字序列(22,41,53,46,30,13,01,67),散列地址空间大小为 11,哈希函数 H(key)=3 * key%11,采用链地址法解决冲突,请给出构造的哈希表,并计算该表在等概率下的平均查找长度。

3. 已知一棵二叉树如下所示,写出其三种遍历序列(先序、中序和后序)。

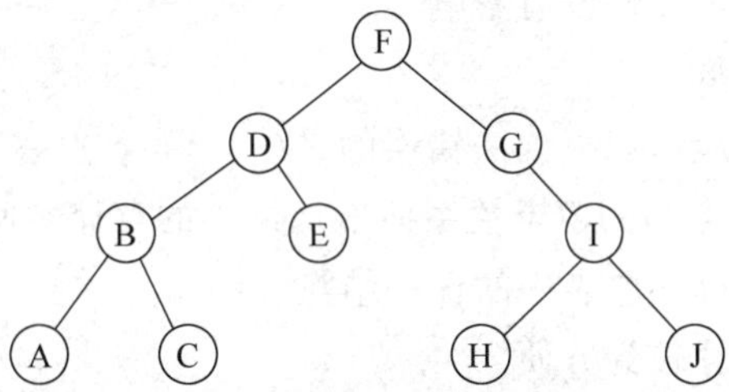

4. 已知有向图 G 如下所示,请给出图的邻接表表示,并根据所给邻接表表示进行深度优先搜索,给出搜索序列。

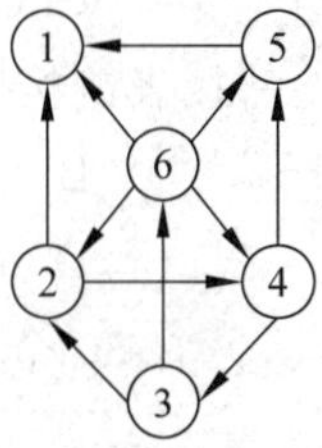

5. 设给定权集 w={2,3,4,7,8,9},试构造关于 w 的一棵哈夫曼树,并求出带权路径长度。

6. 编写算法,在单链表中查找给定值为 x 的结点,若找到,返回结点的地址,否则返回 NULL。

试　卷　3

一、选择题(每题 2 分,共 40 分)

1. 下面关于算法的说法中正确的是(　　)。

A. 算法最终必须由计算机程序实现

B. 为解决某问题的算法与为该问题编写的程序的含义是相同的

C. 算法的可行性是指指令不能有二义性

D. 以上都是错误的

2. 具有线性结构的数据结构是(　　)。

A. 栈　　B. 树　　C. 图　　D. 哈夫曼树

3. 一个有 n 个顶点的无向连通图所包含的连通分量的个数为(　　)。

A. 0　　B. 1　　C. n　　D. n+1

4. 已知串 S='abc',其 next 数组值为(　　)。

A. 011　　B. 112　　C. 123　　D. 121

5. 在散列存储中,装填因子 α 的值越大,则(　　)。

A. 存取元素时发生冲突的可能性就越大

B. 存取元素时发生冲突的可能性就越小

C. 对发生冲突的可能性没有影响

D. 查找效率就越低

6. 对于顺序表的优缺点,以下说法错误的是(　　)。

A. 无须为表示结点间的逻辑关系而增加额外的存储空间

B. 可以方便地随机存取表中的任一结点

C. 插入和删除运算较为方便

D. 由于要求占用连续空间,因此存储分配只能预先进行(静态分配)

7. 具有 n(n>0)个结点的完全二叉树的深度为(　　)。

A. $\lceil \log_2 n \rceil$　　B. $\lfloor \log_2 n \rfloor$　　C. $\lfloor \log_2 n \rfloor+1$　　D. $\lceil \log_2 n+1 \rceil$

8. 在有向图的邻接表中,每个顶点邻接表链接着该顶点所有(　　)邻接点。

A. 入弧　　B. 出弧

C. 入弧和出弧　　D. 不是入弧也不是出弧

9. 若某二叉树中有 30 个叶子结点,另有 30 个结点只有一个子结点,则该二叉树中共有(　　)个结点。

A. 80　　B. 89　　C. 90　　D. 79

10. 有一个序列{4,5,6,…},当生成平衡二叉树时,插入值为 6 的结点时应做(　　)类型的平衡调整。

A. LL　　B. LR　　C. RL　　D. RR

11. 在线性表的散列存储中，若用 m 表示散列表的长度，n 表示待散列存储元素的个数，则装填因子 α 等于(　　)。

A. n/m　　B. m/n　　C. n/(m+n)　　D. m/(n+m)

12. 设有 500 个无序的元素，希望用最快的速度挑选出其中前 10 个最大的元素，最好用(　　)排序法。

A. 堆排序　　B. 快速排序　　C. 插入排序　　D. 基数排序

13. 用顺序存储的方法将完全二叉树中所有结点按层逐个从左到右的顺序存放在一维数组 R[1..n]中，若结点 R[i]有左孩子，则其左孩子是(　　)。

A. R[2i−1]　　B. R[2i]　　C. R[2i+1]　　D. R[i/2]

14. 设单链表中，已知指针 q 所指结点是指针 p 所指结点的直接前驱，若在 q 与 p 之间插入结点 s，则应执行(　　)操作。

A. s−>next=p−>next; p−>next=s

B. q−>next=s; s−>next=p;

C. p−>next=s−>next; s−>next=p;

D. p−>next=s; s−>next=q;

15. 一组记录的序列为{46,79,56,38,40,84}，则利用堆排序的方法建立的初始堆为(　　)。

A. 79,46,56,38,40,84　　B. 84,79,56,38,40,46

C. 84,79,56,46,40,38　　D. 84,56,79,40,46,38

16. 下列哪种图的邻接矩阵是对称的？(　　)。

A. 有向图　　B. 无向图　　C. AOV 网　　D. AOE 网

17. 简单无向图的邻接矩阵是对称的，可以对其进行压缩存储。若无向图 G 有 n 个节点，其邻接矩阵为 A[1..n,1..n]，且压缩存储在 B[1..k] 中，则 k 的值至少为(　　)。

A. $n(n+1)/2$　　B. $n^2/2$

C. $(n-1)(n+1)/2$　　D. $n(n-1)/2$

18. 拓扑排序是指有向图中的所有顶点排成一个线性序列的过程。若在有向图中从顶点 vi 到 vj 有一条路径，则在该线性序列中，顶点 vi 必然在 vj 之前，因此，若不能得到全部顶点的拓扑序列，则说明该图一定是(　　)。

A. 包含回路　　B. 强连通图　　C. 完全图　　D. 有向树

19. 在对查找表的查找过程中，若被查找的数据元素不存在，则把该数据元素插入到集合中。这种方式主要适合于(　　)。

A. 静态查找表　　B. 动态查找表

C. 静态查找表与动态查找表　　D. 静态查找表或动态查找表

20. 已知单链表 A 的长度为 m，单链表 B 的长度为 n，若将 B 连接在 A 的末尾，其时间复杂度应为(　　)。

A. O(1)　　B. O(m)　　C. O(n)　　D. O(m+n)

二、填空题(每空 2 分,共 10 分)

1. 对稀疏矩阵进行压缩存储,常用的两种方法是________和________。

2. 若对二叉排序树进行遍历,保证输出的所有结点序列按键值递增排序,对二叉排序树应进行________遍历。

3. 队列的特点是________,栈的特点是________。

三、判断题(每题 1 分,共 5 分)

1. 完全二叉树的某个结点若无左孩子,则它必然是叶结点。 ( )
2. 折半查找方法可以用于按值有序的线性链表的查找。 ( )
3. KMP 算法的最大特点是指示主串的指针不需回溯。 ( )
4. 广义表中最大子表的深度即为广义表的深度。 ( )
5. 邻接表只能用于存储有向图,而邻接矩阵则可存储有向图和无向图。 ( )

四、算法分析题(每题 4 分,共 8 分)

1. 下面函数采用递归方法,将结点 s 插入到以 * tree 为根结点的二叉排序树中。请在横线处将程序补充完整。

```
void SortTreeInsert(BTREE * BT,BTREE * S){
    if(BT==NULL) BT=S;
    else if(S->data<BT->data)
        SortTreeInsert(_______,S);
    else if(S->data>(* tree)->data);
    SortTreeInsert(_______,S);
}
```

2. 分析下面的函数,写出函数的基本功能。

```
typedef struct{
    char data[MAXSIZE];
    int len;
}sqstring;
intfunc1(sqstring * s,sqstring * t,int start){
    int i=start-1,j=0;
    while(i<s->len&&j<t->len)
        if(s->data[i]==t->data[j]){
            i++;j++;
        }else{
            i=i-j+1;j=0;
        }
    if(j>=t->len)
        return i-t->len+1;
```

```
    else
        return -1;
}
```

五、综合题(第6题7分,其余每题6分,共37分)

1. 已知图G如下所示,写出6种拓扑排序序列。

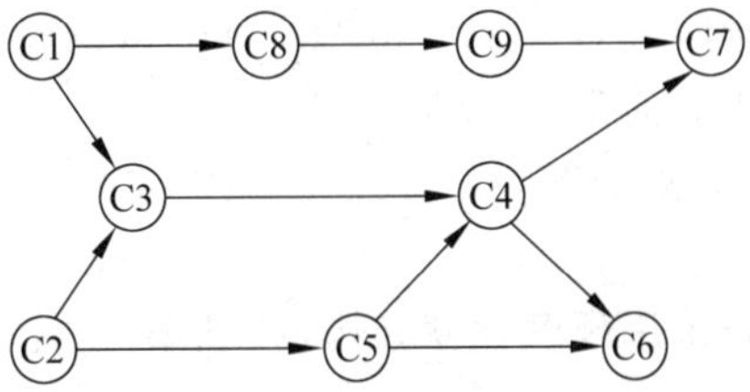

2. 一份电文中有6种字符:A,G,F,U,Y,Z,它们的出现频率依次为12,9,18,7,14,11,完成问题:

(1) 设计一棵哈夫曼树(画出其树结构);

(2) 计算其带权路径长度WPL。

3. 设待排序序列为{10,18,4,3,6,12,1,9,15,8},请写出用希尔排序每一趟的结果,增量序列取5,3,1。

4. 设散列表的长度为10,散列函数为H(k)=k MOD 7,给定的关键码序列为(38,25,74,63,52,48),试写出用线性探查法解决冲突时所构造的散列表,并计算在等概率下成功查找的平均长度。

5. 已知AOE网如下所示,求关键路径(要求写出关键路径求解过程)。

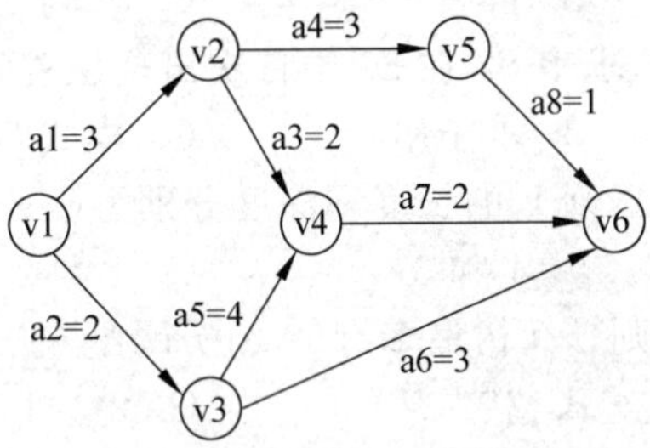

6. 已知一个带头结点的单链表,头指针为head,编写算法删除表中重复元素值。

试　卷　4

一、选择题(每题 2 分,共 40 分)

1. 研究数据结构就是研究数据的(　　)。
   A. 逻辑结构　　B. 存储结构
   C. 逻辑结构和存储结构　　D. 逻辑结构、存储结构及其基本操作

2. 算法分析的两个主要方面是(　　)。
   A. 空间复杂度和时间复杂度　　B. 正确性和简单性
   C. 可读性和文档性　　D. 数据复杂性和程序复杂性

3. 若长度为 n 的线性表采用顺序存储结构,在其第 i 个位置插入一个新元素算法的时间复杂度为(　　)。
   A. $O(\log_2 n)$　　B. O(1)　　C. O(n)　　D. $O(n^2)$

4. 若一个线性表中最常用的操作是取第 i 个元素和找第 i 个元素的前趋元素,则采用(　　)存储方式最节省时间。
   A. 顺序表　　B. 单链表　　C. 双链表　　D. 单循环链表

5. 一个栈的输入序列为 a,b,c,d,e,则栈的不可能输出的序列是(　　)。
   A. a,b,c,d,e　　B. d,e,c,b,a　　C. d,c,e,a,b　　D. e,d,c,b,a

6. 判断一个循环队列 Q(最多 n 个元素)为满的条件是(　　)。
   A. Q－>rear＝＝Q－>front　　B. Q－>rear＝＝Q－>front＋1
   C. Q－>front＝(Q－>rear＋1)%n　　D. Q－>front＝＝(Q－>rear－1)%n

7. 设计一个判别表达式中括号是否配对的算法,采用(　　)数据结构最佳。
   A. 顺序表　　B. 链表　　C. 队列　　D. 栈

8. 设有两个串 S1 和 S2,求串 S2 在 S1 中首次出现位置的运算称作(　　)。
   A. 连接　　B. 求子串　　C. 模式匹配　　D. 判断子串

9. 设广义表 L＝(a,b,c),则 L 的长度和深度分别为(　　)。
   A. 1 和 1　　B. 1 和 3　　C. 1 和 2　　D. 2 和 3

10. 二叉树的深度为 k,则二叉树最多有(　　)个结点。
    A. 2k　　B. 2^{k-1}　　C. 2^k-1　　D. 2k－1

11. 用顺序存储的方法将完全二叉树中所有结点按层逐个从左到右的顺序存放在一维数组 R[1..N]中,若结点 R[i]有右孩子,则其右孩子是(　　)。
    A. R[2i－1]　　B. R[2i＋1]　　C. R[2i]　　D. R[2/i]

12. 对于具有 n 个顶点的图,若采用邻接矩阵表示,则该矩阵的大小为(　　)。
    A. n　　B. n^2　　C. n－1　　D. $(n-1)^2$

13. 如果从无向图的任一顶点出发进行一次深度优先搜索即可访问所有顶点,则该图一定是(　　)。
    A. 完全图　　B. 连通图　　C. 有回路　　D. 一棵树

14. 关键路径是事件结点网络中(　　)。
    A. 从源点到汇点的最长路径　　B. 从源点到汇点的最短路径

C. 最长的回路　　　　　　　　　　　D. 最短的回路

15. 已知一个有序表为(11,22,33,44,55,66,77,88,99),则折半查找 55 需要比较(　　)次。

A. 1　　　　B. 2　　　　C. 3　　　　D. 4

16. 若需要在 $O(n\log_2 n)$的时间内完成对数组的排序,且要求排序是稳定的,则可选择的排序方法是(　　)。

A. 快速排序　　B. 堆排序　　C. 归并排序　　D. 直接插入排序

17. 下列排序方法中(　　)方法是不稳定的。

A. 冒泡排序　　B. 选择排序　　C. 堆排序　　D. 直接插入排序

18. 带头结点的单链表 head 为空的判定条件是(　　)。

A. head==NULL　　　　　　B. head->next==NULL

C. head->next!=NULL　　　　D. head!=NULL

19. 下面(　　)可以判断出一个有向图中是否有环(回路)。

A. 广度优先遍历　　B. 拓扑排序　　C. 求最短路径　　D. 求关键路径

20. 带权有向图 G 用邻接矩阵 A 存储,则顶点 i 的入度等于 A 中(　　)。

A. 第 i 行非无穷的元素之和

B. 第 i 列非无穷的元素个数之和

C. 第 i 行非无穷且非 0 的元素个数

D. 第 i 行与第 i 列非无穷且非 0 的元素之和

二、填空题(每空 2 分,共 10 分)

1. 程序段“i=1;while(i<=n)　i=i*2;”的时间复杂度为________。

2. 设单链表的结点结构为(data,next)。已知指针 p 指向单链表中的结点,q 指向新结点,要将 q 插入到 p 结点之后,则需要执行的语句是________;________。

3. 设栈 S 和队列 Q 的初始状态为空,元素 e1,e2,e3,e4,e5,e6 依次通过栈 S,一个元素出栈后即进入队列 Q,若 6 个元素出队的序列是 e2,e4,e3,e6,e5,e1,则栈的容量至少应该是________。

4. 具有相同函数值的关键字对哈希函数来说称为________。

三、判断题(每题 1 分,共 5 分)

1. KMP 算法的最大特点是指示主串的指针不需要回溯。(　　)

2. 单链表不是一种随机存储结构。(　　)

3. 完全二叉树某结点有右子树,则必然有左子树。(　　)

4. 图的连通分量是无向图的极小连通子图。(　　)

5. 一个稀疏矩阵采用三元组表示,若把三元组中有关行下标与列下标的值互换,并把 mu 和 nu 的值进行互换,则完成了矩阵转置。(　　)

四、算法分析题(每题 4 分,共 8 分)

1. 函数 GetElem 实现返回单链表的第 i 个元素,请在空格处将算法补充完整。

```
int GetElem(LinkList L,int i,Elemtype * e){
    LinkList p;int j;
    p=L->next;j=1;
    while(p&&j<i){
        ________;++j;
    }
    if(!p||j>i) return ERROR;
    * e=________;
    return OK;
}
```

2. 写出下面算法的功能。

```
typedef struct{
    int vexnum,arcnum;
    char vexs[N];
    int arcs[N][N];
}graph;
void funtion(int i,graph * g){
    int j;
    printf("node:%c\n",g->vexs[i]);
    visited[i]=TRUE;
    for(j=0;j<g->vexnum;j++)
        if((g->arcs[i][j]==1)
                &&(!visited[j]))
            function(j,g);
}
```

五、综合题(第 2 题 7 分,其余每题 6 分,共 37 分)

1. 已知一棵二叉树的先序序列为 ABDGJEHCFIKL,中序序列为 DJGBEHACKILF,画出二叉树的形态。

2. 已知图 G 的邻接矩阵如下所示:

$$\begin{Bmatrix} \infty & 6 & 1 & 5 & \infty & \infty \\ 6 & \infty & 5 & \infty & 3 & \infty \\ 1 & 5 & \infty & 5 & 6 & 4 \\ 5 & \infty & 5 & \infty & \infty & 2 \\ \infty & 3 & 6 & \infty & \infty & 6 \\ \infty & \infty & 4 & 2 & 6 & \infty \end{Bmatrix}$$

(1) 求从顶点 1 出发的广度优先搜索序列;

(2) 根据 Prim 算法求图 G 从顶点 1 出发的最小生成树,要求表示出其每一步生成过程(用图或者表的方式均可)。

3. 设哈希表 HT 表长 m 为 13,哈希函数为 H(k)=k MOD m,给定的关键值序列为{19,14,23,10,68,20,84,27,55,11}。试求出用线性探测法解决冲突时所构造的哈希表,并求出在等概率的情况下查找成功的平均查找长度 ASL。

4. 写出用直接插入排序将关键字序列{54,23,89,48,64,50,25,90,34}排序过程的每一趟结果。

5. 一份电文中有 6 种字符：A,B,C,D,E,F,它们的出现频率依次为{16,5,9,3,30,1},完成下列问题：

(1) 设计一棵哈夫曼树(画出其树结构)；

(2) 计算其带权路径长度 WPL。

6. 编写算法,实现带头结点单链表的逆置算法。

1.4 模拟试卷参考答案

试卷 1

一、选择题

1. C 2. B 3. C 4. C 5. D 6. D 7. C 8. A 9. B 10. C 11. D 12. B 13. D 14. A 15. B 16. B 17. D 18. D 19. D 20. B

二、填空题

O(NlogN) 出度 5 小于表长的最大质数 希尔、快速、堆

三、判断题

√ × × √ √

四、算法分析题

1. t－＞rchild＝＝NULL countleaf(t－＞lchild,count)
2. 6,4,2,5,3,1 将队列 Q 逆置

五、综合题

1. 哈夫曼编码。

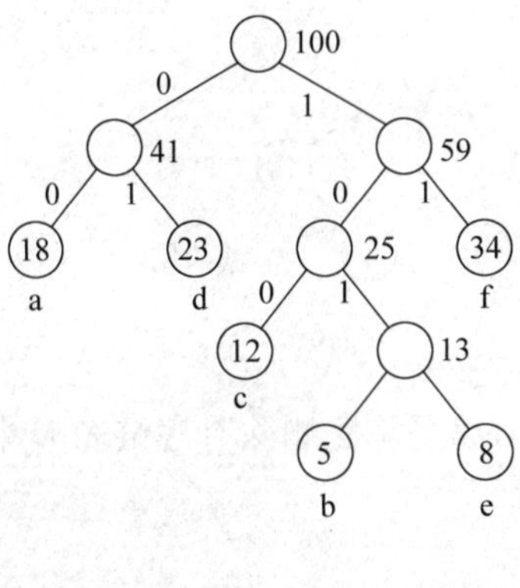

a 00

b 1010

c 100

d 01

e 1011

f 11

2. 堆排序。

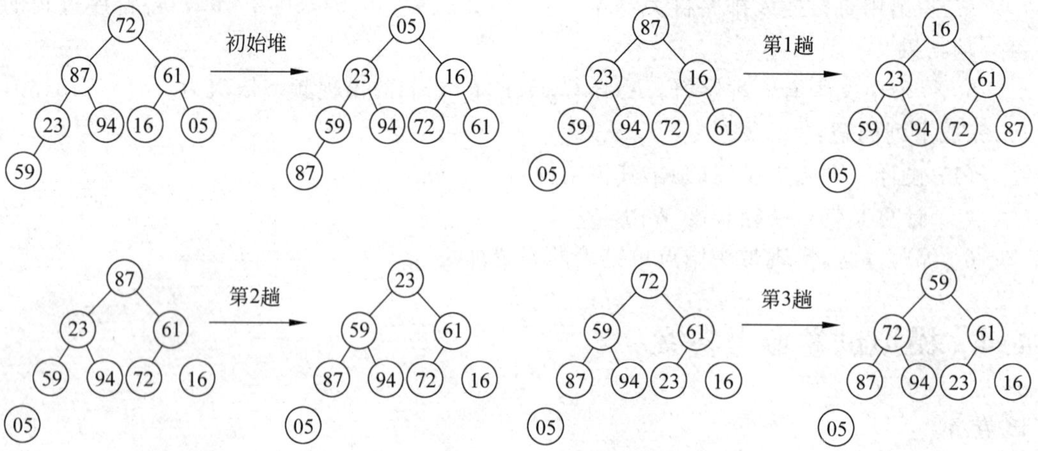

3. 最短路径(从 a 出发)。

终　点	最短路径求解过程				
b	6(a,b)	5(a,c,b)			
c	3(a,c)				
d	∞	6(a,c,d)	6(a,c,d)		
e	∞	7(a,c,e)	7(a,c,e)	7(a,c,e)	
f	∞	∞	∞	9(a,c,d,f)	9(a,c,d,f)
vj	c	b	d	e	f
S	{a,c}	{a,c,b}	{a,c,d}	{a,c,e}	{a,c,d,f}

4. 哈希表。

(1) 表形态:

0	1	2	3	4	5	6	7	8	9	10
			17	31	33	40	48			
			1	2	1	2	2			

(2) ASL(5)=(1*2+2*3)/5=8/5=1.6

5. 二叉排序树。

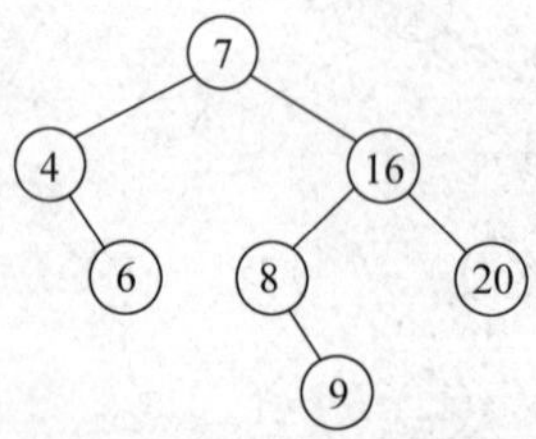

6. 给定两个整数 a 和 b,且 a<b,编写算法删除有序链表 L 中元素值大于 a 且小于 b 的所有结点。

```
void Delete_list(Lnode * head, ElemType a, ElemType b) {
    Lnode * p, * q;
    if(head->next==head) return ERROR;
    q=head; p=head->next;
    while(p) {
        if(p->data>a) && (p->data<b)
            if(p->next==head) {
                head->next=p->next; free(p); }
            else{
                q->next=p->next; free(p);
                p=q->next; }
        else
            {q=p; p=p->next; }
        }
}
```

试卷 2

一、选择题

1. A 2. C 3. A 4. D 5. B 6. D 7. A 8. D 9. C 10. C 11. C
12. A 13. A 14. C 15. D 16. C 17. D 18. D 19. A 20. B

二、填空题

2 O(1) O(n) 1 p－>ltag==0

三、判断题

× √ √ × ×

四、算法分析题

1. (sq－>rear+1)%M==sq－>front sq－>data[sq－>rear]=x
2. 先序遍历方式生成二叉树

五、综合题

1. Prim 算法求最小生成树。

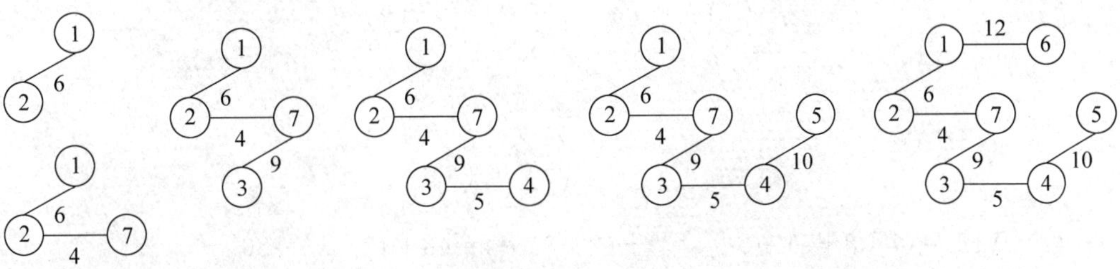

2. 哈希表。

(1) 表形态：

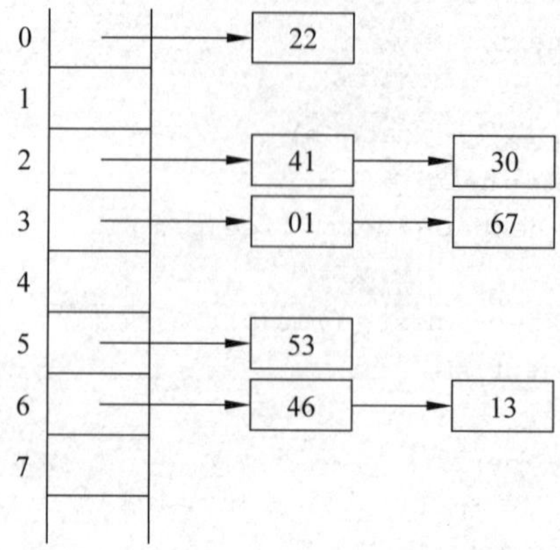

(2) ASL(5 * 1＋3 * 2)/8＝11/8

3. 二叉树遍历。

先序：FDBACEGIHJ　中序：ABCDEFGHIJ　后序：ACBEDHJIGF

4. 图的运算。

(1)邻接表：

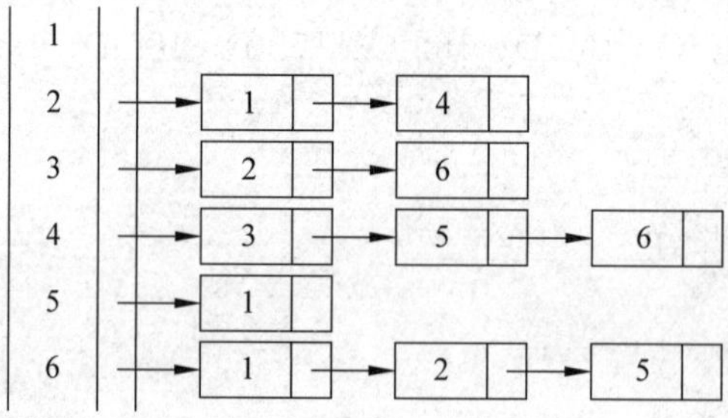

(2) 深度优先搜索序列：1　2　4　3　6　5

5. 哈夫曼树。

(1) 树形态：

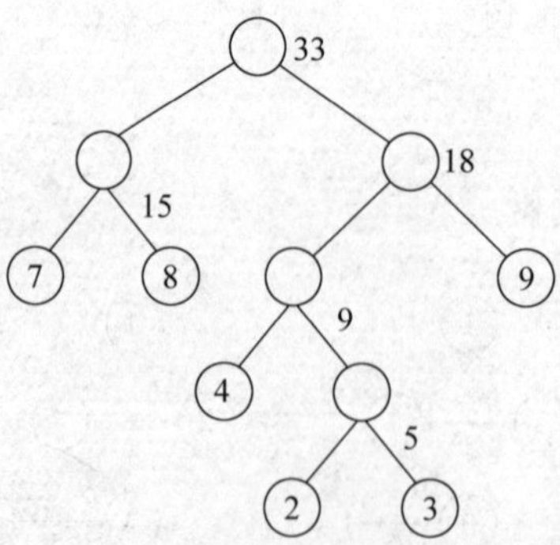

(2) WPL＝(7＋8＋9) * 2＋4 * 3＋(2＋3) * 4＝48＋12＋20＝80

6. 查找单链表中结点 x 的算法。

```
Lnode * Search_link(Lnode * head, ElemType x)
   {Lnode * p;
    p=head;
    while(!p && p->data!=x)
        p=p->next;
    if(!p)
        return NULL;
    else
        return p;
}
```

试卷 3

一、选择题

1. D 2. A 3. B 4. A 5. A 6. C 7. C 8. B 9. B 10. D 11. A
12. A 13. B 14. B 15. B 16. B 17. A 18. A 19. B 20. B

二、填空题

三元组表 十字链表 中序遍历 先进先出 后进先出

三、判断题

√ × √ × ×

四、算法分析题

1. BT－＞lchild BT－＞rchild
2. 串的模式匹配 BF 算法

五、综合题

1. 6 种拓扑排序序列如下：

C1,C2,C3,C8,C9,C5,C4,C6,C7　　C1,C2,C3,C8,C9,C5,C4,C7,C6
C1,C2,C3,C5,C4,C6,C8,C9,C7　　C1,C2,C3,C5,C8,C9,C4,C6,C7
C1,C2,C3,C5,C4,C6,C8,C9,C7　　C1,C2,C3,C5,C8,C4,C6,C9,C7

2. 构造的哈夫曼树如下：

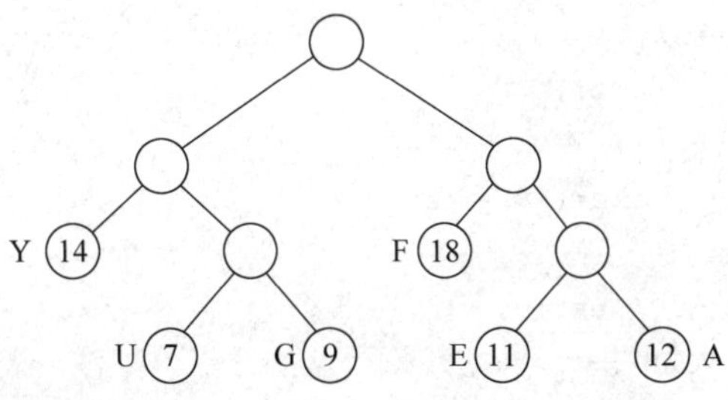

WPL＝181

3．希尔排序每趟结果：

初始：10,18,4,3,6,12,1,9,15,8

增量 5：10,1,4,3,6,12,18,9,15,8

增量 3：3,1,4,8,6,12,10,9,15,18

增量 1：1,3,4,6,8,9,10,12,15,18

4．散列表及平均查找长度。

0	1	2	3	4	5	6	7	8	9
63			38	25	74	52	48		

ASL＝(1×3＋2×2＋4)/6＝11/6

5．关键路径计算如下：

顶点	v1	v2	v3	v4	v5	v6
ve	0	3	2	6	6	8
vl	0	4	2	6	7	8

活动	a1	a2	a3	a4	a5	a6	a7	a8
ee	0	0	3	3	2	2	6	6
el	1	0	4	4	2	5	6	7
		√			√		√	

关键路径：v1,v3,v4,v6　　　　　　关键活动：a2,a5,a7

6．算法如下：

```
void del(linklist head){
    llinklist p,t,pre;
    p=head->next;
    t=p;
    while(p!=NULL){
        pre=t;
        t=t->next;
        do{while(t!=NULL)&&(t->data!=p->data){
                pre=t;
                t=t->next;}
            if(t!=NULL){
                pre->next=t->next;
                free(t);
                t=pre->next;     }
        }while(t!=NULL);
```

```
    p=p->next;
    t=p;}
}
```

试卷 4

一、选择题

1. D 2. A 3. C 4. A 5. C 6. C 7. D 8. C 9. C 10. C 11. B
12. B 13. B 14. A 15. A 16. C 17. C 18. B 19. B 20. B

二、填空题

$O(\log_2 n)$ q−>next=p−>next p−>next=q 3 同义词

三、判断题

√ √ √ × ×

四、算法分析题

1. p=p−>next p−>data
2. 图的深度优先遍历算法

五、综合题

1. 二叉树形态：

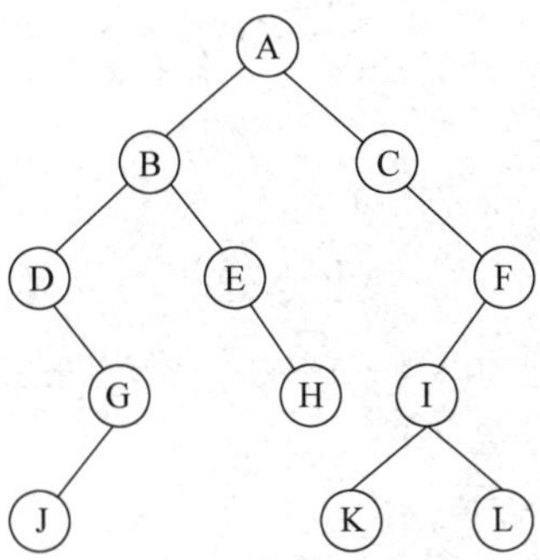

2. (1) 广度优先遍历序列：1;2,3,4;5;6
(2) 最小生成树(Prim 算法)

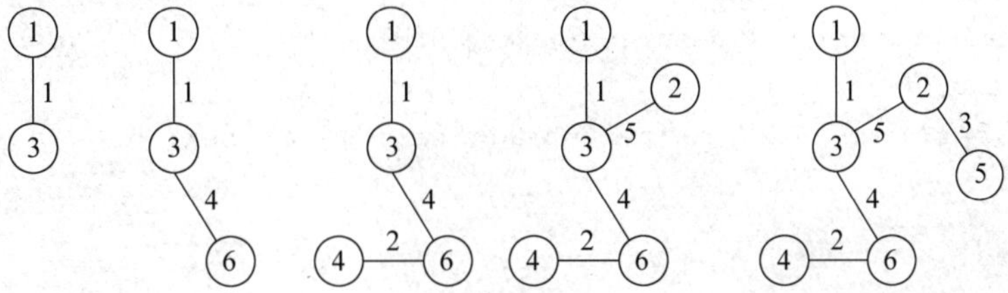

3. 哈希表构造。

(1) 表形态：

0	1	2	3	4	5	6	7	8	9	10	11	12
	14	27	68	55		19	20	84		23	10	11
	1	2	1	2		1	1	3		1	2	2

(2) 平均查找长度：ASL(10)＝(1＊5＋2＊4＋3＊1)/10＝1.6

4. 直接插入排序过程。

初始：54,23,89,48,64,50,25,90,34

1：(23,54),89,48,64,50,25,90,34

2：(23,54,89),48,64,50,25,90,34

3：(23,48,54,89),64,50,25,90,34

4：(23,48,54,64,89),50,25,90,34

5：(23,48,50,54,64,89),25,90,34

6：(23,25,48,50,54,64,89),90,34

7：(23,25,48,50,54,64,89,90),34

8：(23,25,48,50,54,64,89,90,34)

5. 哈夫曼树构造。

(1) 树形态：

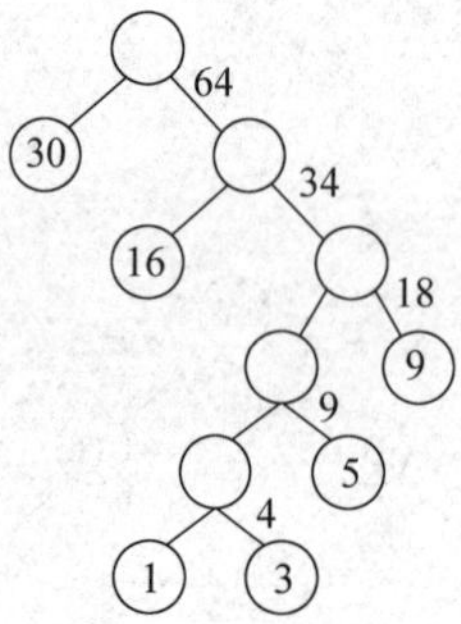

(2) 带权路径长度：WPL＝30＊1＋16＊2＋9＊3＋5＊4＋(1＋3)＊5＝30＋32＋27＋20＋20＝129

6. 带头结点的单链表的逆置算法。

```
void invent(Lnode * head)
    {Lnode * p, * q;
    if(!head->next) return ERROR;
    p=head->next; q=p->next; p->next=NULL;
    while(q)
        {p=q; q=q->next; p->next=head->next; head->next=p;}
    }
```

1.5 冲刺训练

冲刺试卷 1

一、选择题(每题 2 分,共 40 分)

1. 算法是(　　)。

A. 计算机程序　　B. 解决问题的计算方法

C. 排序算法　　D. 解决问题的有限运算序列

2. 线性表采用链式存储时,结点的存储地址(　　)。

A. 必须是连续的　　B. 必须是不连续的

C. 连续与否均可　　D. 和头结点的存储地址相连续

3. 一个非空广义表的表头(　　)。

A. 不可能是子表　　B. 只能是子表

C. 只能是原子　　D. 可以是子表或原子

4. 在一棵具有 5 层的满二叉树中结点总数为(　　)。

A. 31　　B. 32　　C. 33　　D. 16

5. 在无向图中定义顶点 vi 与 vj 之间的路径为从 vi 到 vj 的一个(　　)。

A. 顶点序列　　B. 边序列　　C. 权值总和　　D. 边的条数

6. 一组待排序序列为(46,79,56,38,40,84),则利用堆排序的方法建立的初始堆为(　　)。

A. 79,46,56,38,40,80　　B. 84,79,56,38,40,46

C. 84,79,56,46,40,38　　D. 84,56,79,40,46,38

7. 某算法的语句执行频度为($3n+n\log_2 n+n^2+8$),其时间复杂度表示(　　)。

A. $O(n)$　　B. $O(n\log_2 n)$　　C. $O(n^2)$　　D. $O(\log_2 n)$

8. 树的后根遍历序列等价于该树对应的二叉树的(　　)。

A. 先序序列　　B. 中序序列　　C. 后序序列　　D. 层序序列

9. 队列的插入操作是在(　　)。

A. 队尾　　B. 队头

C. 队列任意位置　　D. 队头元素后

10. 循环队列的队头和队尾指针分别为 front 和 rear,则判断循环队列为空的条件是(　　)。

A. front==rear　　B. front==0

C. rear==0　　D. front=rear+1

11. 在一个长度为 n 的顺序表中删除第 i 个元素需要向前移动(　　)个元素。

A. n−i　　B. n−i+1　　C. n−i−1　　D. i+1

12. 一个顺序栈 S,其栈顶指针为 top,则将元素 e 入栈的操作是(　　)。

A. ＊S－＞top＝e;S－＞top＋＋;　　B. S－＞top＋＋;＊S－＞top＝e;

C. ＊S－＞top＝e　　D. S－＞top＝e;

13. 串与普通的线性表相比较,它的特殊性体现在(　　)。

A. 顺序的存储结构　　B. 链式存储结构

C. 数据元素是一个字符　　D. 数据元素任意

14. 将一棵有 100 个结点的完全二叉树从根这一层开始,每一层上从左到右依次对结点进行编号,根结点的编号为 1,则编号为 49 的结点的左孩子编号为(　　)。

A. 98　　B. 99　　C. 50　　D. 48

15. 在有向图的逆邻接表中,每个顶点邻接表链接着该顶点所有(　　)邻接点。

A. 入边　　B. 出边

C. 入边和出边　　D. 不是出边也不是入边

16. 顺序查找方法适合存储结构为(　　)的线性表。

A. 散列存储　　B. 索引存储

C. 散列存储或索引存储　　D. 顺序存储或链式存储

17. 快速排序方法在(　　)情况下最不利于发挥其长处。

A. 要排序的数据量太大　　B. 要排序的数据中有多个相同值

C. 要排序的数据已基本有序　　D. 要排序的数据个数为奇数

18. 若广义表 A 满足 GETHead(A)＝GETTail(A),则 A 是(　　)。

A. ((()))　　B. (())　　C. ((),())　　D. ((),(),())

19. 对某二叉树进行先序遍历的结果为 ABDEFC,中序遍历的结果为 DBFEAC,则后序遍历的结果是(　　)。

A. DBFEAC　　B. DFEBCA　　C. BDFECA　　D. BDEFAC

20. 解决哈希冲突的主要方法有(　　)。

A. 数字分析法、除余法、平方取中法

B. 数字分析法、除余法、线性探测法

C. 数字分析法、线性探测法、再哈希法

D. 线性探测法、再哈希法、链地址法

二、填空题(每空 2 分,共 10 分)

1. 具有 n 个结点的完全二叉树的深度是________。

2. 一个连通图的生成树是一个________,它包含图中所有顶点,但只有足以构成一棵树的 n－1 条边。

3. 一个循环队列 Q 的存储空间大小为 M,其队头和队尾指针分别为 front 和 rear,则循环队列中元素的个数为________。

4. 哈夫曼树是其树的带权路径长度________的二叉树。

5. 在一棵二叉排序树上实施________遍历后,其关键字序列是一个有序表。

三、判断题(每题 1 分,共 5 分)

1. AVL 是一棵二叉树,其树上任一结点的平衡因子的绝对值不大于 1。 (　　)
2. 图的深度优先搜索序列和广度优先搜索序列不是唯一的。 (　　)
3. 稀疏矩阵压缩存储后必会失去随机存取功能。 (　　)
4. 栈和队列都是受限的线性结构。 (　　)
5. 在单链表中要访问某个结点,只要知道该结点的地址即可,因此单链表是一种随机存取结构。 (　　)

四、程序填空题(每题 4 分,共 8 分)

1. 函数 ListDelete_sq 实现顺序表删除算法,请在空格处将算法补充完整。

```
int ListDelete_sq(Sqlist * L,int i){
    int k;
    if(i<1||i>L->length) return ERROR;
    for(k=i-1;k<L->length-1;k++)
        L->slist[k]=________;
    ________;
    return OK;
}
```

2. 写出下面算法的功能。

```
Bitree * function(Bitree * bt){
    Bitree * t, * t1, * t2;
    if(bt==NULL)
        t=NULL;
    else{
        t=(Bitree * )malloc(sizeof(Bitree));
        t->data=bt->data;
        t1=function(bt->left);
        t2=function(bt->right);
        t->left=t2;
        t->right=t1;
    }
    return(t);
}
```

五、综合题(第 6 题 7 分,其余每题 6 分,共 37 分)

1. 已知权值集 w={8,6,3,2,7,24},请构造一棵 Haffman 树(约定严格按照权值不等时左小右大,权值相等时左低右高组织),并求 WPL。

2. 有一组关键字序列{13,16,6,34,32,98,73,1,27},哈希表的表长为 13,哈希函数为 H(key)＝key MOD 13，冲突解决的办法为链地址法，请构造哈希表(用图表示)。

3. 给定关键字序列为{29,18,25,47,58,12,51,10}，试用简单选择排序法升序排序，写出每一趟排序的结果。

4. 已知一个 AOE 网 G 如下图所示，试求其关键路径。

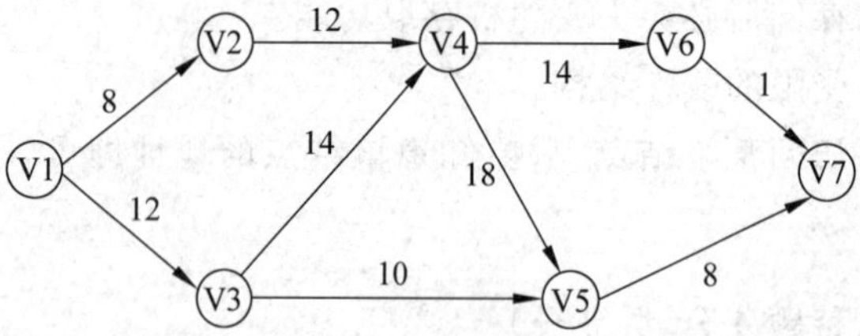

5. 已知稀疏矩阵如下图所示，请画出对应的十字链表压缩存储结构图。

$$A=\begin{bmatrix} 0 & 1 & 0 & 0 & 5 \\ 4 & 0 & 0 & 0 & 0 \\ 0 & 0 & 0 & 7 & 0 \\ 0 & 6 & 0 & 0 & 0 \\ 8 & 0 & 9 & 0 & 0 \\ 0 & 0 & 0 & 0 & 0 \end{bmatrix}$$

6. 已知长度为 n 的单链表 L 编写算法删除从第 i 个结点开始(包括第 i 个结点)连续 k 个结点。

冲刺试卷 2

一、选择题(每题 2 分,共 40 分)

1. 将长度为 n 的单链表连接在长度为 m 的单链表之后的算法的时间复杂度为(　　)。

A. O(1)　　B. O(n)　　C. O(m)　　D. O(m+n)

2. 线性表的顺序存储结构是一种(　　)存储结构。

A. 随机存取　　B. 顺序存取　　C. 索引存取　　D. 散列存取

3. 数据的(　　)包括查找、插入、删除、更新、排序等操作类型。

A. 存储结构　　B. 逻辑结构　　C. 基本运算　　D. 算法描述

4. 顺序表中插入一个元素所需移动的元素平均数是(　　)。

A. (n-1)/2　　B. n　　C. n+1　　D. (n+1)/2

5. 循环链表的主要优点是(　　)。

A. 不再需要头指针

B. 已知某结点位置后能容易找到其直接前驱

C. 在进行插入、删除运算时能保证链表不断开

D. 在表中任一结点出发都能扫描整个链表

6. 带权有向图 G 用邻接矩阵 A 存储,则顶点 i 的入度为 A 中(　　)。

A. 第 i 行非∞的元素之和　　B. 第 i 列非∞的元素之和

C. 第 i 行非∞且非 0 的元素个数　　D. 第 i 列非∞且非 0 的元素个数

7. 依次在初始为空的队列中插入元素 a,b,c,d 以后,紧接着做了两次删除操作,此时的队头元素是(　　)。

A. a　　B. b　　C. c　　D. d

8. 广义表 A=((　　),(a),(b,(c,d)))的长度为(　　)。

A. 2　　B. 3　　C. 4　　D. 5

9. 采用邻接表存储的图的宽度优先遍历算法类似于二叉树的(　　)。

A. 先序遍历　　B. 中序遍历　　C. 后序遍历　　D. 按层次遍历

10. 正常情况下,删除非空的顺序存储结构的堆栈的栈顶元素,栈顶指针 top 的变化是(　　)。

A. top 不变　　B. top=0　　C. top=top+1　　D. top=top-1

11. 常对数组进行的两种基本操作是(　　)。

A. 建立和删除　　B. 索引和修改　　C. 查找和修改　　D. 查找与索引

12. 一个具有 n 个顶点的有向图最多有(　　)条边。

A. n×(n-1)/2　　B. n×(n-1)　　C. n×(n+1)/2　　D. n2

13. m 阶 B⁻树中的 m 是指(　　)。

A. 每个结点至少具有 m 棵子树　　B. 每个结点最多具有 m 棵子树

C. 分支结点中包含的关键字个数　　　　D. m 阶 B⁻树的深度

14. 在线索二叉树中，t 所指结点没有左子树的充要条件是(　　)。

A. t－＞left＝＝NULL

B. t－＞ltag＝＝1

C. t－＞ltag＝＝1&&t－＞left＝＝NULL

D. 以上都不对

15. 一个待散列的线性表为 k＝{18,25,63,50,42,32,9}，散列函数为 H(k)＝k MOD 9，与 18 发生冲突的元素有(　　)个。

A. 1　　　　B. 2　　　　C. 3　　　　D. 4

16. 任何一棵二叉树的叶结点在先序、中序和后序遍历序列中的相对次序(　　)。

A. 不发生改变　　B. 发生改变　　C. 不能确定　　D. 以上都不对

17. 对一些特殊矩阵采用压缩存储的目的主要是为了(　　)。

A. 表达变得简单　　　　B. 对矩阵元素的存取变得简单

C. 去掉矩阵中的多余元素　　　　D. 减少不必要的存储空间的开销

18. 设有一个 10 阶的对称矩阵 A，采用压缩存储方式，以行序为主存储，a11 为第一个元素，其存储地址为 1，每个元素占一个地址空间，则 a85 的地址为(　　)。

A. 13　　　　B. 33　　　　C. 18　　　　D. 40

19. 假定在一棵二叉树中，度为 2 的结点数为 15，度为 1 的结点数为 30，则叶子结点数为(　　)个。

A. 15　　　　B. 16　　　　C. 17　　　　D. 47

20. 在对查找表的查找过程中，若被查找的数据元素不存在，则把该数据元素插到集合中，这种方式主要适合于(　　)。

A. 静态查找表　　　　B. 动态查找表

C. 静态查找表和动态查找表　　　　D. 两种表都不适合

二、填空题(每空 2 分，共 10 分)

1. 在插入和选择排序中，若初始数据基本正序，则选用________；若初始数据基本反序，则选用________。

2. 在散列函数 H(key)＝key%p 中，p 应取________。

3. 带头结点的单链表 head 为空的条件是________。

4. 二维数组可以按照________两种不同的存储方式。

三、判断题(每题 1 分，共 5 分)

1. AOV 网是一个带权的有向图。　　(　　)

2. 广义表的长度是指广义表中括号嵌套的层数。　　(　　)

3. 对于任意非空二叉树，要设计其后序遍历的非递归算法而不使用堆栈结构，最适合的方法是对该二叉树采用三叉链表。　　(　　)

4. 从源点到终点的最短路径是唯一的。　　(　　)

5. 在线性表的顺序存储结构中，逻辑上相邻的两个元素在物理位置上不一定是相邻的。 (　　)

四、程序填空题（每题 4 分，共 8 分）

1. 函数实现串的模式匹配算法，请在空格处将算法补充完整。

```
int index_bf(sqstring * s,sqstring * t,int start){
    int i=start-1,j=0;
    while(i<s->len&&j<t->len)
        if(s->data[i]==t->data[j]){
            i++;j++;
        }
        else{
            i=________;j=0;
        }
    if(j>=t->len)
        return ________;
    else
        return -1;
}
```

2. 写出算法的功能。

```
int Function(LNode * head){
    int n=0;
    LNode * p;
    p=head;
    while(p!=NULL) {
        p=p->next;
        n++;
    }
    return(n);
}
```

五、综合题（第 6 题 7 分，其余每题 6 分，共 37 分）

1. 已知一个无向图 G 如下图所示，请画出顶点按字典序排列的邻接表存储结构（邻接单链表降序排列），并求对应的 BFS 生成树。

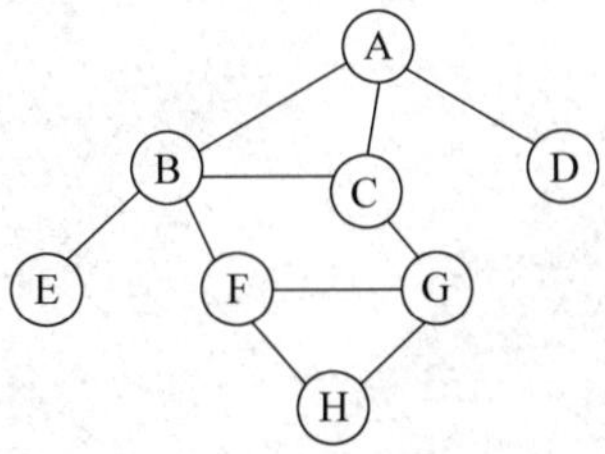

2. 已知一棵二叉树如下图所示，请画出该树对应的中序线索二叉树形态。

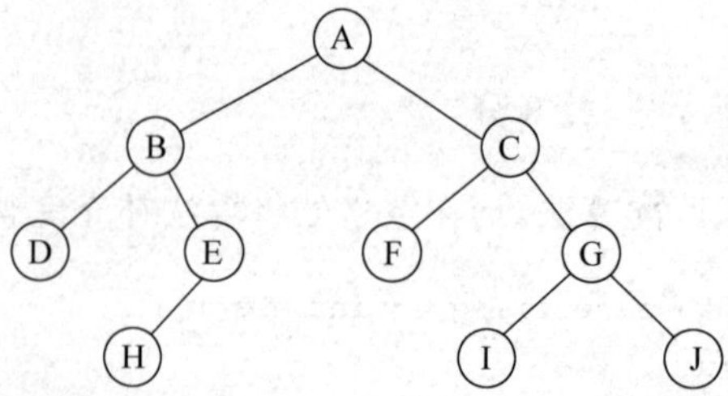

3. 给定关键字序列为{19,16,9,45,28,5,31,10}，试画出构造一棵二叉排序树的过程。

4. 已知一个 AOE 网 G 如下图所示，试求其关键路径。

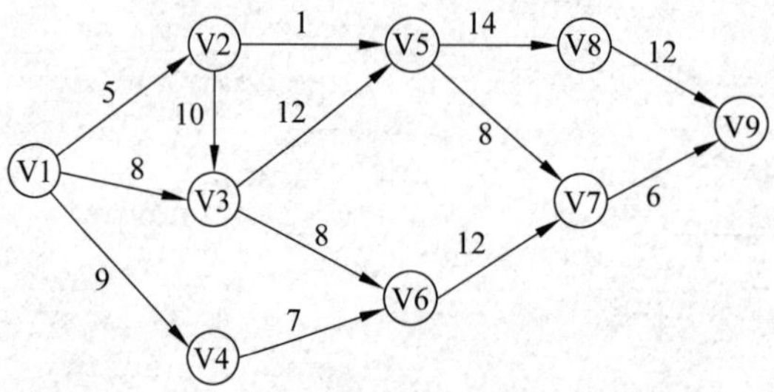

5. 设散列表的长度为 m=13，散列函数为 H(k)=k MOD m，给定的关键码序列为{19,14,23,1,68,20,84,27,55,11,13,7}，试写出用线性探查法解决冲突时所构造的散列表。

6. 已知长度为 n 的顺序表 L，试编写算法找到值最小的元素，并输出元素的值和对应的下标。

冲刺试卷 3

一、选择题(每题 2 分,共 40 分)

1. 若需将一个栈 S 中的元素逆置,则以下处理方式中正确的是(　　)。

   A. 将栈 S 中元素依次出栈并入栈 T,然后栈 T 中元素依次出栈并进入栈 S

   B. 将栈 S 中元素依次出栈并入队,然后使该队列元素依次出队并进入栈 S

   C. 直接交换栈顶元素和栈底元素

   D. 直接交换栈顶指针和栈底指针

2. 设数组 a[1..3][1..4]中的元素以列为主序存放,每个元素占有一个存储单元,则数组元素 a[2,3]相对于数组空间首地址的偏移量为(　　)。

   A. 6　　B. 7　　C. 8　　D. 9

3. 若 in、out 分别表示入、出队操作,初始队列为空且元素 a,b,c 依次入队,则经过操作序列 in、in、out、out、in、out 之后得到的出队序列为(　　)。

   A. cba　　B. bac　　C. bca　　D. abc

4. 数组是一种数据结构,对数组通常进行的两种基本操作是(　　)。

   A. 插入和删除　　B. 插入和赋值　　C. 查找和修改　　D. 查找和删除

5. 判断一个表达式中左右括号是否匹配,采用(　　)实现较为方便。

   A. 线性表的顺序存储　　B. 队列

   C. 线性表的链式存储　　D. 栈

6. 若线性表最常用的运算是插入和删除。插入运算是指在表尾插入一个新元素,删除运算是指删除表头第一个元素,那么采用(　　)存储方式最节省运算时间。

   A. 仅有尾指针的单向循环链表　　B. 仅有头指针的单向循环链表

   C. 单向链表　　D. 双向链表

7. 在一棵非空二叉树中,叶子结点的总数比度为 2 的结点总数多(　　)。

   A. −1　　B. 0　　C. 1　　D. 2

8. 若 n 表示问题的规模,O(f(n))表示算法的时间复杂度随 n 变化的增长趋势,则算法时间复杂度最小的是(　　)。

   A. $O(n^2)$　　B. O(n)　　C. O(logn)　　D. O(nlogn)

9. 对 n 个元素的有序序列进行二分查找时,(　　)。

   A. 查找元素所需的比较次数与元素的位置无关

   B. 查找序列中任何一个元素所需要的比较次数不超过$\lfloor \log_2 n+1 \rfloor$

   C. 元素位置越靠近序列后端,查找该元素所需的比较次数越少

   D. 元素位置越靠近序列前端,查找该元素所需的比较次数越少

10. 下面程序段的时间复杂度是(　　)。

```
i=1;
while(i<=n)
```

```
i=i*3;
```

A. O($\log_3$n)　　B. O(n)　　C. O(n3)　　D. O(1)

11. 在数据结构中，从逻辑上可以把数据结构分成(　　)。

A. 动态结构和静态结构　　B. 紧凑结构和非紧凑结构

C. 线性结构和非线性结构　　D. 内部结构和外部结构

12. 设有两个串S1和S2，求串S2在S1中首次出现位置的运算称作(　　)。

A. 连接　　B. 求子串　　C. 模式匹配　　D. 判断子串

13. 如果从无向图的任一顶点出发进行一次深度优先搜索即可访问所有顶点，则该图一定是(　　)。

A. 完全图　　B. 连通图　　C. 有回路　　D. 一棵树

14. 已知串S='ababcdab'，则next数组值为(　　)。

A. 01123112　　B. 11231122　　C. 01231122　　D. 01211211

15. 采用邻接表存储的图，其深度优先遍历类似于二叉树的(　　)。

A. 中序遍历　　B. 先序遍历　　C. 后序遍历　　D. 按层次遍历

16. 一个非空广义表的表头(　　)。

A. 不可能是子表　　B. 只能是子表

C. 只能是原子　　D. 可以是子表或原子

17. 设数组data[m]作为循环队列SQ的存储空间，front为队头指针，rear为队尾指针，则执行出队操作后其头指针front的值为(　　)。

A. front=front+1　　B. front=(front+1)%(m-1)

C. front=(front-1)%m　　D. front=(front+1)%m

18. 设有一个带权无向图G，如果图中各边的权均不同，则其最小生成树形态(　　)。

A. 唯一　　B. 不唯一　　C. 不一定　　D. 都不对

19. 若线性表采用链式存储结构，则适用的查找方法是(　　)。

A. 随机查找　　B. 散列查找　　C. 二分查找　　D. 顺序查找

20. 一组记录的排序码为(46,79,56,38,40,84)，则利用堆排序的方法建立的初始堆为(　　)。

A. 79,46,56,38,40,84　　B. 38,40,56,79,46,84

C. 84,79,56,46,40,38　　D. 84,56,79,40,46,38

二、填空题(每空2分,共10分)

1. 如果根结点层次为1，具有61个结点的完全二叉树的高度是________。

2. 字符串"computer"中长度为3的子串为________个。

3. 具有n个顶点的无向图最多含有________条边。

4. 无向图的邻接矩阵一定是________。

5. 从未排序的序列中依次取出一个元素与已排序序列中的元素进行比较，然后将其放在已排序序列的合适位置上，该排序方法称为________。

三、判断题(每题 1 分,共 5 分)

1. 顺序存储方式只能用于存储线性结构。 ( )
2. 平衡二叉树是指左右子树的高度差的绝对值不大于 1 的二叉树。 ( )
3. 图的深度优先搜索序列和广度优先搜索序列不是唯一的。 ( )
4. 采用线性探测法处理冲突的散列表中,所有同义词在表中相邻。 ( )
5. 广义表是一种多层次的数据结构,其元素可以是单原子,也可以是子表。 ( )

四、程序题(每题 4 分,共 8 分)

1. 下面程序判断表达式中括号的匹配情况,请在横线处将程序补充完整。

```
int main(){
    char s[m];
    int i,k;
    printf("create a empty stack!\n");
    sp=malloc(sizeof(stacknode));
    init(sp);
    printf("input a expression:\n");
    gets(s);
    for(i=0;i<strlen(s);i++){
        if(s[i]=='(')
            push(sp,________);
        if(s[i]==')')
            pop(sp);
        }
        if(________)
            printf("'('match')'!\n");
        else
            printf("'('not match')'!\n");
        }
        return 0;
    }
}
```

2. 分析下面串的模式匹配算法,写出是哪种模式匹配算法。

```
int index (SqString * s,SqString * t,int start,int next[]){
    int i=start-1,j=0;
        while(i<s->length&&j<t->length)
            if(j==-1||s->data[i]==t->data[j]){
                i++;j++;
            }
            else j=next[j];
        if(j>=t->length)
```

```
            return(i-t->length+1);
        else
            return(-1);
}
```

五、综合题(第 6 题 7 分,其余每题 6 分,共 37 分)

1. 写出利用简单选择排序方法对一组关键码为(54,38,96,23,15,72,60)的记录进行排序时每趟排序的结果。

2. 已知一棵二叉树的中根遍历序列和后根遍历序列分别为 BDAFEHGC 和 DBFHGECA,试画出这棵二叉树。

3. 一个森林如下图所示,试将其转换成一棵二叉树。

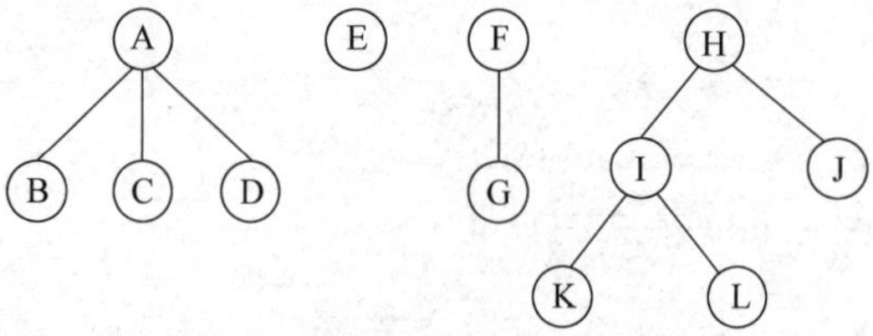

4. 一个无向图如下所示,试画出对应字典序的邻接矩阵存储结构,并求从顶点 A 出发的 DFS 生成树。

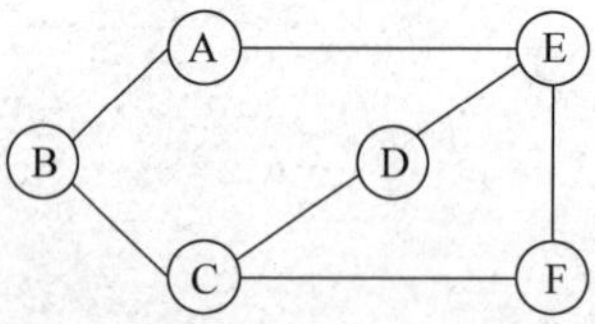

5. 给定一个 AOE 网如下图所示,试求其关键路径。

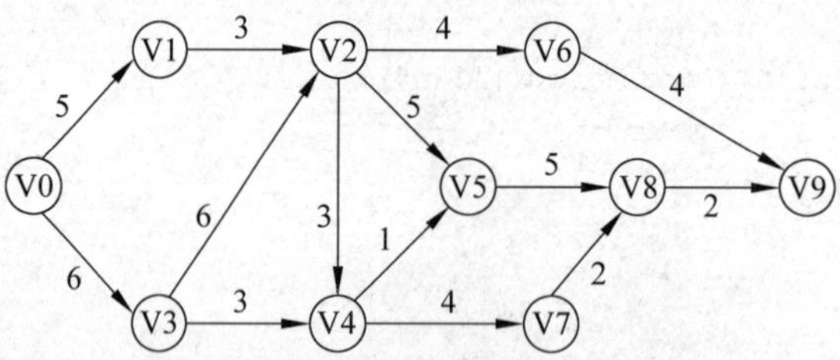

6. 编写算法,在一个带头结点的单链表中删除第 i 个结点。

冲刺试卷 4

一、选择题(每题 2 分,共 40 分)

1. 某队列初始为空,若它的输入序列为 a,b,c,d,则它的输出序列应为(　　)。

A. a,b,c,d　　B. d,c,b,a　　C. a,c,b,d　　D. d,a,c,b

2. 广义表中的元素可分为(　　)。

A. 原子元素　　B. 表元素

C. 原子元素或表元素　　D. 任意元素

3. 具有 6 个顶点的无向图至少应该有(　　)条边才能保证是一个连通图。

A. 4　　B. 5　　C. 6　　D. 7

4. 以下说法错误的是(　　)。

A. 散列法存储的基本思想是由关键码值决定数据的存储地址

B. 散列表的结点中只包含数据元素自身的信息,不包含任何指针

C. 装填因子是散列的一个重要参数,它反映了散列表的装填程度

D. 散列表的查找效率主要取决于散列表造表时选取的散列函数和处理冲突的方法

5. 设 a、b 为一棵二叉树上的两个结点,在中序遍历时,a 在 b 前面的条件是(　　)。

A. a 在 b 的右方　　B. a 在 b 的左方

C. a 是 b 的祖先　　D. a 是 b 的子孙

6. 串是任意有限个(　　)。

A. 符号构成的集合　　B. 符号构成的序列

C. 字符构成的集合　　D. 字符构成的序列

7. 在一个长度为 n 的顺序表中,在第 i 个元素之前插入一个新元素时须向后移动(　　)个元素。

A. n－i　　B. n－i＋1　　C. n－i－1　　D. i

8. 含 n 个关键字的二叉排序树的平均查找长度主要取决于(　　)。

A. 关键字的个数　　B. 树的形态

C. 关键字的取值范围　　D. 关键字的数据类型

9. 设顺序表有 19 个元素,第一个元素的地址为 200,且每个元素占 3 个字节,则第 14 个元素的存储地址为(　　)。

A. 236　　B. 239　　C. 242　　D. 245

10. 非空的单循环链表的头指针为 head,尾指针为 rear,则下列条件成立的是(　　)。

A. rear－>next＝＝head　　B. rear－>next－>next＝＝head

C. head－>next＝＝rear　　D. head－>next－>next＝＝rear

11. 下列关键字序列中,构成小根堆的是(　　)。

A. {84,46,62,41,28,58,15,37}

B. {84,62,58,46,41,37,28,15}

C. {15,28,46,37,84,41,58,62}

D. {15,28,46,37,84,58,62,41}

12. 图的广度优先搜索类似于树的(　　)遍历。

A. 先序　　B. 中序　　C. 后序　　D. 层次

13. 常对数组进行的两种基本操作是(　　)。

A. 建立与删除　　B. 索引和修改

C. 对数据元素的存取和修改　　D. 查找与索引

14. 对于有向图,其邻接矩阵表示相比邻接表表示更易于进行的操作为(　　)。

A. 求一个顶点的邻接点　　B. 求一个顶点的度

C. 深度优先遍历　　D. 广度优先遍历

15. 关于算法与数据结构的关系,(　　)是正确的。

A. 算法的实现依赖于数据结构的设计

B. 算法的效率与数据结构无关

C. 数据结构越复杂,算法的效率越高

D. 数据结构越简单,算法的效率越高

16. 栈结构通常采用的两种存储结构是(　　)。

A. 顺序存储结构和链表存储结构

B. 散列方式和索引方式

C. 链表存储结构和数组

D. 线性存储结构和非线性存储结构

17. 在一棵深度为 h 的完全二叉树中,结点总数不小于(　　)。

A. $2h-1$　　B. 2^{h-1}　　C. 2^h-1　　D. 2^h

18. 判定一个有向图是否存在回路可以利用(　　)方法。

A. 拓扑排序　　B. 求最短路径　　C. 求最小生成树　　D. 广度优先搜索

19. 在正常情况下,冒泡排序的时间复杂度是(　　)。

A. $O(\log_2 n)$　　B. $O(n)$　　C. $O(n\log_2 n)$　　D. $O(n^2)$

20. 如果从无向图的任一顶点出发进行一次深度优先搜索即可访问所有顶点,则该图一定是(　　)。

A. 完全图　　B. 连通图　　C. 有回路　　D. 一棵树

二、填空题(每空 2 分,共 10 分)

1. 对于长度为 n 的线性表,若进行顺序查找,则时间复杂度为________;若采用折半法查找,则时间复杂度为________。

2. 串"ababcebcabc"的 next 数组值为________。

3. 循环队列 A[M],用 front 和 rear 分别表示队头和队尾,则循环队列满的条件是________。

4. 在各种查找方法中,平均查找长度与结点个数 n 无关的查找方法是________。

三、判断题(每题1分,共5分)

1. 基数排序的设计思想是依照对关键字值的比较来实施的。 (   )
2. 哈希表的平均查找长度与装填因子 α 相关。 (   )
3. 快速排序的速度在所有排序方法中为最快,而且所需附加空间也最少。 (   )
4. 强连通分量是有向图中的极大强连通子图。 (   )
5. 哈夫曼树一定是完全二叉树。 (   )

四、程序题(每题4分,共8分)

1. 有一个带头结点单链表,其结点的元素值以非递减有序排列,下面函数将删除该单链表中多余的元素值相同的结点,请在横线处将程序补充完整。

```
node * del( node * head){
    node * q, * p=head->next;
    if(head->next!=NULL){
        while(p->next!=NULL)
            if(p->data!=p->next->data)
                p=________;
            else{
                q=p->next;
                p->next=________;
                free(q);
            }
    }
    return head;
}
```

2. 分析下面的函数,写出函数的基本功能。

```
void f2(SqString * s,int start,int sublen,SqString * sub){
    int i;
    if(start<1||start>s->length||sublen>s->length-start+1){
        sub->length=0;
    }
    for(i=0;i<sublen;i++)
        sub->data[i]=s->data[start+i-1];
    sub->length=sublen;
}
```

五、综合题(第6题7分,其余每题6分,共37分)

1. 试写出如下二叉树的先序、中序、后序遍历的结果序列。

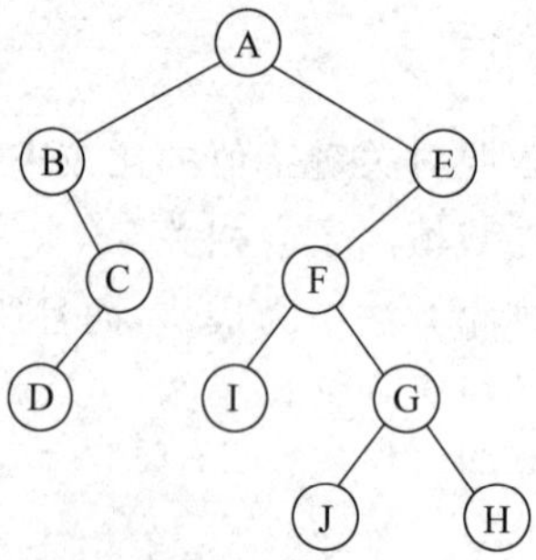

2. 一个无向图如下所示，请画出用 Kruskal 算法求其最小生成树的过程。

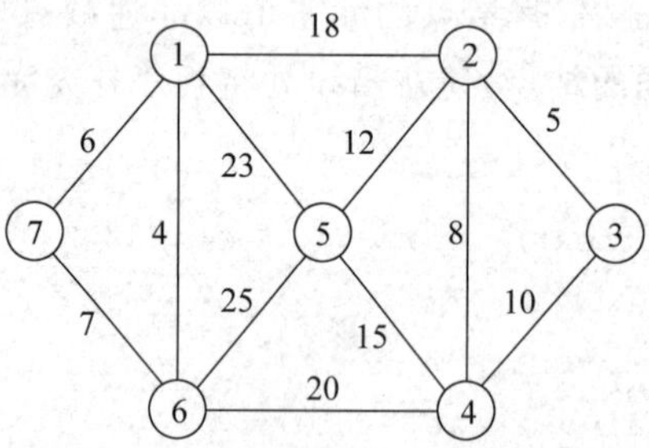

3. 已知关键字序列的输入次序为 2,20,51,67,70，写出平衡二叉排序树的生成过程(要求画出每个结点插入的状态及平衡调整过程)。

4. 设散列表为 A[0..13]，散列函数为 H(k)＝k MOD 13，给定的关键码序列为(19,14,23,01,68,20,84,27,55,11)，试写出用线性探查法解决冲突时所构造的散列表，并计算在等概率下成功查找的平均长度。

5. 已知带权有向图 G 如下所示，求关键路径(要求写出求解过程)。

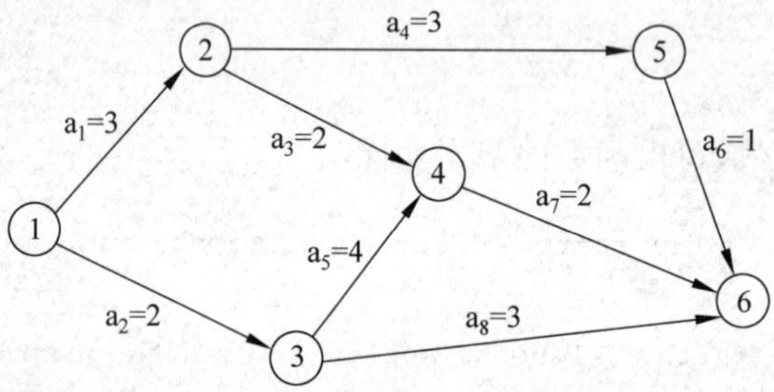

6. 编写算法，对一个非空顺序表实现逆置。

冲刺试卷 5

一、选择题(每题 2 分,共 40 分)

1. 线性表 L=(a1,a2,…,an),下列说法正确的是(　　)。

   A. 每个元素都有一个直接前驱和一个直接后继

   B. 线性表中至少要有一个元素

   C. 表中诸元素的排列顺序必须是由小到大或由大到小

   D. 除第一个和最后一个元素外,其余每个元素都有一个且仅有一个直接前驱和直接后继

2. 下面程序段的时间复杂度为(　　)。

```
i=1;
while(i<=n)
    i=i * 3;
```

   A. O(n)　　B. O(3n)　　C. $O(\log_3 n)$　　D. $O(n^3)$

3. 一个顺序表的第一个元素的存储地址是 90,每个元素的长度为 2,则第 6 个元素的存储地址是(　　)。

   A. 98　　B. 100　　C. 102　　D. 106

4. 在线性表的下列存储结构中,读取元素花费时间最少的是(　　)。

   A. 单链表　　B. 双链表　　C. 循环链表　　D. 顺序表

5. 空串和空格串(　　)。

   A. 相同　　B. 不相同　　C. 可能相同　　D. 无法确定

6. 采用稀疏矩阵的三元组表形式进行压缩存储,若要完成对三元组表进行转置,只要将行和列对换,这种说法(　　)。

   A. 正确　　B. 错误　　C. 无法确定　　D. 以上均不对

7. 广义表(a,b,c)的表尾是(　　)。

   A. b,c　　B. (b,c)　　C. c　　D. (c)

8. 判定一个顺序栈 S(栈空间大小为 n)为空的条件是(　　)。

   A. S－＞top＝＝0　　B. S－＞top!＝0

   C. S－＞top＝＝n　　D. S－＞top!＝n

9. 在一个链队列中,front 和 rear 分别为头指针和尾指针,则插入一个结点 s 的操作为(　　)。

   A. front＝front－＞next　　B. s－＞next＝rear;rear＝s

   C. rear－＞next＝s;rear＝s;　　D. s－＞next＝front;front＝s;

10. 树最适合用来表示(　　)。

   A. 有序数据元素　　B. 无序数据元素

   C. 元素之间具有分支层次关系的数据　　D. 元素之间无联系的数据

11. 在一个有向图中,所有顶点的入度之和等于所有顶点的出度之和的(　　)倍。

A. 1/2　　B. 1　　C. 2　　D. 4

12. 下列关于图遍历的说法不正确的是(　　)。

A. 连通图的深度优先搜索是一个递归过程

B. 图的广度优先搜索中邻接点的寻找具有“先进先出”的特征

C. 非连通图不能用深度优先搜索法

D. 图的遍历要求每一顶点仅被访问一次

13. 对线性表进行折半查找时,要求线性表必须(　　)。

A. 以顺序存储方式

B. 以链式存储方式

C. 以顺序存储方式,且数据元素有序

D. 以链式存储方式,且数据元素有序

14. 如果将所有中国人按照生日来排序,则使用(　　)算法最快。

A. 归并排序　　B. 希尔排序　　C. 快速排序　　D. 基数排序

15. 设哈希表长 m=14,哈希函数 H(key)=key MOD 11。表中已有 4 个结点:addr(15)=4,addr(38)=5,addr(61)=6,addr(84)=7,其余地址为空,如用二次探测再散列处理冲突,则关键字为 49 的地址为(　　)。

A. 8　　B. 3　　C. 5　　D. 9

16. 在一个单链表中,若删除 p 所指向结点的后续结点,则执行(　　)。

A. p－＞next＝p－＞next－＞next;

B. p＝p－＞next;p－＞next＝p－＞next－＞next;

C. p＝p－＞next;

D. p＝p－＞next－＞next;

17. 在散列查找中,平均查找长度主要与(　　)有关。

A. 散列表长度　　B. 散列元素个数

C. 装填因子　　D. 处理冲突方法

18. 在对 n 个元素的序列进行排序时,堆排序所需要的附加存储空间是(　　)。

A. $O(\log_2 n)$　　B. $O(1)$　　C. $O(n)$　　D. $O(n\log_2 n)$

19. 表达式 A＊(B＋C)/(D－E＋F)的后缀表达式是(　　)。

A. A＊B＋C/D－E＋F　　B. AB＊C＋D/E－F＋

C. ABC＋＊DE－F＋/　　D. ABCDED＊＋/－＋

20. 一个队列的入队序列是 1,2,3,4,则队列的出队序列是(　　)。

A. 1,2,3,4　　B. 4,3,2,1　　C. 1,4,3,2　　D. 3,4,1,2

二、填空题(每空 2 分,共 10 分)

1. 在具有 n 个元素的循环队列中,队满时具有________个元素。

2. 在无向图 G 的邻接矩阵 A 中,若 A[i][j]等于 1,则 A[j][i]等于________。

3. 设循环队列的容量为 70,现经过一系列的入队和出队操作后,front 为 20,rear 为

11,则队列中元素的个数为________。

4. 判定一个有向图是否存在回路,可以利用________。

5. 根据一组记录(56,42,50,64,48)依次插入结点生成一棵 AVL 树,当插入到值为________的结点时需要进行旋转调整。

三、判断题(每题 1 分,共 5 分)

1. 顺序存储方式只能用于存储线性结构。 (　　)

2. 采用线性探测法处理冲突的散列表中,所有同义词在表中相邻。 (　　)

3. 存储图的邻接矩阵中,邻接矩阵的大小不但与图的顶点个数有关,而且与图的边数也有关。 (　　)

4. 快速排序在所有排序方法中最快,而且所需附加空间也最少。 (　　)

5. 直接插入排序是不稳定的排序方法。 (　　)

四、程序填空题(每题 4 分,共 8 分)

1. 函数实现单链表的删除算法,请在空格处将算法补充完整。

```
int ListDelete(LinkList L,int i,ElemType * s){
    LNode * p, * q;
    int j;
    p=L;j=0;
    while((________)&&(j<i-1)){
        p=p->next;j++;
    }
    if(p->next==NULL||j>i-1) return ERROR;
    q=p->next;
    ________;
    * s=q->data;
    free(q);
    return OK;
}
```

2. 写出算法的功能。

```
int fun(sqstring * s,sqstring * t,int start){
    int i=start-1,j=0;
    while(i<s->len&&j<t->len)
        if(s->data[i]==t->data[j]){
            i++;j++;
        }else{
            i=i-j+1;j=0;
        }
    if(j>=t->len)
        return i-t->len+1;
```

```
    else
        return -1;
}
```

五、综合题(第 6 题 7 分,其余每题 6 分,共 37 分)

1. 已知二叉树的先序遍历序列为 ABCDEFGH,中序遍历序列为 CBEDFAGH,画出二叉树。

2. 试用权集合{12,4,5,6,1,2}构造哈夫曼树,并计算哈夫曼树的带权路径长度。

3. 写出用希尔排序将关键字序列{12,13,11,18,60,15,7,20,25,100}进行升序排序的每一趟结果。

4. 一个无向图如下所示,请画出用 Prim 算法求其最小生成树(从顶点 1 出发)的过程。

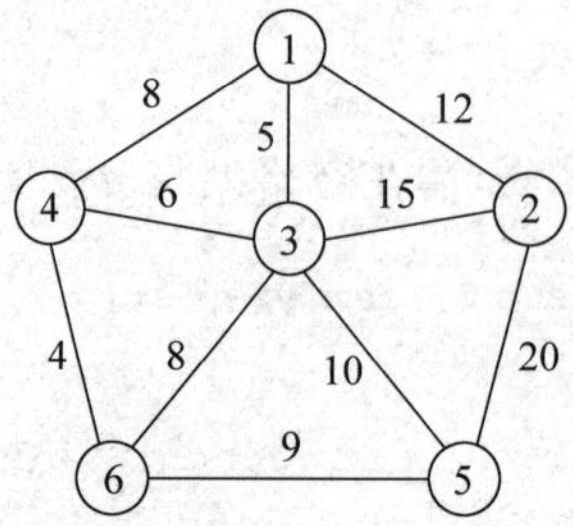

5. 一个有向图如下所示,请写出所有拓扑有序序列。

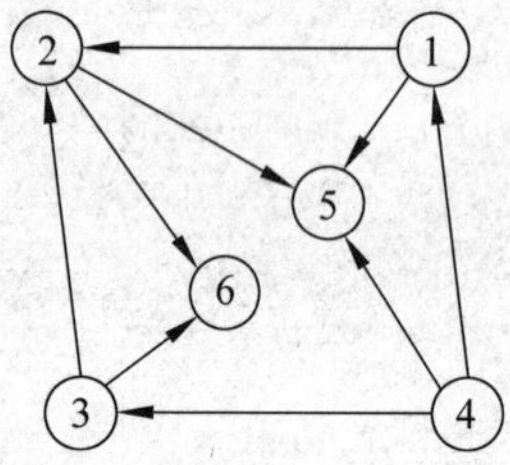

6. 设一个带头结点的单向链表的头指针为 head,设计算法将链表的记录按照 data 域的值递增排序。

冲刺试卷 6

一、选择题(每题 2 分,共 40 分)

1. 下列数据中,(　　)是非线性数据结构。

A. 栈　　B. 队列　　C. 二叉树　　D. 堆

2. 线性表是具有 n 个(　　)的有限序列(n≥0)。

A. 表元素　　B. 字符　　C. 数据元素　　D. 数据项

3. 链表不具有的特点是(　　)。

A. 插入、删除不需要移动元素　　B. 可随机访问任一元素

C. 不必事先估计存储空间　　D. 所需空间与线性长度成正比

4. 对于栈操作数据的原则是(　　)。

A. 先进先出　　B. 后进先出　　C. 后进后出　　D. 不分顺序

5. 有 6 个元素按 6,5,4,3,2,1 的顺序进栈,则(　　)不是合法的出栈序列。

A. 5 4 3 6 1 2　　B. 4 5 3 1 2 6

C. 3 4 6 5 2 1　　D. 2 3 4 1 5 6

6. 若用一个大小为 6 的数组来实现循环队列,且当前 rear 和 front 的值分别为 0 和 3,当从队列中删除一个元素,再加入两个元素后,rear 和 front 的值分别为(　　)。

A. 1 和 5　　B. 2 和 4　　C. 4 和 2　　D. 5 和 1

7. 设广义表 L=(a,b,c),则 L 的长度和深度分别为(　　)。

A. 1 和 1　　B. 1 和 3　　C. 1 和 2　　D. 2 和 3

8. 图形结构中有关路径的定义是(　　)。

A. 由顶点和相邻顶点的序偶构成的边所形成的序列

B. 由不同顶点所形成的序列

C. 由不同边所形成的序列

D. 上述定义都不是

9. n 个结点的完全有向图含有边的数目为(　　)。

A. n*n　　B. n(n+1)　　C. n/2　　D. n*(n-1)

10. 下列说法不正确的是(　　)。

A. 图的遍历是从给定的源点出发每一个顶点仅被访问一次

B. 图的深度遍历不适用于有向图

C. 遍历的基本算法有两种:深度遍历和广度遍历

D. 图的深度遍历是一个递归过程

11. 在栈的操作中,(　　)保持不变。

A. 栈顶　　B. 栈中数据　　C. 栈顶指针　　D. 栈底

12. 若查找每个记录的概率均等,则在具有 n 个记录的连续顺序文件中采用顺序查找法查找一个记录,其平均查找长度 ASL 为(　　)。

A. (n−1)/2　　B. n/2　　C. (n+1)/2　　D. n

13. 某内排序方法的稳定性是指(　　)。

A. 该排序算法不允许有相同的关键字记录

B. 该排序算法允许有相同的关键字记录

C. 平均时间为 $O(n\log_2 n)$ 的排序方法

D. 以上都不对

14. 若需在 $O(n\log_2 n)$ 的时间内完成对数组的排序,且要求排序是稳定的,则可选择的排序方法是(　　)。

A. 快速排序　　B. 堆排序　　C. 归并排序　　D. 直接插入排序

15. 对一组数据(84,47,25,15,21)排序,数据的排列次序在排序的过程中的变化是:

(1) 84 47 25 15 21　(2) 15 47 25 84 21

(3) 15 21 25 84 47　(4) 15 21 25 47 84

则采用的排序是(　　)。

A. 选择排序　　B. 冒泡排序　　C. 快速排序　　D. 插入排序

16. 下列程序段的时间复杂度为(　　)。

```
k=1;
for(i=0;i<n;i++)
    for(j=0;j<n;j++)
        A[i][j]=k++;
```

A. $O(1)$　　B. $O(n)$　　C. $O(\log_2 n)$　　D. $O(n^2)$

17. 设 h 是指向非空带表头结点的循环链表的头指针,p 是辅助指针。执行程序段后(其中 p−>next 为 p 指向结点的指针域),则(　　)。

```
p=h;
while(p->next->next!=h)
    p=p->next;
p->next=h;
```

A. p−>next 指针指向链尾结点　　B. h 指向链尾结点

C. 删除链尾前面的结点　　D. 删除链尾结点

18. 在对查找表的查找过程中,若被查找的数据元素不存在,则把该数据元素插入到集合中。这种方式主要适合于(　　)。

A. 静态查找表　　B. 动态查找表

C. 静态查找表与动态查找表　　D. 静态查找表或动态查找表

19. 用散列函数求元素在散列表中的存储位置时可能会出现不同的关键字得到相同散列函数值的冲突现象。可用于解决上述问题的是(　　)。

A. 线性探测法　　B. 除留余数法　　C. 平方取中法　　D. 折叠法

20. 设顺序表有 9 个元素,则在第 3 个元素前插入一个元素所需移动元素的个数为(　　)。

A. 5　　B. 6　　C. 7　　D. 9

二、填空题(每空 2 分,共 10 分)

1. 线性表 L=(a1,a2,…,an)用数组表示,假定删除表中任一元素的概率相同,则删除一个元素平均需要移动元素的个数是________。

2. 实现折半查找的存储结构仅限于顺序存储结构,且其中元素排列必须是________的。

3. 队列的队尾位置通常是随着________操作而变化的。

4. 设 F、C 是二叉树中的两个结点,若 F 是 C 的祖先结点,则在采用后根遍历方法遍历该二叉树时,F 和 C 的位置关系为:F 必定在 C 的________。

5. 冒泡排序是一种稳定排序方法,该排序方法的时间复杂度为________。

三、判断题(每题 1 分,共 5 分)

1. 线性表采用链表存储时,结点和结点内部的存储空间可以是不连续的。　(　　)

2. 在 n 个结点的无向图中,若边数大于 n−1,则该图必是连通图。　(　　)

3. 十字链表是无向图的一种存储结构。　(　　)

4. 需要借助于一个队列来实现图的深度优先搜索算法。　(　　)

5. 关键路径是 AOE 网中从源点到终点的最长路径。　(　　)

四、程序填空题(每题 4 分,共 8 分)

1. 函数 strCompare 实现两个串的比较,请在横线处将算法补充完整。

```
int strCompare(SqString * s1,SqString * s2){
    int i;
    for(i=0;i<s1->length&&i<s2->length;i++)
        if(________)
            return s1->data[i]-s2->data[i];
    return ________;
}
```

2. 分析下面算法,写出算法的功能。

```
typedef struct node{
    int key;
    elemtype other;
    struct node * lchild, * rchild;
} * bistree;
int BSTSearch(bistree t,int key){
    bistree p;
    p=t;
    while(p!=NULL&&p->key!=key){
        if(key<p->key)
```

```
            p=p->lchild;
        else
            p=p->rchild;
    }
    if(p!=NULL)
        return 1;
    else
        return 0;
}
```

五、综合题(第 6 题 7 分,其余每题 6 分,共 37 分)

1. 写出用二路归并排序将关键字序列{47,33,61,82,72,11,25,57}进行升序排序的每一趟结果。

2. 设一组字符{a,b,c,d,e},重复频率为{11,4,2,5,7},试构造 Huffman 树(约定严格按照权值不等时左小右大,权值相等时左低右高组织),并求每个字符对应的 Huffman 编码。

3. 一个有向图如下所示,试画出对应的邻接表(顶点数组和邻接单链表均按照顶点号升序组织),并求各顶点的出度。

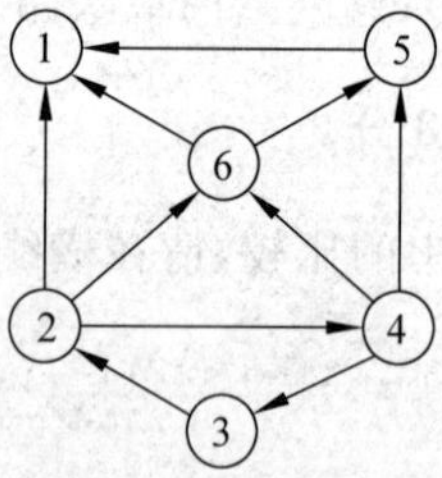

4. 给定一组关键字序列{3,5,7,9,11,13,15,17},试构造一棵平衡二叉树。

5. 一个有向图如下所示,请写出至少三种拓扑有序序列。

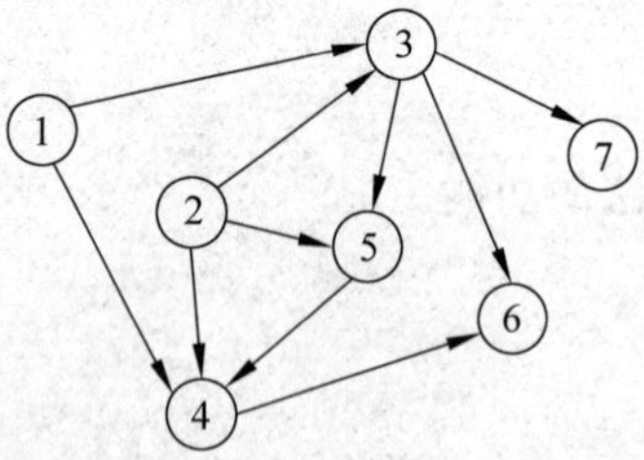

6. 编写算法,求循环单链表的长度。

第二部分　实验大纲和实验指导

2.1　实验教学大纲

1. 实验目的

通过实验加深对本课程基本概念的理解,掌握算法的设计与分析技术,培养处理实际问题的数据抽象能力和选择适当的数据结构解决问题的能力。

2. 实验基本要求

通过实验掌握相对复杂程序设计的基本方法,要求编写的算法程序结构清晰、正确易读、符合软件工程的基本规范。实验过程中,所有算法和应用实例均采用C函数进行描述,并认真填写实验报告。

3. 实验项目与内容

实验项目与内容如表2-1所示。

表2-1　实验项目与内容

序号	实验项目名称	内容提要	实验学时
1	实验1　预备实验	C程序设计中函数、数组、指针、结构体与共用体	2
2	实验2　顺序表与链表	(1) 掌握线性表的基本存储结构:顺序存储和链式存储。 (2) 掌握顺序表与链表的各种基本操作算法。 (3) 对线性表相应算法的时间复杂度进行分析。 (4) 理解顺序表、链表数据结构的特点	4
3	实验3　栈和队列	(1) 掌握栈的结构特性及其入栈,出栈操作。 (2) 掌握队列的结构特性及其入队、出队的操作。 (3) 掌握循环队列的特点及其操作。 (4) 理解掌握递归调用程序设计思想	4
4	实验4　串	(1) 掌握串的存储表示及基本操作。 (2) 掌握串的两种模式匹配算法:BF和KMP。 (3) 了解串的应用	2
5	实验5　数组和特殊矩阵	(1) 掌握特殊矩阵的压缩存储。 (2) 掌握稀疏矩阵的压缩存储——三元组表表示	2
6	实验6　二叉树	(1) 掌握二叉树的基本存储表示。 (2) 掌握二叉树的遍历操作实现方法(递归和非递归遍历算法)。 (3) 理解并实现二叉树的其他基本操作。 (4) 掌握二叉树的重要应用——哈夫曼编码的实现	4～6

续表

序号	实验项目名称	内容提要	实验学时
7	实验 7 图	(1) 掌握图的两种存储表示。 (2) 掌握图的深度优先和广度优先搜索遍历方法。 (3) 掌握图的典型应用——求最小生成树、拓扑排序和求最短路径方法	4～6
8	实验 8 查找	(1) 掌握查找表、动态查找表、静态查找表和平均查找长度的概念。 (2) 掌握线性表中顺序查找和折半查找的方法。 (3) 学会哈希函数的构造方法,处理冲突的机制及哈希表的查找。 (4) 掌握二叉排序树的构造方法和查找过程	4
9	实验 9 排序	(1) 掌握内部排序的基本算法(直接插入排序、简单选择排序、冒泡排序)。 (2) 掌握内部排序的先进算法(希尔排序、堆排序、快速排序、归并排序和基数排序)。 (3) 理解其他内部排序方法	4～6

2.2 实验指导

实验 1 预备实验

【实验目的】

复习 C 语言中关于函数、数组、指针、结构体等的知识,为数据结构实验做准备。

【实验预习】

1. 数组的定义与引用。
2. 函数的定义与调用。
3. 指针的基本概念及使用。
4. 结构体与链表。

【实验内容】

1. 完成并调试程序:实现对一维数组元素的升序排序并输出结果。

```
#include<stdio.h>
______________________________;                    /*函数声明*/
int main()
{
    int s[10]={1,-9,89,120,76,45,43,6,7,2},i;
    ______________________________;                /*函数调用*/
    for(i=0;i<10;i++)
        printf("%4d",s[i]);
```

```
    printf("\n");
    return 0;
}
void sort(int a[],int n)                          /* 排序函数,可用选择或冒泡排序 */
{

}
```

2. 完成并调试程序：字符串连接程序，不使用系统提供的字符串连接函数，将第二个字符串连接至第一个字符串后。

```
#include<stdio.h>
#define M 80
int main()
{
    char sub1[M],sub2[M];
    char * ps1=sub1, * ps2=sub2;
    printf("please input strings:\n");
    printf("string1:");
    gets(ps1);
    printf("string2:");
    gets(ps2);
    while(* ps1!='\0')
        ________________________;          /* 移动指针 ps1 到串 1 末尾 */
    while(* ps2!='\0')
        ________________________;          /* 将串 2 复制到串 1 中 */
    * ps1='\0';
    printf("new string:");
    puts(sub1);
    return 0;
}
```

3. 完成并调试程序：结构体与数组。实现学生数据的输入、输出和按成绩排序。

```
#include<stdio.h>
#include<string.h>
struct student
{
    int sno;
    char sname[10];
    float grade;
};
void inputData(struct student s[],int n);            /* 输入成绩数据 */
void printData(struct student s[],int n);            /* 输出成绩数据 */
void sortData(struct student s[],int n);             /* 按照成绩排序 */
int main()
```

```
{
    struct student a[100];
    int n=3;
    inputData(a,n);
    sortData(a,n);
    printData(a,n);
    return 0;
}
void inputData(struct student s[],int n)
{
    int i;
    for(i=0;i<n;i++)
    {
        ______________________________;        /* 读入数据 */
    }
}
void printData(struct student s[],int n)
{
    int i;
    printf("\n======================\n");
    for(i=0;i<n;i++)
    {
        ________________________;               /* 输出数据 */
    }
}
void sortData(struct student s[],int n)
{
    int i,j;
    struct student t;
    for(i=0;i<n-1;i++)
    {
        for(j=i+1;j<n;j++)
            if(s[i].grade<s[j].grade)
            {
                ________;                        /* 实现数据交换 */
                ________;
                ________;
            }
    }
}
```

4. 完成并调试程序：结构体与指针，实现学生数据的输入、输出。

```
#include<stdio.h>
#include<stdlib.h>
```

```
#include<string.h>
typedef struct STU
{
    int sno;
    char sname[10];
    float grade;
    struct STU * next;
}STU;
STU * inputData();                              /* 创建链表,返回链表的头指针 */
void printData( STU * list);                    /* 输出链表 */
int main()
{
    STU * h=NULL;
    h=inputData();
    printData(h);
    return 0;
}
STU * inputData()
{
    STU * p=NULL, * q=NULL, * head=NULL;
    int sno;
    char sname[10];
    float grade;
    scanf("%d%s%f",&sno,sname,&grade);
    while(sno!=-1)                              /* 输入学号为-1时,结束输入 */
    {
        p=(STU *)malloc(sizeof(STU));
        p->sno=sno;
        strcpy(p->sname,sname);
        p->grade=grade;
        p->next=NULL;
        if(head==NULL)
            head=p;
        else
            q->next=p;
        q=p;
        scanf("%d%s%f",&sno,sname,&grade);
    }
    return head;
}
void printData( STU * list)
{
    STU * p=list;
    printf("\n======================\n");
```

```
    while(p!=NULL)
    {
        ______________________________;          /* 输出数据 */
p=p->next;
    }
}
```

思考：程序中的链表是有头结点链表还是无头结点链表？

实验 2　顺序表与链表

【实验目的】

1. 掌握线性表的基本存储结构：顺序存储和链式存储。
2. 掌握顺序表与链表的各种基本操作算法。
3. 对线性表相应算法的时间复杂度进行分析。
4. 理解顺序表、链表数据结构的特点。

【实验预习】

1. 顺序表的存储结构表示及基本操作。
2. 单链表的存储结构表示及基本操作。

【实验内容】

1. 编写程序实现顺序表的基本操作。

(1) 实验测试数据。

① 创建具有 5 个元素的顺序表：9，−12，7，36，100。

② 分别查找值为 30 和 36 的元素。

③ 在顺序表的第 4 个元素位置插入一个新元素，值为 21；在第 9 个元素位置插入一个新元素，值为 900。

④ 删除第 1 个元素。

⑤ 输出当前顺序表表长。

(2) 实验说明及要求。

① 顺序表采用动态分配存储表示。

```
/*---顺序表动态分配存储表示---*/
#define INIT_SIZE 5                             /*初始分配的顺序表长度*/
#define INCREM 5                                /*溢出时,顺序表长度的增量*/
typedef int ElemType;                           /*定义表元素的类型*/
typedef struct Sqlist
{
    ElemType *slist;                            /*存储空间的基地址*/
```

```
    int length;                          /* 顺序表的当前长度 */
    int listsize;                        /* 当前分配的存储空间 */
}Sqlist;
```

② 构造一个空的顺序表 L。操作函数参考如下：

```
int InitList_sq(Sqlist * L)
{
    L->slist=(ElemType *)malloc(INIT_SIZE * sizeof(ElemType));
    if (!L->slist) return ERROR;         /* 初始化失败,返回 0 */
    L->length=0;                         /* 置空表长度为 0 */
    L->listsize=INIT_SIZE;               /* 置初始空间容量 */
    return OK;                           /* 初始化成功,返回 1 */
}/* InitList_sq */
```

③ 在顺序表 L 的第 i 个位置之前插入新元素 e。
操作函数原型参考：int ListInsert_sq(Sqlist * L,int i,ElemType e)；
④ 在顺序表 L 中删除第 i 个元素,并通过参数返回删除的元素值。
操作函数原型参考：int ListDelete_sq(Sqlist * L,int i,ElemType * e)；
⑤ 在顺序表 L 中查找指定值为 e 的元素,返回其位置序号。
操作函数原型参考：int ListLocate_sq(Sqlist * L,ElemType e,int * pos)；
⑥ 依次输出顺序表 L 的所有元素。
操作函数原型参考：int PrintList_sq(Sqlist * L)；
⑦ 求顺序表的表长。
操作函数原型参考：int ListLength_sq(Sqlist * L)；
⑧ 创建一个包含 n 个元素的顺序表。
操作函数原型参考：int CreateList_sq(Sqlist * L,int n)；
⑨ 主函数参考如下：

```
int main()
{
    Sqlist sl;
    InitList_sq(&sl);
    int n,select;
    int m,k;
    do
    {
        printf("\n * * * * * * * * * * * * * MENU * * * * * * * * * * * * * * * * \n");
        printf(" 1. Create List\n");         /* 创建顺序表 */
        printf(" 2. Get Element\n");         /* 查找顺序表中的元素 */
        printf(" 3. Insert data\n");         /* 插入数据 */
        printf(" 4. Delete data\n");         /* 删除数据 */
        printf(" 5. Get ListLength\n");      /* 返回顺序表长度 */
        printf(" 0. EXIT\n");                /* 退出 */
```

```
printf("\n*************MENU****************\n");
printf("\ninput choice:");
scanf("%d",&select);                    /*输入菜单选择*/
getchar();
switch (select)
{
case 1:
    printf("\n1-Create Sqlist:\n");
    printf("please input n:");          /*输入顺序表的元素个数*/
    scanf("%d",&n);
    if (n==0)printf("ERROR");
    CreateList_sq(&sl,n);
    printf("\nPrint Sqlist:\n");
    PrintList_sq(&sl);
    break;
case 2:
    printf("\n2-GetElem from Sqlist:\n");
    printf("please input search data:");
    scanf("%d",&k);
    int pos;
    if (!ListLocate(&sl,k,&pos))
        printf("Not found");
    else
    {
        printf("found the element, position is %d\n",pos);
        printf("\nPrint Sqlist:\n");
        PrintList_sq(&sl);
    }
    break;
case 3:
    printf("\n3-Insert from Sqlist:\n");
    printf("\n input insert location and data:(location,data)\n");
    scanf("%d,%d",&m,&k);
    if (ListInsert_sq(&sl,m,k))
    {
        printf("\nOK\n");
        printf("\nPrint Sqlist:\n");
        PrintList_sq(&sl);
    }
    else
        printf("\nERROR!");
    break;
case 4:
    printf("\n4-Delete from Sqlist:\n");
    printf("\nplease input delete location\n");
    scanf("%d",&k);
```

```
            int deldata;
            if (ListDelete_sq(&sl,k,&deldata))
            {
                printf("\nOK\n");
                printf("\nDelete data is %d\n",deldata);
                printf("\nPrintSqlist:\n");
                PrintList_sq(&sl);
            }
            else
                printf("\nERROR!");
            break;
        case 5:
            printf("\n5-Get length of Sqlist:\n");
            printf("\nLength is %d\n",ListLength_sq(&sl));
        case 0:
            break;
        default:
            break;
        }

    }
    while (select);
    return 0;
}
```

2. 编写程序实现单链表的基本操作。

(1) 实验测试数据。

① 初始化链表。

② 创建具有 5 个元素的链表：5,4,3,2,1。

③ 分别输出第 3 个元素值和第 6 个元素值。

④ 在链表的第 1 个元素位置插入一个新元素，值为 8；在第 7 个元素位置插入一个新元素，值为 700。

⑤ 删除第 3 个元素。

(2) 实验说明及要求。

① 单链表存储结构。

```
/*---线性表的单链表存储表示---*/
typedef int ElemType;                      /*定义表元素的类型*/
typedef struct LNode                       /*线性表的单链表存储*/
{
    ElemType data;
    struct LNode *next;
}LNode, *LinkList;
```

② 构造一个带头结点的单链表 L。操作函数参考如下：

```
LNode * InitList(LinkList L)
{
    L=(LNode *)malloc(sizeof(LNode));              /* 申请一个头结点 */
    if (!L) return ERROR;                          /* 申请失败 */
    L->next=NULL;                                  /* 头结点的指针域置空 */
    return L;
}/* InitList */
```

③ 输入 n 个数据，创建具有 n 个结点的单链表 L。
操作函数原型参考：LinkList CreateList(int n);
④ 输出带头结点单链表 L 的所有元素。
操作函数原型参考：void PrintList(LinkList L);
⑤ 查找第 i 位置的元素，并由 e 返回其值。
操作函数原型参考：int GetElem(LinkList L,int i,ElemType * e);
⑥ 在第 i 个位置插入新元素 e。
操作函数原型参考：int InsertElem(LinkList L,int i,ElemType e);
⑦ 删除第 i 位置的元素，并由 e 返回其值。
操作函数原型参考：int DeleteElem(LinkList L,int i,ElemType * e);
⑧ 主函数参考如下：

```
int main()
{
    int i,n,select;
    ElemType e;
    LinkList L=NULL;                               /* 定义单链表的头指针 */
    do
    {
        printf("\n * * * * * * * * * * * * * MENU * * * * * * * * * * * * * * * \n");
        printf(" 1. Init LinkList\n");             /* 初始化链表 */
        printf(" 2. Get Element\n");               /* 查找元素 */
        printf(" 3. Insert data\n");               /* 插入元素 */
        printf(" 4. Delete data\n");               /* 删除元素 */
        printf(" 5. CreateLinkList\n");            /* 创建具有 n 个元素的链表 */
        printf(" 0. EXIT\n");                      /* 退出 */
        printf("\n * * * * * * * * * * * * * MENU * * * * * * * * * * * * * * * \n");
        printf("\ninput choice:");
        scanf("%d",&select);
        getchar();
        switch (select)
        {
        case 1:
            printf("\n1-Init LinkList:\n");
```

```
        L=InitList(L);
        if (L!=NULL)
            printf("\nInitLinkList OK!\n");
        else
            printf("\nInitLinkList Error!\n");
        break;
    case 2:
        printf("\n2-GetElem from LinkList:\n");
        printf("input pos=");
        scanf("%d",&i);
        if (L!=NULL&&GetElem(L,i,&e))
        {
            printf("No%i is %d",i,e);
            printf("\nPrintfList:\n");
            PrintList(L);
        }
        else
            printf("Error&Not exists!");
        break;
    case 3:
        printf("\n3-Insert e into LinkList:\n");
        printf("input pos=");
        scanf("%d",&i);
        printf("input e=");
        scanf("%d",&e);
        if (L!=NULL&&InsertElem(L,i,e))
        {
            printf("\nInsert OK!\n");
            printf("\nPrintfList:\n");
            PrintList(L);
        }
        else
            printf("\nInsert Error!\n");
        break;
    case 4:
        printf("\n4-Delete from LinkList:\n");
        printf("input pos=");
        scanf("%d",&i);
        if (L!=NULL&&DeleteElem(L,i,&e))
        {
            printf("\nOK\n");
            printf("\nDelete data is %d\n",e);
            printf("\nPrintfList:\n");
            PrintList(L);
```

```
            }
            else
                printf("\nDelete Error!\n");
            break;
        case 5:
            printf("please input n:");                /* 输入单链表的元素个数 */
            scanf("%d",&n);
            if (n<0)
            {
                printf("ERROR");
                break;
            }
            printf("\nCreate LinkList…\n");
            L=CreateList(n);
            if (L==NULL)
            {
                printf("Error!\n");
                break;
            }
            printf("\nPrintfList:\n");
            PrintList(L);
            break;
        case 0:
            break;
        default:
            break;
        }

    }
    while (select);
    return 0;
}
```

3. 循环链表的应用(约瑟夫回环问题)。

用整数序列1,2,3,…,n表示顺序坐在圆桌周围的人,并采用循环链表作为存储结构。从任意位置k开始计数,计到m让此位置的人出局,重复上述过程,直至只剩下最后一个人。依次输出每个出局人的序号。如n=8,m=4,k=1时,设每个人的编号依次为1,2,3,…,则得到的出局次序为4,8,5,2,1,3,7,6。

提示:可用一个无头结点的循环单链表来实现n个元素的存储。

4. 设有头单链表,设计程序将表中值相同的元素仅保留一个结点。

提示:指针p从链表的第一个元素开始,利用指针q从指针p位置开始向后搜索整个链表,删除与之值相同的元素;指针p继续指向下一个元素,开始下一轮的删除,直至p==NULL为至,即完成了对整个链表元素的删除相同值操作。

实验3 栈和队列

【实验目的】

1. 掌握栈的结构特性及其入栈、出栈操作。
2. 掌握队列的结构特性及其入队、出队操作。
3. 掌握循环队列的特点及其操作。
4. 理解掌握递归调用程序设计思想。

【实验预习】

1. 栈的顺序存储表示及其基本操作。
2. 循环队列的顺序存储表示及其基本操作。
3. 栈的典型应用(数制转换、表达式计算)。
4. 栈和递归的实现。

【实验内容】

1. 编写程序实现顺序栈的相关操作。

(1) 实验测试数据。

① 初始化栈。

② 连续进栈 3,5,7,9,13。

③ 获取当前栈顶元素。

④ 返回当前栈长度。

⑤ 判断当前栈是否为空。

⑥ 栈内元素依次出栈。

⑦ 判断当前栈是否为空。

⑧ 清空栈。

(2) 实验说明及要求。

① 栈的顺序存储结构。

```
/*---顺序栈的动态分配顺序存储表示---*/
#define STACK_INT_SIZE 10                         /*存储空间初始分配量*/
#define STACKINCREMENT 5                          /*存储空间分配增量*/
typedef int ElemType;                             /*定义元素的类型*/
typedef struct
{
    ElemType *base;
    ElemType *top;
    int stacksize;                                /*当前已分配的存储空间*/
} SqStack;
```

② 构造一个空栈 S。操作函数参考如下：

```
int InitStack(SqStack * S)
{
    S->base=(ElemType * )malloc(STACK_INT_SIZE * sizeof(ElemType));
    if(!S->base) return ERROR;
    S->top=S->base;
    S->stacksize=STACK_INT_SIZE;
    return OK;
}/* InitStack */
```

③ 入栈操作。插入新元素 e 为栈顶元素。
操作函数原型参考：int Push(SqStack * S,ElemType e)；
④ 出栈操作。若栈不空，删除栈顶元素，并用 e 返回其值。
操作函数原型参考：int Pop(SqStack * S,ElemType * e)；
⑤ 获取栈顶元素。若栈不空，用 e 返回栈顶元素值。
操作函数原型参考：int GetTop(SqStack * S,ElemType * e)；
⑥ 清空栈。将栈设置为空栈。
操作函数原型参考：int ClearStack(SqStack * S)；
⑦ 判断栈空。栈空返回 1，栈非空返回 0。
操作函数原型参考：int StackEmpty(SqStack * S)；
⑧ 求当前栈的长度。S－＞－top－S－＞base 为栈中元素数。
操作函数原型参考：int StackLength(SqStack * S)；
⑨ 主函数参考如下：

```
int main()
{
    SqStack ss;
    int e,select;
    InitStack(&ss);
    do
    {
        printf("\n * * * * * * * * * * * * * MENU * * * * * * * * * * * * * * * * \n");
        printf(" 1. Init Satck\n");                          /* 初始化顺序栈 */
        printf(" 2. Push Element\n");                        /* 入栈 */
        printf(" 3. Get TopElement\n");                      /* 获得栈顶元素 */
        printf(" 4. Return StackLength\n");                  /* 返回栈的长度 */
        printf(" 5. Stack IsEmpty\n");                       /* 判断是否栈空 */
        printf(" 6. Pop Element\n");                         /* 出栈 */
        printf(" 7. Clear Stack\n");                         /* 清空栈 */
        printf(" 0. EXIT\n");                                /* 退出 */
        printf("\n * * * * * * * * * * * * * MENU * * * * * * * * * * * * * * * * \n");
        printf("\ninput choice:");
```

```
scanf("%d",&select);
getchar();
switch (select)
{
case 1:
    printf("\n1-Init Satck:\n");
    if(InitStack(&ss))
        printf("Init OK!\n");
    else
        printf("Init ERROR!\n");
    break;
case 2:
    printf("\n2-Push Element:\n");
    printf("input data(Terminated by inputing a character):");
    while(scanf("%d",&e)==1)
    {
        if(Push(&ss,e))
            printf("Push %d OK!\n",e);
        else
            printf("Push %d ERROR!\n",e);
        printf("input data:(Terminated by inputing a character)");
    }
    getchar();
    break;
case 3:
    printf("\n3-Get TopElement:\n");
    if(GetTop(&ss,&e))
        printf("Top is %d",e);
    else
        printf("Stack is Empty!");
    break;
case 4:
    printf("\n4-Return StackLength:\n");
    printf("StackLength is %d",StackLength(&ss));
    break;
case 5:
    printf("\n5-Stack IsEmpty:\n");
    if(StackEmpty(&ss))
    {
        printf("Stack is Empty!");
    }
    else
    {
        printf("Stack is not Empty!");
```

```
            }
            break;
        case 6:
            printf("\n6-Pop Element:\n");
            if(StackEmpty(&ss))
            {
                printf("Stack is Empty!");
            }
            else
            {
                printf("All elements of Stack :");
                while(Pop(&ss,&e))
                {
                    printf("%d ",e);
                }
            }
            break;
        case 7:
            printf("\n7-ClearStack:\n");
            ClearStack(&ss);
            printf("ClearStack OK!");
            break;
        case 0:
            break;
        default:
            break;
        }

    }
    while (select);
    return 0;
}
```

2. 实现栈的应用——数制转换(十进制转换为二进制)。利用第1题实现的栈的基本操作,编写十进制转换为二进制的算法程序。要求测试以下数据并给出运行结果。

十进制整数8和255

3. 实现栈的应用——判断表达式括号是否匹配。利用第1题实现的栈的基本操作,完成表达式中小括号匹配的检测算法。要求测试以下数据并给出运行结果。

判断表达式括号是否匹配,测试以下三个表达式:

表达式1:1*(2+3)/4;

表达式2:((3+4)*7-(8-9);

表达式3:((1+2)*(3+4)-(5+6)*3))

4. 编写程序实现循环队列的相关操作。

(1) 实验测试数据。

① 初始化队列。

② 返回当前队列长度。

③ 连续入队 2,4,6,8,10。

④ 获取当前队头元素。

⑤ 返回当前队列长度。

⑥ 判断当前队列是否为空。

⑦ 队列元素依次出队。

⑧ 判断当前队列是否为空。

(2) 实验说明及要求。

① 循环队列的存储结构。

```
/*---循环队列的动态分配顺序存储表示*/
#define MAXQSIZE 100
typedef int QElemType;                          /*定义元素的类型*/
typedef struct
{
    QElemType*base;
    int front;
    int rear;
}SqQueue;
```

② 构造一个空循环队列 Q。操作函数参考如下:

```
int InitQueue(SqQueue*Q)
{
    Q->base=(QElemType*)malloc(MAXQSIZE*sizeof(QElemType));
    if(!Q->base)
        return ERROR;
    Q->front=Q->rear=0;
    return OK;
}/*InitQueue*/
```

③ 返回循环队列 Q 的长度。

操作函数原型参考:int QueueLength(SqQueue*Q);

④ 入队操作。插入元素 e 为队列 Q 的队尾元素。

操作函数原型参考:int EnQueue(SqQueue*Q,QElemType e);

⑤ 出队操作。若队列不为空,删除 Q 的队头元素,并用 e 返回其值。

操作函数原型参考:int DeQueue(SqQueue*Q,QElemType*e);

⑥ 判断队列是否为空。队列为空返回 1,非空返回 0。

操作函数原型参考:int QueueEmpty(SqQueue*Q);

⑦ 取队头元素。若队列不为空,用 e 返回队头元素。

操作函数原型参考:int GetHead(SqQueue*Q,QElemType*e);

⑧ 主函数参考如下：

```
int main()
{
    SqQueue qq;
    int e,select;
    InitQueue(&qq);
    do
    {
        printf("\n**************MENU****************\n");
        printf(" 1. Init Queue\n");                    /*初始化循环队列*/
        printf(" 2. Get QueueLength\n");               /*求队列的长度*/
        printf(" 3. EnQueue\n");                       /*入队操作*/
        printf(" 4. Get Head\n");                      /*取队头元素*/
        printf(" 5. Queue IsEmpty\n");                 /*判断是否队空*/
        printf(" 6. DeQueue\n");                       /*出队操作*/
        printf(" 0. EXIT\n");                          /*退出*/
        printf("\n**************MENU****************\n");
        printf("\ninput choice:");
        scanf("%d",&select);
        getchar();
        switch (select)
        {
        case 1:
            printf("\n1-Init Queue:\n");
            if (InitQueue(&qq))
                printf("Init OK!\n");
            else
                printf("Init ERROR!\n");
            break;
        case 2:
            printf("\n2-Get QueueLength:\n");
            printf("Queue length is %d",QueueLength(&qq));
            break;
        case 3:
            printf("\n3-EnQueue:\n");
            printf("please input data:");
            scanf("%d",&e);
            if (EnQueue(&qq,e))
                printf("%d EnQueue OK!\n",e);
            else
                printf("EnQueue Error!\n");
            break;
        case 4:
```

```
            printf("\n4-Get Head:\n");
            if (GetHead(&qq,&e))
                printf("Head is %d\n",e);
            else
                printf("Get Head Error!\n");
            break;
        case 5:
            printf("\n5-QueueEmpty:\n");
            if (QueueEmpty(&qq))
                printf("Queue is Empty!");
            else
                printf("Queue is not Empty");
            break;
        case 6:
            printf("\n6-DeQueue:\n");
            printf("Queue is :");
            while (!QueueEmpty(&qq))
            {
                if (DeQueue(&qq,&e))
                    printf("%d ",e);
            }
            break;
        case 0:
            break;
        default:
            break;
        }

    }
    while (select);
    return 0;
}
```

5. 栈和递归

利用递归算法设计程序,解决 n 阶汉诺塔问题(A 柱为起始,C 柱为目的)。请将程序补充完整,并分别调试盘子数为 3,7 的情况。

```
#include<stdio.h>
int step=1;
void hanoi(char A,int n,char B,char C)
{
    if (n==1)
    {
        printf("第%d步: \n",step++);
        printf("将%c柱子上唯一的1个盘子移到%c柱子!\n",A,C);
```

```
    }
    else
    {
        printf("先将%c柱子上的多余的%d个盘子移到%c柱子中过程：\n",A,n-1,B);
        hanoi(A,__________,C,__________);
        printf("第%d步：\n",step++);
        printf("将 %c柱子上的最大的盘子移到%c柱子中!\n",A,C);
        printf("接下来将%c柱子上的%d个盘子移到%c柱子中过程：\n", B,n-1,C);
        hanoi(B,__________,A,__________);
    }
}/*hanoi*/
int main()
{
    int n;
    char A,B,C;
    A='A';
    B='B';
    C='C';
    printf("输入A柱子上盘子的个数：");
    scanf("%d",&n);
    hanoi(A,n,B,C);
    printf("\n移动结束");
    return 0;
}
```

6. 设计程序实现简单四则算术运算。具体要求：

(1) 从键盘接收算术表达式,以“#”表示接收结束。

(2) 输出算术表达式的值。

(3) 操作数仅限于非负整数,操作符只能是+、-、*、/、^、(、)。

(4) 可以判断表达式的合法性(如括号的匹配)。

提示：借助栈来完成,将一个表达式转换为后缀表达式,并按照后缀表达式进行计算,得出表达式的结果。

实验4 串

【实验目的】

1. 掌握串的存储表示及基本操作。
2. 掌握串的两种模式匹配算法：BF和KMP。
3. 了解串的应用。

【实验预习】

1. 串和子串的定义。

2. 串的基本操作——串的比较,求子串、串长。
3. 串的模式匹配——BF 算法和 KMP 算法。

【实验内容】

1. 编写程序实现串的相关操作。
(1) 实验测试数据。
① 求"This is a boy"的串长。
② 比较"abc□□3"和"abcde",□表示空格。
③ 比较"english"和"student"。
④ 比较"abc"和"abc"。
⑤ 截取串"white",起始为 2,长度为 2。
⑥ 截取串"white",起始为 1,长度为 7。
⑦ 截取串"white",起始为 6,长度为 2。
⑧ 连接串"asddffgh"和"12344"。
(2) 实验说明及要求。
① 串的顺序存储结构。

```
/*串的定长顺序存储表示*/
#define MAXSIZE 100
typedef struct
{
    char data[MAXSIZE];
    int length;
} SqString;
```

② 构造一个空串 s。操作函数参考如下:

```
int strInit(SqString*s)
{
    s->length=0;
    s->data[0]='\0';
    return OK;
}/*strInit*/
```

③ 生成一个串 s。操作函数参考如下:

```
int strCreate(SqString*s)
{
    printf("input string :");
    gets(s->data);
    s->length=strlen(s->data);
    return OK;
}/*strCreate*/
```

④ 求串 s 的长度。

操作函数原型参考：int strLength(SqString * s);

⑤ 返回两个串的比较结果。若 s>t，则返回值大于 0；若 s<t，则返回值小于 0；若 s==t，则返回值等于 0。

操作函数原型参考：int strCompare(SqString * s,SqString * t);

⑥ 求串 s 的子串。sub 为子串：从 s 的第 pos 个字符开始，长度为 len。

操作函数原型参考：int subString(SqString * sub,SqString * s,int pos,int len);

⑦ 连接串 s1 和 s2 为一个新串 t。

操作函数原型参考：int strConcat(SqString * t,SqString * s1,SqString * s2);

⑧ 主函数参考如下：

```
int main()
{
    int select,k,pos,len;
    SqString s,t,x;
    do
    {
        printf("\n* * * * * * * * * * * * MENU * * * * * * * * * * * * * * * \n");
        printf(" 1. strLentgh\n");                          /* 返回串的长度 */
        printf(" 2. strCompare\n");                         /* 两个串的比较 */
        printf(" 3. subString\n");                          /* 求子串 */
        printf(" 4. strConcat\n");                          /* 返两个串的连接 */
        printf(" 0. EXIT\n");
        printf("\n* * * * * * * * * * * * MENU * * * * * * * * * * * * * * * \n");
        printf("\ninput choice:");
        scanf("%d",&n);
        getchar();
        switch(select)
        {
        case 1:
            printf("\n* * * show strLength * * * \n");
            strCreate(&s);
            printf("strLength is %d\n",strLength(&s));
            break;
        case 2:
            printf("\n* * * show strCompare * * * \n");
            strCreate(&s);
            strCreate(&t);
            k=strCompare(&s,&t);
            if(k==0)
                printf("two string equal!\n");
            else if(k<0)
                printf("first string<second string!\n");
```

```
            else
                printf("first string>second string!\n");
            break;
        case 3:
            printf("\n* * * show subString* * * \n");
            strCreate(&s);
            printf("input substring pos,len:");
            scanf("%d,%d",&pos,&len);
            if(subString(&t,&s,pos,len))
                printf("subString is %s\n",t.data);
            else
                printf("pos or len ERROR!\n");
            break;
        case 4:
            printf("\n* * * show subConcat* * * \n");
            strCreate(&s);
            strCreate(&t);
            if(strConcat(&x,&s,&t))
                printf("Concat string is %s",x.data);
            else
                printf("Concat ERROR!\n");
            break;
        case 0:
            exit(0);
        default:
            break;
        }
    }
    while(select);
    return 0;
}
```

2. 编写程序实现 BF&KMP 串的模式匹配算法。

(1) 实验测试数据。

① 应用 BF 算法求子串"JING"在主串"BEIJING"中的位置，测试起始位置分别为 1 和 5 的情况。

② 应用 KMP 算法求子串"abaabcac"在主串"acabaabaabcacaabc"中的位置，测试起始位置分别为 1,10 的情况，并写出子串的 next[]值。

(2) 实验要求及说明。

① 串的模式匹配——BF。返回子串 t 在主串 s 的位置，若不存在，则返回 0。

操作函数原型参考：int indexBf(SqString * s,SqString * t,int pos);

② 串的模式匹配——KMP。求 next 值。

操作函数原型参考：void getNext(SqString * t,int next[]);

③ 串的模式匹配——KMP。模式匹配的改进算法。

操作函数原型参考：int indexKmp(SqString * s,SqString * t,int start,int next[]);

④ 主函数参考如下：

```
int main()
{
    int select,i,pos,next[MAXSIZE];
    SqString s,t;
    do
    {
        printf("\n * * * * * * * * * * * * * MENU * * * * * * * * * * * * * * * * \n");
        printf("1. Index_BF\n");
        printf("2. INdex_KMP\n");
        printf("0. EXIT\n");
        printf(""\n * * * * * * * * * * * * MENU * * * * * * * * * * * * * * * * \n"");
        printf("\ninput choice:");
        scanf("%d",&n);
        getchar();
        switch(select)
        {
        case 1:
            printf("\n * * * show Index_BF * * * \n");
            printf(" s:");
            strCreate(&s);
            printf(" t:");
            strCreate(&t);
            printf("input start position:");
            scanf("%d",&pos);
            printf("BF:index is %d\n",indexBf(&s,&t,pos));
            break;
        case 2:
            printf("\n * * * show Index_KMP * * * \n");
            printf(" s:");
            strCreate(&s);
            printf(" t:");
            strCreate(&t);
            printf("input start position:");
            scanf("%d",&pos);
            getNext(&t,next);
            printf("KMP:\n");
            printf("next[]:");
            for(i=0; i<t.length; i++)
                printf("%3d",next[i]);                          /* 输出 next 值 */
            printf("\n");
```

```
            printf("index is %d\n",indexKmp(&s,&t,pos,next));
            break;
        case 0:
            exit(0);
        default:
            break;
        }
    }
    while(select);
    return 0;
}
```

3. 试编写算法实现串通配符匹配。通配符为?,它可以和任意一个字符匹配成功。如主串"there are",子串"?re",起始位置为1,返回结果为3。

实验5 数组和特殊矩阵

【实验目的】

1. 掌握特殊矩阵的压缩存储。
2. 掌握稀疏矩阵的压缩存储——三元组表表示。

【实验预习】

1. 对称矩阵及对称矩阵压缩存储 sa[k]与 aij 之间的对应关系。
2. 稀疏矩阵及稀疏矩阵的三元组表表示。

【实验内容】

1. 完成下面程序将对称矩阵进行压缩存储。

(1) 对称矩阵数组元素 A[i][j]转换成为以行为主的一维数组 sa[k],请描述 k 与 ij 的关系(注意 C 程序中,i,j,k 均从 0 开始)。

(2)调试程序与运行。对称矩阵存储下三角部分,即 i>=j。

对称矩阵为　3,9,1,4,7
　　　　　　9,5,2,5,8
　　　　　　1,2,5,2,4
　　　　　　4,5,2,1,7
　　　　　　7,8,4,7,9

(3) 参考程序如下:

```
#include<stdio.h>
#define N 5
int main()
{
```

```
    int upper[N][N]={{3,9,1,4,7},
                     {9,5,2,5,8},
                     {1,2,5,2,4},
                     {4,5,2,1,7},
                     {7,8,4,7,9}
    };                                          /*对称矩阵*/
    int rowMajor[15];                           /*存储转换数据后以行为主的数组*/
    int Index;                                  /*数组的索引值*/
    int i,j;
    printf("Two dimensional upper triangular array:\n");
    for (i=0; i<N; i++)                         /*输出对称矩阵*/
    {
        for(j=0; j<N; j++)
            printf("%3d",upper[i][j]);
        printf("\n");
    }
    for(i=0; i<N; i++)                          /*进行压缩存储*/
        for(j=0; j<N; j++)
            if(______________)                  /*下三角元素进行存储*/
            {
                Index=________________;         /*ij与index的转换*/
                rowMajor[Index]=upper[i][j];
            }
    printf("\nRow Major one dimensional array:\n");
    for(i=0; i<15; i++)                         /*输出转换后的一维数组*/
        printf("%3d", rowMajor[i]);
    printf("\n");
    return 1;
}
```

2. 完成程序实现稀疏矩阵的三元组表存储及稀疏矩阵的转置。

(1) 补充完整程序,运行稀疏矩阵的一般转置算法。

(2) 完成稀疏矩阵的快速转置算法,并修改主函数的转置调用算法,验证快速转置算法的正确性。

(3) 参考程序如下:

```
#include<stdio.h>
#define MAXSIZE 20                              /*非零元素个数最大值*/
typedef int ElemType;
typedef struct
{
    int i,j;
    ElemType e;
}Triple;
```

```
typedef struct
{
    Triple data[MAXSIZE+1];                    /* 三元组表,data[0]不用 */
    int mu,nu,tu;                              /* 矩阵的行数、列数、非零元个数 */
}TSMatrix;
void TransposeSMatrix(TSMatrix * T,TSMatrix * M);      /* 一般转置算法 */
void FastTransposeSMatrix(TSMatrix * M,TSMatrix * T);  /* 快速转置算法 */
int main()
{
    int i,j,k,q,col,p;
    int temp[6][7]={{0,12,9,0,0,0,0},                  /* 稀疏矩阵 */
        {0,0,0,0,0,0,0,},
        {-3,0,0,0,0,14,0},
        {0,0,24,0,0,0,0},
        {0,18,0,0,0,0,0},
        {15,0,0,-7,0,0,0},
    };
    TSMatrix T,M;
    M.mu=6;
    M.nu=7;
    M.tu=0;
    k=1;
    for (i=0;i<6;i++)                          /* 转换为稀疏矩阵的三元组表示 */
    {
        for (j=0;j<7;j++)
        {
            if (temp[i][j]!=0)
            {
                M.data[k].i=i+1;
                M.data[k].j=j+1;
                M.data[k].e=temp[i][j];
                k++;
            }
        }
    }
    M.tu=k-1;
    TransposeSMatrix(&M,&T);                   /* 调用转置算法进行转置 */
    /* 输出转置结果 */
    printf("稀疏矩阵: \n");
    for (i=0;i<6;i++)                          /* 转换为稀疏矩阵的三元组表示 */
    {
        for (j=0;j<7;j++)
        {
            printf("%3d",temp[i][j]);
```

```
        }
        printf("\n");
    }
    printf("转置前 M 三元组表: \nmu\tnu\ttu\n");
    printf("%d\t%d\t%d\n",M.mu,M.nu,M.tu);
    printf("\ni\tj\te\n");
    for (i=1;i<=M.tu;i++)
        printf("%d\t%d\t%d\n",M.data[i].i,M.data[i].j,M.data[i].e);
    printf("转置后 T 三元组表: \nmu\tnu\ttu\n");
    printf("%d\t%d\t%d\n",T.mu,T.nu,T.tu);
    printf("\ni\tj\te\n");
    for (i=1;i<=T.tu;i++)
        printf("%d\t%d\t%d\n",T.data[i].i,T.data[i].j,T.data[i].e);
}
/*稀疏矩阵的转置*/
void TransposeSMatrix(TSMatrix *M,TSMatrix *T)
{
    /*补充算法*/
}/*TransposeSMatrix*/
/*稀疏矩阵的快速转置算法*/
void FastTransposeSMatrix(TSMatrix *M,TSMatrix *T)
{
    /*补充算法*/
}/*FastTransposeSMatrix*/
```

实验 6　二叉树

【实验目的】

1. 掌握二叉树的基本存储表示。
2. 掌握二叉树的遍历操作实现方法(递归和非递归方法)。
3. 理解并实现二叉树的其他基本操作。
4. 掌握二叉树的重要应用——哈夫曼编码的实现。

【实验预习】

1. 二叉树的二叉链表存储表示。
2. 二叉树的三种基本遍历方式。
3. 哈夫曼树和哈夫曼编码。

【实验内容】

1. 编写程序,实现二叉树的链式存储及基本操作。

(1) 以下图所示的二叉树实现二叉树的二叉链表存储及基本操作,首先回答下列问题。

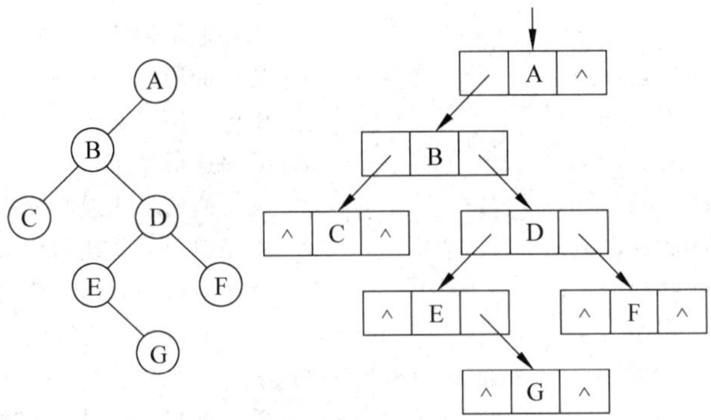

① 按照先序序列建立二叉树。

读入的字符序列应为____________________(#表示空指针)。

② 二叉树的三种遍历序列:

先序序列:____________________;

中序序列:____________________;

后序序列:____________________。

③ 按层次遍历二叉树,得到的序列为____________________。

④ 二叉树的深度为________。

⑤ 二叉树的叶子结点数为________。

⑥ 交换二叉树所有结点的左右次序得到的新二叉树为:(画出新二叉树的图)

⑦ 新二叉树的三种遍历序列分别为:

先序序列:____________________;

中序序列:____________________;

后序序列:____________________。

(2) 参考程序如下,请补充完整程序,并调试运行。

```
#include<stdio.h>
#include<malloc.h>
#define MAX 20
/*---二叉树的二叉链表存储表示---*/
typedef struct BTNode
{
    char data;                          /*结点数据*/
    struct BTNode *lchild;              /*左孩子指针*/
    struct BTNode *rchild ;             /*右孩子指针*/
}*BiTree;
/*---非递归遍历辅助队列---*/
typedef struct
{
```

```
    BiTree data[MAX];
    int front,rear;
} SqQueue;
void createBiTree(BiTree * t);              /* 先序遍历创建二叉树 */
void PreOrder(BiTree p);                    /* 先序遍历二叉树 */
void InOrder(BiTree p);                     /* 中序遍历二叉树 */
void PostOrder(BiTree p);                   /* 后序遍历二叉树 */
void RPreorder(BiTree p);                   /* 先序遍历的非递归算法 */
void RInorder(BiTree p);                    /* 中序遍历的非递归算法 */
void RPostorder(BiTree p);                  /* 后序遍历的非递归算法 */
int depth(BiTree t);                        /* 求二叉树的深度算法 */
BiTree gettreenode(char x,BiTree lptr,BiTree rptr);
                                            /* 后序复制二叉树——建立结点 */
BiTree copytree(BiTree t);                  /* 以后序遍历的方式复制二叉树 */
BiTree swap(BiTree b);                      /* 交换二叉树的结点的左右孩子 */
void ccOrder(BiTree t);                     /* 利用循环队列实现层次遍历 */
int Leaves(BiTree t);                       /* 统计二叉树叶子结点(递归) */
void release(BiTree t);                     /* 释放二叉树 */
/* 先序遍历创建二叉树 */
void createBiTree(BiTree * t)
{
    char s;
    BiTree q;
    printf("\nplease input data:");
    s=getchar();
    getchar();                              /* 扔掉存在键盘缓冲区的输入结束回车符 */
    if(s=='#')                              /* 子树为空则返回 */
    {
        * t=NULL;
        return;
    }
    q=(BiTree)malloc(sizeof(struct BTNode));
    if(q==NULL)
    {
        printf("Memory alloc failure!");
        exit(0);
    }
    q->data=s;
    * t=q;
    createBiTree(&q->lchild);               /* 递归建立左子树 */
    createBiTree(&q->rchild);               /* 递归建立右子树 */
}/* createBiTree */
/* 先序遍历二叉树 */
void PreOrder(BiTree p)
```

```
{
    /*补充递归算法*/
}/*PreOrder*/
/*中序遍历二叉树*/
void InOrder(BiTree p)
{
    /*补充递归算法*/
}/*InOrder*/
/*后序遍历二叉树*/
void PostOrder(BiTree p)
{
    /*补充递归算法*/
}/*PostOrder*/
/*先序遍历的非递归算法*/
void RPreorder(BiTree p)
{
    BiTree stack[MAX],q;
    int top=0,i;
    for(i=0; i<MAX; i++) stack[i]=NULL; /*初始化栈*/
    q=p;
    while(q!=NULL)
    {
        printf("%c",q->data);
        if(q->rchild!=NULL) ____________________;      /*右指针进栈*/
        if(q->lchild!=NULL);                 /*顺着左指针继续向下*/
        else if(top>0) q=stack[--top];  /*左子树访问完,出栈继续访问右子树结点*/
        else q=NULL;
    }
}/*RPreorder*/
/*中序遍历的非递归算法*/
void RInorder(BiTree p)
{
    /*补充算法*/
}/*RInorder*/
/*后序遍历的非递归算法*/
void RPostorder(BiTree p)
{
    BiTree stack[MAX],q;
    int i,top=0,flag[MAX];                   /*flag访问标志辅助数组*/
    for(i=0; i<MAX; i++)                     /*初始化栈*/
    {
        stack[i]=NULL;
        flag[i]=0;
    }
```

```
    q=p;
    while(q!=NULL||top!=0)
    {
        if(q!=NULL)                          /*当前结点进栈,先遍历其左子树*/
        {
            stack[top]=q;
            flag[top]=0;
            top++;
            q=q->lchild;
        }
        else
        {
            while(top)
            {
                if(flag[top-1]==0)       /*遍历结点的右子树*/
                {
                    q=stack[top-1];
                    q=q->rchild;
                    flag[top-1]=1;
                    break;
                }
                else
                {
                    q=stack[--top];
                    printf("%c",q->data);      /*遍历结点*/
                }
            }
        }
        if(top==0) break;
    }
}/*RPostorder*/
/*求二叉树的深度算法*/
int depth(BiTree t)
{
    /*补充递归算法*/
}/*depth*/
/*建立结点*/
BiTree gettreenode(char x,BiTree lptr,BiTree rptr)
{
    BiTree t;
    t=(BiTree)malloc(sizeof(struct BTNode));
    t->data=x;
    t->lchild=lptr;
    t->rchild=rptr;
```

```
    return(t);
}/*gettreenode*/
/*以后序遍历的方式递归复制二叉树*/
BiTree copytree(BiTree t)
{
    BiTree newlptr,newrptr,newnode;
    if(t==NULL)
        return NULL;
    if(t->lchild!=NULL)
        newlptr=copytree(t->lchild);
    else newlptr=NULL;
    if(t->rchild!=NULL)
        newrptr=copytree(t->rchild);
    else newrptr=NULL;
    newnode=gettreenode(t->data, newlptr, newrptr);
    return(newnode);
}/*copytree*/
/*交换二叉树的结点的左右孩子*/
BiTree swap(BiTree b)
{
    BiTree t,t1,t2;
    if(b==NULL)
        t=NULL;
    else
    {
        t=(BiTree)malloc(sizeof(struct BTNode));
        t->data=b->data;
        t1=swap(b->lchild);                    /*递归交换左子树上的结点*/
        t2=swap(b->rchild);                    /*递归交换右子树上的结点*/
        t->lchild=t2;                          /*交换根t的左右子树*/
        t->rchild=t1;
    }
    return(t);
}/*swap*/
/*利用循环队列实现层次遍历*/
void ccOrder(BiTree t)
{
    BiTree p;
    SqQueue qlist,*q;
    q=&qlist;
    q->rear=0;
    q->front=0;                                /*初始化队列*/
    p=t;
    if(p!=NULL)
```

```
    {
        printf("%c",p->data);
        q->data[q->rear]=p;
        q->rear=(q->rear+1)%MAX;          /*修改队尾指针*/
        while(q->front!=q->rear)
        {
            p=q->data[q->front];
            q->front=(q->front+1)%MAX;
            if(p->lchild!=NULL)           /*访问左孩子,并入队列*/
            {
                /*补充语句*/
            }
            if(p->rchild!=NULL)           /*访问右孩子,并入队列*/
            {
                /*补充语句*/
            }
        }
    }
}/*ccOrder*/
/*统计二叉树叶子结点*/
int Leaves(BiTree t)
{
    /*补充递归算法*/
}/*Leaves*/
/*释放二叉树*/
void release(BiTree t)
{
    if(t!=NULL)
    {
        release(t->lchild);
        release(t->rchild);
        free(t);
    }
}/*release*/
int main()
{
    BiTree t=NULL,copyt=NULL;
    int select;
    do
    {
        printf("\n*************MENU****************\n");
        printf(" 1.按先序序列建立二叉树\n");
        printf(" 2.遍历二叉树(三种递归方法)\n");
        printf(" 3.遍历二叉树(三种非递归方法)\n");
```

```
printf(" 4. 层次遍历二叉树\n");
printf(" 5. 输出二叉树的深度\n");
printf(" 6. 统计二叉树的叶子结点数(递归)\n");
printf(" 7. 后序遍历方式复制一棵二叉树\n");
printf(" 8. 交换二叉树所有结点的左右孩子\n");
printf(" 0. EXIT");
printf("\n************MENU****************\n");
printf("\ninput choice:");
scanf("%d",&select);
getchar();
switch(select)
{
case 1:
    printf("\n1-按先序序列建立二叉树:\n");
    printf("请依次输入结点序列: \n");
    createBiTree(&t);
    if(t!=NULL)
        printf("二叉树创建成功!\n");
    else
        printf("二叉树未创建成功!\n");
    break;
case 2:
    printf("\n2-遍历二叉树(三种递归方法):\n");
    printf("\n 先序遍历序列:");
    PreOrder(t);
    printf("\n 中序遍历序列:");
    InOrder(t);
    printf("\n 后序遍历序列:");
    PostOrder(t);
    printf("\n");
    break;
case 3:
    printf("\n3-遍历二叉树(三种非递归方法):\n");
    printf("\n 先序遍历的非递归:");
    RPreorder(t);
    printf("\n 中序遍历的非递归:");
    RInorder(t);
    printf("\n 后序遍历的非递归:");
    RPostorder(t);
    printf("\n");
    break;
case 4:
    printf("\n4-层次遍历二叉树:\n");
    printf("\n 按层次遍历:");
```

```
            ccOrder(t);
            printf("\n");
            break;
        case 5:
            printf("\n5-输出二叉树的深度:\n");
            printf("\n 二叉树的深度:%d",depth(t));
            printf("\n");
            break;
        case 6:
            printf("\n6-统计二叉树的叶子结点数(递归):\n");
            printf("\n 叶子结点数为: %d",Leaves(t));
            printf("\n");
            break;
        case 7:
            printf("\n7-后序遍历方式复制一棵二叉树:\n");
            copyt=copytree(t);
            if(copyt!=NULL)
            {
                printf("\n 先序递归遍历复制的二叉树:");
                PreOrder(copyt);
            }
            else
                printf("\n 复制失败!");
            printf("\n");
            break;
        case 8:
            printf("\n8-交换二叉树所有结点的左右孩子:\n");
            printf("\n 先序递归遍历交换后的二叉树:");
            PreOrder(swap(t));
            printf("\n");
            break;
        case 0:
            release(t);                     /* 释放二叉树 */
            break;
        default:
            break;
        }
    }
    while(select);
    return 0;
}
```

2. 编写程序,实现哈夫曼树的建立和哈夫曼编码。

若有一组字符序列{a,c,e,i,s,t,w},则对应的出现频率为{10,1,15,12,3,4,13}。

以此序列创建哈夫曼树和哈夫曼编码。回答下列问题,补充完整程序,并调试运行验证结果。

(1) 构造该序列的哈夫曼树,画出哈夫曼树的形态(以结点值左小右大的原则)。

(2) 写出对应的哈夫曼编码。

(3) 计算编码的 WPL。

(4) 参考程序如下,请补充完整程序,并调试运行程序。

```
#include<stdio.h>
#define MAXVALUE 10000                          /*定义最大权值*/
#define MAXLEAF 30                              /*定义哈夫曼树中叶子结点个数*/
#define MAXNODE MAXLEAF*2-1
#define MAXBIT 10                               /*定义哈夫曼编码的最大长度*/
typedef struct                                  /*哈夫曼编码结构*/
{
    int bit[MAXBIT];
    int start;
}
HCodeType;
typedef struct                                  /*哈夫曼树结点结构*/
{
    char data;
    int weight;
    int parent;
    int lchild;
    int rchild;
}
HNodeType;
void HuffmanTree(HNodeType HuffNode[],int*hn);      /*哈夫曼树的构造算法*/
void HuffmanCode(HNodeType HuffNode[],HCodeType HuffCode[],int n);
                                                            /*生成哈夫曼编码*/
/*哈夫曼树的构造算法*/
void HuffmanTree(HNodeType HuffNode[],int*hn)
{
    int i,j,m1,m2,x1,x2,n;
    printf("n:");
    scanf("%d",&n);
    getchar();                                  /*输入叶子结点个数*/
    for (i=0; i<2*n-1; i++)                     /*数组 HuffNode[ ]初始化*/
    {
        HuffNode[i].data='0';
        HuffNode[i].weight=0;
        HuffNode[i].parent=-1;
        HuffNode[i].lchild=-1;
        HuffNode[i].rchild=-1;
```

```
    }
    printf("HuffNode:\n");
    for (i=0; i<n; i++)
    {
        scanf("%c,%d",&HuffNode[i].data,&HuffNode[i].weight);
                                                  /*输入 n 个叶子结点的权值*/
        getchar();
    }
    for (i=0; i<n-1; i++)                         /*构造哈夫曼树*/
    {
        m1=m2=MAXVALUE;
        x1=x2=0;
        for (j=0; j<n+i; j++)
        {
            if (HuffNode[j].weight<m1 && HuffNode[j].parent==-1)
            {
                m2=m1;
                x2=x1;
                m1=HuffNode[j].weight;
                x1=j;
            }
            else if (HuffNode[j].weight<m2 && HuffNode[j].parent==-1)
            {
                m2=HuffNode[j].weight;
                x2=j;
            }
        }
        /*将找出的两棵子树合并为一棵子树*/
        HuffNode[x1].parent=n+i;
        HuffNode[x2].parent=n+i;
        HuffNode[n+i].weight=____________;    /*权值为两棵子树权值和*/
        HuffNode[n+i].lchild=x1;
        HuffNode[n+i].rchild=x2;
    }
    *hn=n;
}/*HuffmanTree*/
/*生成哈夫曼编码*/
void HuffmanCode(HNodeType HuffNode[],HCodeType HuffCode[],int n)
{
    HCodeType cd;
    int i,j,c,p;
    for(i=0; i<n; i++)                            /*求每个叶子结点的哈夫曼编码*/
    {
        cd.start=n-1;
```

```
        c=i;
        p=HuffNode[c].parent;
        while(p!=-1)                        /* 由叶结点向上直到树根 */
        {
            if(HuffNode[p].lchild==c)       /* 左分支,编码为 0 */
                cd.bit[cd.start]=0;
            else
                ___________;                /* 右分支,编码为 0 */
            cd.start--;
            c=p;
            p=HuffNode[c].parent;
        }
        for(j=cd.start+1; j<n; j++)
                        /* 保存求出的每个叶结点的哈夫曼编码和编码的起始位 */
            HuffCode[i].bit[j]=cd.bit[j];
        HuffCode[i].start=cd.start;
    }
    for (i=0; i<n; i++)                     /* 输出每个叶子结点的哈夫曼编码 */
    {
        printf("%c: ",HuffNode[i].data);
        for(j=HuffCode[i].start+1; j<n; j++)
            printf("%d",HuffCode[i].bit[j]);
        printf("\n");
    }
}/* HuffmanCode */
int main()
{
    HNodeType HuffNode[MAXNODE];
    HCodeType HuffCode[MAXLEAF];
    int n,i;
    printf("create HuffmanTree:\n");
    HuffmanTree(HuffNode,&n);
    printf("\n");
    for(i=0; i<2*n-1; i++)
    {
        putchar(HuffNode[i].data);
        printf("%3d",HuffNode[i].weight);
        printf("%3d",HuffNode[i].parent);
        printf("%3d",HuffNode[i].lchild);
        printf("%3d",HuffNode[i].rchild);
        printf("\n");
    }
    printf("\n");
    HuffmanCode(HuffNode,HuffCode,n);
```

```
    return 0;
}
```

3. 实现哈夫曼的解码功能。在第 2 题的基础上，根据给定的哈夫曼编码译文进行解码，输出原字符编码。

实验 7 图

【实验目的】

1. 掌握图的两种存储表示方法。
2. 掌握图的深度优先和广度优先搜索方法。
3. 掌握图的典型应用——求最小生成树、拓扑排序和求最短路径方法。

【实验预习】

1. 图的邻接矩阵和邻接表存储表示。
2. 图的深度优先和广度优先搜索。
3. 图的最小生成树算法——Prim 和 Kruskal。
4. 图的拓扑排序算法。
5. 图的最短路径算法——Dijstra 和 Floyd。

【实验内容】

1. 编写程序，实现图的邻接矩阵存储及图的深度优先搜索和广度优先搜索。

(1) 写出图 2-1 所示无向图的邻接矩阵表示。

(2) 写出图 2-1 所示的深度优先搜索序列和广度优先搜索序列。

(3) 参考程序如下，补充完整程序，并调试运行。

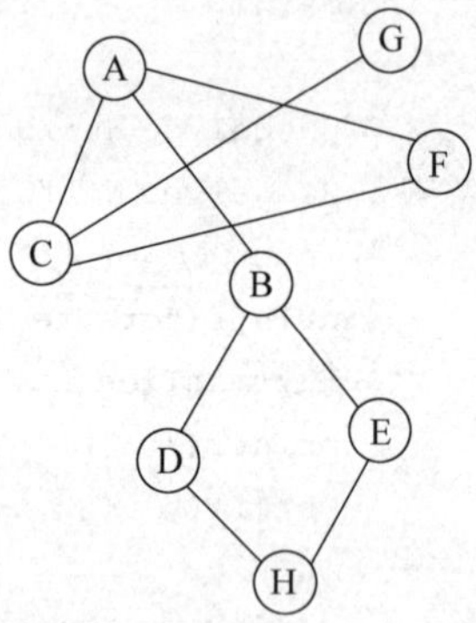

图 2-1 无向图 G1

```
#include<stdio.h>
#define N 20
#define TRUE 1
#define FALSE 0
int visited[N];
typedef struct                        /* 循环队列的定义 */
{
    int data[N];
    int front,rear;
} SqQueue;
/* 图的邻接矩阵表示 */
typedef struct
{
    int vexnum,arcnum;                /* 图的顶点数和边(弧)数 */
```

```
    char vexs[N];                    /* 顶点信息 */
    int arcs[N][N];                  /* 邻接矩阵 */
}
MGraph;
void createGraph(MGraph * g);        /* 建立一个无向图的邻接矩阵 */
void dfs(int i, MGraph * g);         /* 从第 i 个顶点出发深度优先搜索 */
void tdfs(MGraph * g);               /* 深度优先搜索整个图 */
void bfs(int k, MGraph * g);         /* 从第 k 个顶点广度优先搜索 */
void tbfs(MGraph * g);               /* 广度优先搜索整个图 */
void init_visit();                   /* 初始化访问标识数组 */
/* 建立一个无向图的邻接矩阵 */
void createGraph(MGraph * g)
{
    int i,j,e=0;
    char v;
    g->vexnum=0;
    g->arcnum=0;
    i=0;
    printf("\n 输入顶点序列(以#结束): \n");
    while ((v=getchar())!='#')
    {
        ________________;            /* 读入顶点信息 */
        i++;
    }
    g->vexnum=i;                     /* 顶点数目 */
    for (i=0;i<g->vexnum;i++)        /* 邻接矩阵初始化为 0 */
        for (j=0;j<g->vexnum;j++)
            ____________________;
    printf("\n 输入边的信息(顶点序号,顶点序号),以(-1,-1)结束: \n");
    scanf("%d,%d",&i,&j);            /* 读入边(i,j) */
    while (i!=-1)                    /* 读入 i 为-1 时结束 */
    {
        ________________;            /* 设置邻接矩阵 */
        ________________;
        e++;
        scanf("%d,%d",&i,&j);
    }
    g->arcnum=e;
}/* createGraph */
/* 从第 i 个顶点出发深度优先搜索 */
void dfs(int i, MGraph * g)
{
    /* 补充算法 */
}/* dfs */
/* 深度优先搜索整个图 */
void tdfs(MGraph * g)
```

```
{
    int i;
    printf("\n 从顶点%C 开始深度优先搜索序列：",g->vexs[0]);
    for (i=0;i<g->vexnum;i++)
        if (________________)                /*对尚未访问过的顶点进行深度优先搜索*/
            dfs(i,g);
    printf("\n");
}/*tdfs*/
/*从第 k 个顶点广度优先搜索*/
void bfs(int k, MGraph *g)
{
    /*补充算法*/
}/*bfs*/
/*广度优先搜索整个图*/
void tbfs(MGraph *g)
{
    int i;
    printf("\n 从顶点%C 开始广度优先搜索序列：",g->vexs[0]);
    for (i=0;i<g->vexnum;i++)
        if (visited[i]!=TRUE)
            bfs(i,g);
    printf("\n");
}/*tbfs*/
/*初始化访问标识数组*/
void init_visit()
{
    int i;
    for (i=0;i<N;i++)
        visited[i]=FALSE;
}/*init_visit*/
int main()
{
    MGraph ga;
    int i,j;
    printf("**********图邻接矩阵存储和图的遍历**********\n");
    printf("\n1-输入图的基本信息：\n");
    createGraph(&ga);
    printf("\n2-无向图的邻接矩阵：\n");
    for (i=0;i<ga.vexnum;i++)
    {
        for (j=0;j<ga.vexnum;j++)
            printf("%3d",ga.arcs[i][j]);
        printf("\n");
    }
```

```
    printf("\n3-图的遍历：\n");
    init_visit();                          /*初始化访问数组*/
    tdfs(&ga);                             /*深度优先搜索图*/
    init_visit();
    tbfs(&ga);                             /*广度优先搜索图*/
    return 0;
}
```

2. 编写程序，实现图的邻接表存储和拓扑排序算法。

(1) 写出图 2-2 所示有向图的邻接表表示。

(2) 写出图 2-2 所示的拓扑序列，说明该有向图是否有环？

(3) 参考程序如下，补充完整程序，并调试运行。

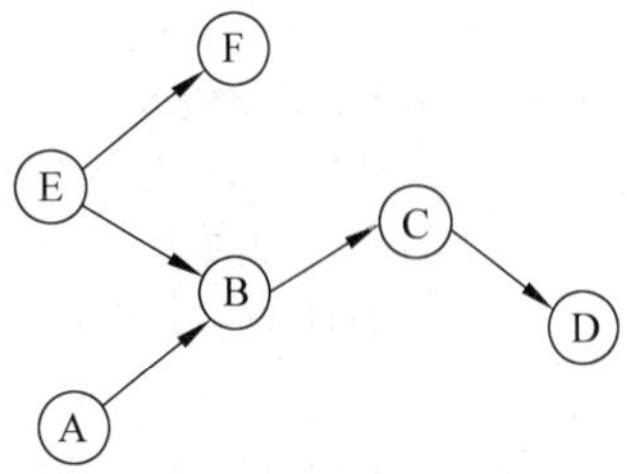

图 2-2 有向图 G2

```
#include<stdio.h>
#include<malloc.h>
#define N 20
/*图的邻接表：邻接链表结点*/
typedef struct EdgeNode
{
    int adjvex;                            /*顶点序号*/
    struct EdgeNode *next;                 /*下一个结点的指针*/
} EdgeNode;
/*图的邻接表：邻接表*/
typedef struct VNode
{
    char data;                             /*顶点信息*/
    int ind;                               /*顶点入度*/
    struct EdgeNode *link;                 /*指向邻接链表指针*/
} VNode;
/*图的邻接表*/
typedef struct ALgraph
{
    int vexnum,arcnum;                     /*顶点数、弧数*/
    VNode adjlist[N];
}ALGraph;
void createGraph_list(ALGraph *g);         /*建立有向图的邻接表*/
void topSort(ALGraph *g);                  /*拓扑排序*/
/*建立有向图的邻接表*/
void createGraph_list(ALGraph *g)
{
    int i,j,e;
    char v;
    EdgeNode *s;
```

```
    i=0;
    e=0;
    printf("\n输入顶点序列(以#结束): \n");
    while((v=getchar())!='#')
    {
        g->adjlist[i].data=v;              /*读入顶点信息*/
        g->adjlist[i].link=NULL;           /*指针域设置为 NULL*/
        g->adjlist[i].ind=0;               /*入度为 0*/
        i++;
    }
    g->vexnum=i;
    /*建立邻接链表*/
    printf("\n请输入弧的信息(顶点序号,顶点序号),以(-1,-1)结束:\n");
    scanf("%d,%d",&i,&j);
    while(i!=-1)
    {
        s=(struct EdgeNode*)malloc(sizeof(EdgeNode));
        s->adjvex=j;
        s->next=g->adjlist[i].link;
        ____________________________;      /*插入 s 到邻接表的表头位置*/
        ____________________________;      /*顶点 j 的入度加 1*/
        e++;
        scanf("%d,%d",&i,&j);
    }
    g->arcnum=e;
}/*createGraph_list*/
/*拓扑排序*/
void topSort(ALGraph*g)
{
    int i,j,k,top=0,m=0,s[N];              /*m 为拓扑排序输出的结点数*/
    EdgeNode*p;
    for(i=0; i<g->vexnum; i++)
        if(g->adjlist[i].ind==0)
            ____________________;          /*入度为 0 的顶点入栈*/
    printf("\n输出拓扑序列: ");
    while(top>0)
    {
        j=s[--top];
        printf("%c",g->adjlist[j].data);   /*输出入度为 0 的顶点 j*/
        m++;
        p=g->adjlist[j].link;              /*p 指向刚输出的顶点 j 的邻接表*/
        while(p!=NULL)                     /*修改以 j 起始有弧的顶点的入度*/
        {
            k=p->adjvex;
```

```
            __________;                        /*与起始点j有弧的顶点的入度减1*/
            if(g->adjlist[k].ind==0)
                ____________;                  /*入度为0的顶点入栈*/
            p=p->next;
        }
    }
    printf("\n共输出%d个顶点\n",m);
    if(m<g->vexnum)
        printf("图中有环!");
    else
        printf("图中无环!");
}/*topSort*/
int main()
{
    ALGraph g;
    int i;
    EdgeNode *s;
    printf("***********图邻接矩阵存储和图的遍历***********\n");
    printf("\n1-输入图的基本信息:\n");
    createGraph_list(&g);
    printf("\n2-图的邻接表:");
    for(i=0; i<g.vexnum; i++)
    {
        printf("\n%c,%d:",g.adjlist[i].data,g.adjlist[i].ind);
        s=g.adjlist[i].link;
        while(s!=NULL)
        {
            printf("->%d",s->adjvex);
            s=s->next;
        }
    }
    printf("\n");
    printf("\n3-根据图的邻接表实现拓扑排序:\n");
    topSort(&g);
    return 0;
}
```

(4) 测试下面给出的图的信息，写出运行结果，画出该有向图。

```
ABCDEF#
1,0
1,3
2,1
2,5
3,2
3,4
```

```
3,5
4,0
5,0
5,1
5,4
-1,-1
```

3. 编写程序,实现带权图的存储、图的最小生成树及单源最短路径算法。

(1) 根据图 2-3 所示,写出其最小生成树。

(2) 根据图 2-4 所示,求从顶点 A 到其他顶点的单源最短路径。

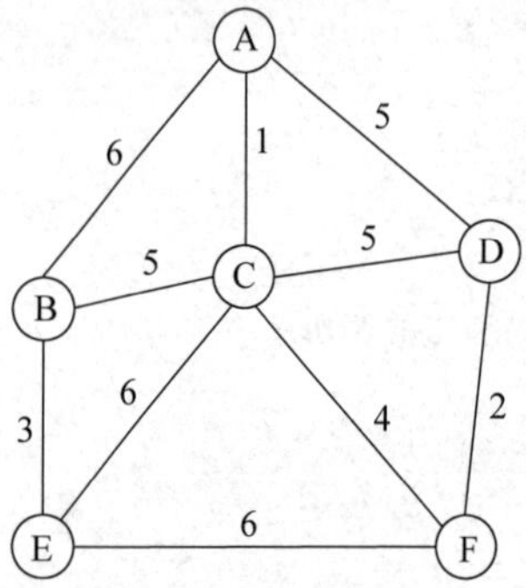

图 2-3　无向带权图 G3

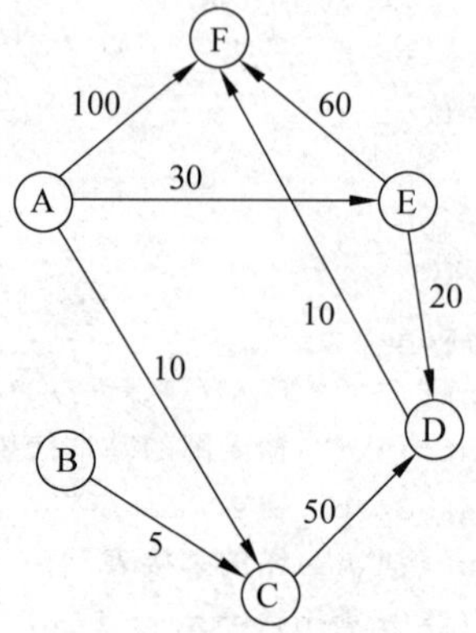

图 2-4　有向带权图 G4

(3) 参考程序如下,补充完整程序,并调试运行(以图 2-3(求该图的最小生成树)和图 2-4(求该图的单源最短路径)为例)。

```
#include<stdio.h>
#define N 20
#define TRUE 1
#define INF 32766                              /*邻接矩阵中的无穷大元素*/
#define INFIN 32767                            /*比无穷大元素大的数*/
/*图的邻接矩阵表示*/
typedef struct
{
    int vexnum,arcnum;
    char vexs[N];
    int arcs[N][N];
}
MGraph;
void printPath(MGraph g,int startVex,int EndVex,int path[][N]);
void createMGraph_w(MGraph *g,int flag);  /*建带权图的邻接矩阵*/
void prim(MGraph *g,int u);                   /*求最小生成树 Prim 算法,u 为出发顶点*/
void dijkstra(MGraph g,int v);                /*Dijkstra 算法求单源最短路径*/
/*建带权图的邻接矩阵,若 flag 为 1,则为无向图,flag 为 0 则为有向图*/
void createGraph_w(MGraph *g,int flag)
```

```
{
    int i,j,w;
    char v;
    g->vexnum=0;
    g->arcnum=0;
    i=0;
    printf("\n 输入顶点序列(以#结束): \n");
    while((v=getchar())!='#')
    {
        g->vexs[i]=v;                          /* 读入顶点信息 */
        i++;
    }
    g->vexnum=i;
    for(i=0; i<6; i++)                         /* 邻接矩阵初始化 */
        for(j=0; j<6; j++)
            g->arcs[i][j]=INF;
    printf("\n 输入边的信息: (顶点,顶点,权值),以(-1,-1,-1)结束\n");
    scanf("%d,%d,%d",&i,&j,&w);                /* 读入边(i,j,w) */
    while(i!=-1)                               /* 读入 i 为-1 时结束 */
    {
        g->arcs[i][j]=w;
        if(flag==1)
            g->arcs[j][i]=w;
        scanf("%d,%d,%d",&i,&j,&w);
    }
}/* createGraph_w */
/* 求最小生成树 Prim 算法,u 为出发顶点 */
void prim(MGraph * g,int u)
{
    int lowcost[N],closest[N],i,j,k,min;
    for(i=0; i<g->vexnum; i++)                 /* 求其他顶点到出发顶点 u 的权 */
    {
        lowcost[i]=______________;             /* 顶点 i 到 u 的代价最小的边权值 */
        closest[i]=u;
    }
    lowcost[u]=0;
    printf("\n 最小生成树: \n");
    for(i=1; i<g->vexnum; i++)                 /* 循环求最小生成树中的各条边 */
    {
        min=INFIN;
        for(j=0; j<g->vexnum; j++)             /* 选择得到一条代价最小的边 */
            if(lowcost[j]!=0&&lowcost[j]<min)
            {
                min=___________;               /* 修改当前最小边 */
                k=j;                           /* 记下当前最小边对应的顶点 j */
            }
```

```
            printf("(%c,%c)--%d\n",g->vexs[closest[k]],g->vexs[k],lowcost[k]);
                                                   /*输出该边*/
            lowcost[k]=0;                          /*顶点k纳入最小生成树*/
            for(j=0; j<g->vexnum; j++)             /*求其他顶点到顶点k的权*/
                if(g->arcs[k][j]!=0&&g->arcs[k][j]<lowcost[j])
                {
                    lowcost[j]=________;           /*其他顶点到k的代价最小的边权值*/
                    closest[j]=k;
                }
        }
}/*prim*/
/*dijkstra算法求单源最短路径,v为起点*/
void printPath(MGraph g,int startVex,int EndVex,int path[][N]){
    int stack[N],top=0;                            //堆栈
    int i,k,j;
    int flag[N];                                   //输出路径顶点标志
    k=EndVex;
    for (i=0;i<g.vexnum;i++) flag[i]=0;
    j=startVex;
    printf("%c",g.vexs[j]);
    flag[j]=1;
    stack[top++]=k;
    while(top>0){                                  //找j到k的路径
        for (i=0;i<g.vexnum;i++){
            if (path[k][i]==1 && flag[i]==0 ){          //j到k的路径含有i顶点
                if (g.arcs[j][i]!=INF ){                //j到i的路径含有中间顶点
                    printf("->%c(%d) ",g.vexs[i],g.arcs[j][i]);  //输出j到k的
                                                                   路径的顶点i
                    flag[i]=1;
                    j=i;
                    k=stack[--top];
                    break;
                }
                else
                    if (i!=k) stack[top++]=i;
            }
        }
    }
    if(flag[k]==0) printf("->%c(%d)",g.vexs[k],g.arcs[j][k]);
}
void dijkstra(MGraph g,int v){                     /*dijkstra算法求单源最短路径*/
    int s[N],path[N][N],dist[N];
    int mindis,i,j,u,k;
    for(i=0; i<g.vexnum; i++){
        dist[i]=g.arcs[v][i];
        s[i]=0;
```

```
        for(j=0; j<g.vexnum; j++)
            path[i][j]=0;
        if(dist[i]<INF){
            path[i][v]=1;
            path[i][i]=1;
        }
    }
    dist[v]=0;
    s[v]=1;
    for(i=0,u=1; i<g.vexnum; i++){
        mindis=INFIN;
        for(j=0; j<g.vexnum; j++)
            if(s[j]==0)
                if(dist[j]<mindis){
                    u=j;
                    mindis=dist[j];
                }
        s[u]=1;
        for(j=0; j<g.vexnum; j++)
            if((s[j]==0)&&dist[u]+g.arcs[u][j]<dist[j]){
                dist[j]=dist[u]+g.arcs[u][j];
                for(k=0; k<g.vexnum; k++)
                    path[j][k]=path[u][k];
                path[j][j]=1;
            }
    }
    printf("\n顶点%c->到各顶点的最短路径\n",g.vexs[v]);
    for(i=0;i<g.vexnum;i++){
        if(i==v)continue;
        printf("\n顶点%c->顶点%c:",g.vexs[v],g.vexs[i]);
        if (dist[i]==INF||dist[i]==0)
            printf("无路径");
        else {
            printf("%d ",dist[i]);
            printf("经过顶点:");
            printPath(g,v,i,path);                    //输出v到i的路径
        }
    }
}/*dijkstra*/
int main()
{
    int select;
    MGraph ga;
    do
    {
        printf("\n*************MENU*****************\n");
```

```
        printf(" 1. 图的最小生成树-Prim 算法\n");
        printf(" 2. 图的单源最短路径-Dijstra 算法\n");
        printf(" 0. EXIT");
        printf("\n*************MENU****************\n");
        printf("\ninput choice:");
        scanf("%d",&select);
        getchar();
        switch(select)
        {
            case 1:
                printf("\n1-图的最小生成树-Prim 算法\n");
                printf("\n 输入带权图的基本信息: \n");
                createGraph_w(&ga,1);
                prim(&ga,0);
                break;
            case 2:
                printf("\n2-图的单源最短路径-Dijstra 算法\n");
                printf("\n 输入带权图的基本信息: \n");
                createGraph_w(&ga,0);
                dijkstra(ga,0);
                break;
            default:
                break;
        }
    }while(select);
    return 0;
}
```

4. 编写算法,实现最小生成树的 Kruskal 算法。

提示:

Kruskal 算法实现的基本步骤:

(1) 需要对图中所有的边进行排序,因此需要借助一个辅助数组 edge 来存储按权值由小到大排序的边,包括边的权值、边的起点和终点。

(2) 每加入一条边,需要判断该边的两个顶点是否处在同一连通分量上,可以利用数组 parents 来表示各顶点的状况,parents[i]=i。初始值设置为各自的顶点值,表示各顶点自成一连通分量。当加入该边,需要置该边的边头顶点和边尾顶点的 parents 值相等。

5. 编写算法,实现图的最短路径 Floyd 算法。

提示:

弗洛伊德算法的基本步骤:对有向图采用带权邻接矩阵存储,同时定义一个二维数组 A[N][N]存放顶点 i 到 j 的最短路径。

(1) 初始化 A[i][j]=arcs[i][j]。

(2) 考虑 vi 和 vj 之间的路径是否存在途经 vk 的路径(vi,vk,vj),若存在,比较 A[i][k]+A[K][j]和 A[i][j]的距离,较小送 A[i][j]。

(3) 重复第(2)步,取 vk 为图中所有顶点,直到比较完毕。

同时还必须定义一个矩阵记录最短路径经过的顶点。

6. 编写算法,实现图的关键路径算法。

提示:

基于邻接矩阵的关键路径的求解步骤:

(1) 对 AOE 网进行拓扑排序,同时按拓扑序列的次序求出各顶点事件的最早发生时间 ve,若网中存在回路,则算法终止,否则执行步骤(2)。

(2) 按拓扑序列的逆序求出各顶点事件的最迟发生时间 vl。

(3) 根据各顶点事件的 ve 和 vl 值,求出各顶点活动 ai 的最早发生时间 e(i)和最迟发生时间 l(i)。若 e(i)=l(i),则 a_i 为关键活动。

实验 8 查找

【实验目的】

1. 掌握查找表、动态查找表、静态查找表和平均查找长度的概念。
2. 掌握线性表中顺序查找和折半查找的方法。
3. 学会哈希函数的构造方法,处理冲突的机制及哈希表的查找。
4. 掌握二叉排序树的构造方法和查找过程。

【实验预习】

1. 顺序查找。顺序查找的平均查找长度和查找不成功时的比较次数。
2. 折半查找。折半查找的平均查找长度。
3. 二叉排序树和平衡二叉树。
4. 哈希表和哈希查找
5. 处理冲突的方法。

【实验内容】

1. 编写程序,实现顺序查找和折半查找。

(1) 回答下面问题并与运行结果进行比较:

测试数据:{49,38,65,97,76,13,27,52,89}

① 顺序查找

查找 key=76,查找成功比较次数________。

查找 key=25,查找不成功比较次数________。

② 折半查找

查找 key=76,查找成功比较次数________。

查找 key=25,查找不成功比较次数________。

(2) 参考程序如下,请补充完整。

```
#include<stdio.h>
#define MAX 100
#define KeyType int
```

```
/*静态查找表的顺序存储结构*/
typedef struct
{
    KeyType key;                                    /*关键字值项*/
} table;
int inputSeqData(table R[]);                        /*创建顺序查找表*/
int SeqSearch (table R[], int n, KeyType k );       /*顺序查找算法*/
int inputBinData(table R[]);                        /*创建折半查找表,按照增序*/
int BinSearch(table R[],int n, KeyType k);          /*折半查找算法*/
int main()
{
    table R[MAX];
    int select,n,i;
    KeyType k;
    do
    {
        printf("\n*************MENU****************\n");
        printf(" 1. 输入顺序查找表\n");
        printf(" 2. 顺序查找\n");
        printf(" 3. 输入折半查找表\n");
        printf(" 4. 折半查找\n");
        printf(" 0. EXIT");
        printf("\n*************MENU****************\n");
        printf("\ninput choice:");
        scanf("%d",&select);
        getchar();
        switch(select)
        {
        case 1:
            printf("\n1-输入顺序查找表\n");
            n=inputSeqData(R);
            printf("\n顺序查找表元素:");
            for(i=1; i<=n; i++)
                printf("%d ",R[i].key);
            printf("\n");
            getchar();
            break;
        case 2:
            printf("\n2-顺序查找\n");
            printf("\n输入查找关键字: ");
            scanf("%d",&k);
            i=SeqSearch(R,n,k);
            if(i==0)
                printf("\n未找到 key=%d!\n",k);
            else
                printf("\n查找成功!k=%d 位置序号: %d\n",k,i);
            getchar();
```

```
            break;
        case 3:
            printf("\n3-输入折半查找表\n");
            n=inputBinData(R);
            printf("\n折半查找表元素:");
            for(i=1; i<=n; i++)
                printf("%d ",R[i].key);
            printf("\n");
            getchar();
            break;
        case 4:
            printf("\n4-折半查找\n");
            printf("\n输入查找关键字: ");
            scanf("%d",&k);
            i=BinSearch(R,n,k);
            if(i==0)
                printf("\n未找到 key=%d!\n",k);
            else
                printf("\n查找成功!k=%d位置序号: %d\n",k,i);
            getchar();
            break;
        case 0:
            break;
        default:
            break;
        }
    }
    while(select);
    return 0;
}
/*创建顺序查找表*/
int inputSeqData(table R[])
{
    int i;
    KeyType a;
    printf("\n输入顺序查找表元素(以非数值为输入结束):");
    i=1;
    while(scanf("%d",&a)==1)
    {
        R[i].key=a;
        i++;
    }
    return i;                                         /*返回顺序查找表长度*/
}/*inputSeqData*/
/*顺序查找算法返回查找到位置序号,否则返回-1*/
int SeqSearch (table R[], int n, KeyType k )
{
```

```
    /*补充算法: 返回查找 k 的位置序号,否则返回-1*/
}/*SeqSearch*/
/*创建折半查找表,按照增序排序*/
int inputBinData(table R[])
{
    int i,j,t;
    KeyType a;
    printf("\n输入折半查找表元素(以非数值为输入结束):");
    t=1;
    while(scanf("%d",&a)==1)
    {
        for(i=0; i<t; i++)                          /*找插入位置 i*/
            if(a<R[i].key)
                break;
        for(j=t; j>=i; j--)
            R[j+1].key=R[j].key;                    /*移动位置*/
        R[i].key=a;
        t++;
    }
    return t;                                       /*返回折半查找表长度*/
}/*inputBinData*/
/*折半查找算法*/
int BinSearch(table R[],int n, KeyType k)
{
    /*补充算法,返回查找 k 的位置序号,否则返回-1*/
}/*BinSearch*/
```

2. 编写程序,实现哈希表的构造和查找及哈希冲突的检测方法。

(1) 回答下面问题,并与运行结果比较:

设关键字序列为{16 74 60 43 54 90 46 31 29 88 77 e}

① 采用线性探测法,写出构造的哈希表。

② 采用二次探测法,写出构造的哈希表。

③ 线性探测法哈希查找 key 值为 74,查找成功探查________次。

线性探测法哈希查找 key 值为 100,查找不成功探查________次。

④ 二次探测法哈希查找 key 值为 29,查找成功探查________次。

二次探测法哈希查找 key 值为 2,查找不成功探查________次。

(2) 参考程序如下,请补充完整。

```
/*采用开放地址法构造哈希表*/
#include<stdio.h>
#include<malloc.h>
#define MAXSIZE 15                          /*哈希表分配存储空间大小*/
#define MAX 15                              /*冲突上限*/
#define NULLKEY 0                           /*NULLKEY 为空结点标记*/
#define KeyType int                         /*哈希表元素类型*/
```

```
#define P 13                          /* 哈希函数采用除留取余,P因子大小 */
#define OK 1                          /* 成功标识 */
#define ERROR 0                       /* 失败标识 */
/* 哈希表结点存储结构 */
typedef struct
{
    KeyType key;
} HashNode;
/* 哈希表存储结构 */
typedef struct
{
    HashNode data[MAXSIZE];
    int count;                        /* 当前表中元素个数 */
    int sizeindex;                    /* 当前哈希表容量 */
} HashTable;
int d1[MAX]={0,1,2,3,4,5,6,7,8,9,10,11,12,13,14};  /* 线性探测序列 */
int d2[MAX]={0,1,-1,2*2,-2*2,3*3,-3*3,4*4,-4*4,5*5,-5*5,6*6,-6*6,7*
7,-7*7};                                           /* 二次探测序列 */
int InsertHash(HashTable *H,int e,int d[]);        /* 计算哈希地址,插入哈希表 */
int CreateHash(HashTable *H,int d[]);              /* 构造哈希表 */
int SearchHash(HashTable *H, int e,int d[]);       /* 哈希查找 */
void InitHash(HashTable *H);                       /* 初始化哈希表 */
/* 初始化哈希表 */
void InitHash(HashTable *H)
{
    int i;
    for(i=0; i<MAXSIZE; i++)
    {
        H->data[i].key=NULLKEY;                    /* 设置当前位置为空闲 */
    }
    H->count=0;
    H->sizeindex=MAXSIZE;
}/* InitHash */
/* 哈希表插入关键字 e */
int InsertHash(HashTable *H,int e,int d[])
{
    /* 补充算法:插入哈希表。插入成功返回成功标识,否则返回失败标识 */
}/* InsertHash */
/* 构造哈希表 */
int CreateHash(HashTable *H,int d[])
{
    KeyType a;
    printf("\n 输入数据元素(以非数值为输入结束):");
    while(scanf("%d",&a)==1)
    {
        if(SearchHash(H,a,d)!=-1)      /* 若发现有重复关键字,跳过该关键字的处理 */
```

```
            continue;
        InsertHash(H,a,d);                /*插入元素到哈希表*/
        if(H->count>=MAXSIZE)             /*判断哈希表满*/
            return ERROR;
    }
    return OK;
}/*CreateHash*/
/*哈希查找*/
int SearchHash(HashTable*H, int e,int d[])
{
    /*补充算法:查找关键值e,查找成功返回哈希表下标,不成功返回-1*/
}/*SearchHash*/
int main()
{
    HashTable h;
    KeyType e;
    int i,select,*q;
    do
    {
        printf("\n*************MENU****************\n");
        printf(" 1.线性探测构造哈希表\n");
        printf(" 2.二次探测构造哈希表\n");
        printf(" 3.线性探测哈希查找\n");
        printf(" 4.二次探测哈希查找\n");
        printf(" 0.EXIT");
        printf("\n*************MENU****************\n");
        printf("\ninput choice:");
        scanf("%d",&select);
        getchar();
        switch(select)
        {
        case 1:
        case 2:
            if(select==1)
            {
                printf("\n1-线性探测构造哈希表\n");
                q=d1;
            }
            else
            {
                printf("\n2-二次探测构造哈希表\n");
                q=d2;
            }
            InitHash(&h);                 /*初始化哈希表*/
            if(!(i=CreateHash(&h,q)))
                printf("\n哈希表构造失败!\n");
```

```
            else
            {
                printf("\n哈希表: \n");
                for(i=0; i<h.sizeindex; i++)
                    printf("%d ",h.data[i].key);
            }
            printf("\n");
            getchar();
            break;
        case 3:
        case 4:
            if(select==3)
            {
                printf("\n3-线性探测哈希查找\n");
                q=d1;
            }
            else
            {
                printf("\n4-二次探测哈希查找\n");
                q=d2;
            }
            printf("\n输入查找关键字: ");
            scanf("%d",&e);
            if((i=SearchHash(&h,e,q))==-1)
                printf("\n%d未找到\n",e);
            else
                printf("\n%d在哈希表中下标为%d\n",e,i);
            getchar();
            break;
        case 0:
            break;
        default:
            break;
        }
    }
    while(select);
    return 0;
}
```

3. 已知一个长度为12的数据元素序列为{Dec,Feb,Oct,June,Sept,Aug,Apr,May,July,Jan,Mar},要求编写程序:

(1) 按各个数据元素的顺序(字母大小顺序)构造一棵二叉排序树,并按顺序打印排序结果。

(2) 查找数据Sdept是否存在。

实验 9　排序

【实验目的】

1. 掌握内部排序的基本算法(直接插入排序、简单选择排序、冒泡排序)。

2. 掌握内部排序的先进算法(希尔排序、堆排序、快速排序、归并排序和基数排序)。

3. 理解其他内部排序方法。

【实验预习】

1. 插入类排序、交换类排序和基数排序的基本原理。

2. 内部排序中稳定的排序方法有哪些?

3. 比较直接插入排序、简单选择排序、冒泡排序、希尔排序、堆排序、快速排序的排序效率。

【实验内容】

1. 阅读、分析、完善和编写算法,实现内部排序的各种基本算法。

假设待排序序列为{49,38,65,97,76,13,27,49},采用一维数组 slist[]存储待排序序列。

(1) 直接插入排序。阅读下列程序,理解对应各个函数的功能。参考程序如下:

```
#include <stdlib.h>
#include <stdio.h>
#define MAX 50
void insertSort(int list[], int n);
void createList(int list[], int * n);
void printList(int list[], int n);
void insertSort(int list[], int n)                    /* 函数功能:____________________ */
{
    int i,j,count=1;
    printf("对序列进行直接插入排序: \n");
    printf("初始序列如下 : ");
    printList(list,n);
    for(i=2;i<=n;i++)
    {
        list[0]=list[i];
        j=i-1;
        while(j>0&&list[0]<list[j])                /* 功能:____________________ */
        {
            list[j+1]=list[j];
            --j;
        }
```

```
        list[j+1]=list[0];
        printf("第%d次排序结果：", count++);
        printList(list, n);
    }
}/*insertSort*/
void createList(int list[], int*n)                /*函数功能:____________*/
{
    int i=1,a;
    printf("请输入待排序序列(长度小于 50,以输入一个字符结束):\n");
    while(scanf("%d",&a)==1)
    {
        list[i]=a; i++;
    }
    *n=i-1;
    getchar();
}/*createList*/
void printList(int list[], int n)                 /*函数功能:____________*/
{
    int i=1;
    for(; i<=n; i++){
        printf("%d", list[i]);
        if(i %10==0 && i !=0) printf("\n");
    }
    printf("\n");
}/*printList*/
int main(){
    int length;
    int slist[MAX];                               /*待排序序列*/
    createList(slist, &length);
    insertSort(slist,length);
    printf("最终的排序结果：\n");
    printList(slist, length);
}
```

(2) 冒泡排序。阅读下列程序,完善算法代码。参考程序如下：

```
#include<stdlib.h>
#include<stdio.h>
#define MAX 50
void bubbleSort(int list[], int n);
void createList(int list[], int*n);
void printList(int list[], int n);
void bubbleSort(int list[], int n)
{
    int i=1,j,t,count=1,flag;
```

```
    printf("对序列进行冒泡排序：\n");
    printf("初始序列如下 ：");
    printList(list,n);
    for(flag=1,i=1;i<n&&flag;i++)
    {
        ________;
        for(j=1;j<n-i+1;j++)
            if(________)
            {
                ____________________________;
                flag=1;
            }
        printf("第%d次排序结果：", count++);
        printList(list, n);
    }
}/*bubbleSort*/
void createList(int list[], int *n)
{
    int i=1,a;
    printf("请输入待排序序列(长度小于50,以输入一个字符结束):\n");
    while(scanf("%d",&a)==1)
    {
        list[i]=a; i++;
    }
    *n=i-1;
    getchar();
}/*createList*/
void printList(int list[], int n)
{
    int i=1;
    for(; i <=n; i++)
    {
        printf("%d", list[i]);
        if(i %10==0 && i !=0) printf("\n");
    }
    printf("\n");
}/*printList*/
int main()
{
    int length;
    int slist[MAX];                                    /*待排序序列*/
    createList(slist, &length);
    insertSort(slist,length);
    printf("最终的排序结果：\n");
```

```
    printList(slist, length);
}
```

(3) 简单选择排序。参考直接插入排序或冒泡排序算法,设计算法实现简单选择排序。

提示:利用上述算法程序的框架,编写对应的简单选择排序的算法函数(要求输出每趟排序结果),并调试运行。

```
/* 简单选择排序 */
void selectSort(int list[], int n)
{
    /* 补充算法 */
}/* selectSort */
```

2. 阅读、分析、完善和编写算法,实现内部排序的各种先进算法。

假设待排序序列为{49,38,65,97,76,13,27,49},采用一维数组 slist[]存储待排序序列。

(1) 希尔排序。阅读下列程序,理解对应各个函数的功能。参考程序如下:

```
#include <stdlib.h>
#include <stdio.h>
#define MAX 50
void createList(int list[], int *n);
void printList(int list[], int n);
void ShellSort(int list[],int dlta[],int t,int n);
void Shellinsert(int list[],int dk,int n);
void createdlta(int n,int dlta[],int *t);
void ShellSort(int list[],int dlta[],int t,int n) /* 函数功能:________________ */
{
    int i,k;
    for(k=0;k<t; ++k)
    {
        printf("\n 第%d 趟希尔排序,增量 dlta=%d,排序结果为: \n",k+1,dlta[k]);
        Shellinsert(list,dlta[k],n);
        printList(list, n);
    }
}/* ShellSort */
void Shellinsert(int list[],int dk,int n)          /* 函数功能:________________ */
{
    int i,j;
    for(i=dk+1;i<=n;++i)
        if(list[i]<list[i-dk])
        {
            list[0]=list[i] ;
```

```
            for(j=i-dk;j>0&&list[0]<list[j];j-=dk)
                list[j+dk]=list[j];
            list[j+dk]=list[0];
        }
}/* Shellinsert */
void createdlta(int n,int dlta[],int * t)             /* 函数功能:              */
{
    int i=0;
    while(n>1)
    {
        n/=2;
        if(n%2==1||n==2)dlta[i]=n;
        else dlta[i]=n+1;
        i++;
    }
    *t=i;
}/* createdlta */
void createList(int list[], int * n)
{
    int i=1,a;
    printf("请输入待排序序列(长度小于 50,以输入一个字符结束):\n");
    while(scanf("%d",&a)==1)
    {
        list[i]=a; i++;
    }
    *n=i-1;
    getchar();
}/* createList */
void printList(int list[], int n)
{
    int i=1;
    for(; i <=n; i++)
    {
        printf("%d", list[i]);
        if(i %10==0 && i !=0) printf("\n");
    }
    printf("\n");
}/* printList */
int main()
{
    int length,t;
    int slist[MAX],dlta[MAX];
    createList(slist,&length);
```

```
    createdlta(length,dlta,&t);
    ShellSort(slist,dlta,t,length);
    printf("最终的排序结果：\n");
    printList(slist, length);
}
```

(2) 快速排序。阅读下列程序,完善算法代码。参考程序如下：

```
#include <stdlib.h>
#include <stdio.h>
#define MAX 50
int times=0;
void createList(int list[], int * n);
void printList(int list[], int n);
void QuickSort(int list[],int n);
void QSort(int list[], int low, int high);
int Partition(int list[],int low,int high);
int Partition(int list[],int low,int high)        /*一次快速分区过程*/
{
    int pivotkey,control=0;
    list[0]=list[low];                            /*复制子表的第一个记录*/
    pivotkey=list[low];                           /*将其作为枢轴*/
    while(low<high)
    {
        while(low<high&&list[high]>=pivotkey)
            ________;
        __________;                   /*交换比枢轴小的记录至低位指针所指向的记录*/
        while(low<high&&list[low]<=pivotkey)
            ________;
        __________;                   /*交换比枢轴大的记录至高位指针所指向的记录*/
    }
    list[low]=list[0];                /*将枢轴记录存放到位*/
    return low;                       /*返回枢轴的位置*/
}/*Partition*/
void QSort(int list[],int low,int high)
{
    int pivotloc,i,pivotkey;
    pivotkey=list[low];
    if(low<high)
    {
        printf("\n这是第%d次划分,枢轴值为：%d\n",++times,pivotkey);
        pivotloc=Partition(list,low,high);
        for(i=low;i<=high;i++)
        {
            if(list[i]==pivotkey&&i==pivotloc)
```

```
                printf("[%d] ",list[i]);
            else
                printf("%d ",list[i]);
        }
        ____________________;
        ____________________;
    }
}/*QSort*/
void QuickSort(int list[],int n)
{
    QSort(list,1,n);
}/*QuickSort*/
void createList(int list[], int*n)
{
    int i=1,a;
    printf("请输入待排序序列(长度小于50,以输入一个字符结束):\n");
    while(scanf("%d",&a)==1)
    {
        list[i]=a; i++;
    }
    *n=i-1;
    getchar();
}/*createList*/
void printList(int list[], int n)
{
    int i=1;
    for(; i<=n; i++)
    {
        printf("%d", list[i]);
        if(i%10==0 && i!=0) printf("\n");
    }
    printf("\n");
}/*printList*/
int main()
{
    int length;
    int slist[MAX];
    createList(slist,&length);
    printf("初始的排序序列: \n");
    printList(slist, length);
    QuickSort(slist,length);
    printf("\n\n最终的排序结果: \n");
    printList(slist, length);
}
```

(3) 堆排序。阅读下列程序,完善算法代码。参考程序如下:

```
#include <stdlib.h>
#include <stdio.h>
#define MAX 50
void createList(int list[], int * n);
void printList(int list[], int n);
void heapAdjust(int list[], int u, int v);
void heapSort(int list[], int n);
void heapAdjust(int list[],int u,int v)      /* 堆调整 */
{
    int i=u,j,temp=list[i];
    j=2 * i;
    while(j<=v)
    {
        if(j<v&&list[j]<list[j+1])
            j++;                         /* 若右孩子较大,则把 j 修改为右孩子的下标 */
        if(temp<list[j])
        {
            ________________;                /* 将 list[j]调到父亲的位置上 */
            ________;
            ____________;                    /* 修改 i 和 j 的值,以便继续向下筛选 */
        }
        else
            break;                           /* 筛选完成,终止循环 */
    }
    list[i]=temp;                            /* 被筛结点的值放入最终位置 */
}/* heapAdjust */
void heapSort(int list[],int n)              /* 堆排序 */
{
    int i=0,count=1;
    printf("\n 对序列进行堆排序: \n");
    for(i=n/2;i>0;i--)
        heapAdjust(list, i, n);              /* 建立初始堆 */
    printf("建立的初始堆 : ");
    printList(list, n);
    for(i=n;i>1;i--)                         /* 循环,完成堆排序 */
    {
        list[0]=list[1];
        list[1]=list[i];
        list[i]=list[0];                /* 将第一个元素同当前区间内最后一个元素对换 */
        ____________________;                /* 筛选出 list[1]结点 */
        printf("第%d 次排序结果: ", count++);
        printList(list, n);
```

```
    }
}/* heapSort */
void createList(int list[], int * n)
{
    int i=1,a;
    printf("请输入待排序序列(长度小于 50,以输入一个字符结束):\n");
    while(scanf("%d",&a)==1)
    {
        list[i]=a; i++;
    }
    *n=i-1;
    getchar();
}/* createList */
void printList(int list[], int n)
{
    int i=1;
    for(; i <=n; i++)
    {
        printf("%d", list[i]);
        if(i %10==0 && i !=0) printf("\n");
    }
    printf("\n");
}/* printList */
int main()
{
    int length;
    int slist[MAX];                             /* 待排序序列 */
    createList(slist,&length);
    printf("初始的排序序列 : \n");
    printList(slist, length);
    heapSort(slist, length);
    printf("\n\n 最终的排序结果: \n");
    printList(slist, length);
    return 0;
}
```

(4) 归并排序。参考上述排序算法,设计算法实现二路归并排序。

提示:利用上述算法程序的框架,编写对应的二路归并排序的算法函数。要求输出每趟排序结果。

```
/* 归并排序 */
void mergeSort(int list[], int n)
{
    /* 补充算法 */
}/* mergeSort */
```

3. 编写算法,实现内部排序的其他算法。

(1) 链式基数排序。参考上述排序算法,设计算法实现链式基数排序。

提示:利用上述算法程序的框架,编写对应的链式基数排序的算法函数。

假设待排序序列为{278,109,63,930,589,184,505,269,8,83}。

```
/*链式基数排序*/
void radixSort(int list[], int n)
{
    /*补充算法*/
}/*radixSort*/
```

(2) 计数排序。参考上述排序算法,设计算法实现计数排序。

```
/*计数排序*/
void ComCouSort(int list[], int n)
{
    /*补充算法*/
}/*ComCouSort*/
```

(3) 基于构造平衡二叉树的排序。参考上述排序算法,设计算法实现基于平衡二叉树的排序。

```
/*基于构造平衡二叉树的排序*/
void BBSTSort(int list[], int n)
{
    /*补充算法*/
}/*BBSTSort*/
```